STUDIA ROMANICA
Band 233

Herausgegeben von
Marc Föcking
Robert Folger
Sybille Große
Edgar Radtke

WINFRIED WEHLE

Mallarmé

DER WÜRFELWURF

Universitätsverlag
WINTER
Heidelberg

Bibliografische Information der Deutschen Nationalbibliothek

Die Deutsche Nationalbibliothek verzeichnet diese Publikation
in der Deutschen Nationalbibliografie;
detaillierte bibliografische Daten sind im Internet
über *http://dnb.d-nb.de* abrufbar.

UMSCHLAGBILD
Sternbild „Großer Wagen"

ISBN 978-3-8253-4964-6

© 2022 Universitätsverlag Winter GmbH Heidelberg
Imprimé en Allemagne · Printed in Germany
Umschlaggestaltung: Klaus Brecht GmbH, Heidelberg
Druck: Memminger MedienCentrum, 87700 Memmingen

Gedruckt auf umweltfreundlichem, chlorfrei gebleichtem
und alterungsbeständigem Papier

Den Verlag erreichen Sie im Internet unter:
www.winter-verlag.de

Für Luise in Dankbarkeit

INHALT

I

IM TUNNEL DER KONTINGENZ

Verwerfungen

Es war wohl eine jener Sommernächte, die den Himmel in ein Sternenmeer verwandeln. Mallarmé hatte Paul Valéry in seinen Elfenbeinturm in *Valvins* an der Seine eingeladen. Nun waren sie zurück auf dem Weg zur Bahnstation. Vom nächtlichen Schauspiel bewegt, kam den beiden Dichtern Kants *Kritik der praktischen Vernunft* in den Sinn. Sie schließt mit der berühmten Maxime, dass das Bewusstsein meiner Existenz vom bestirnten Himmel über mir und dem moralischen Gesetz in mir bestimmt wird.[1] Nichts Geringeres als naiv erschien dies den beiden in dieser Nacht – eine geradezu hochmütige Zurückweisung einer von der Vernunft betreuten Sittlichkeit. Denn nach Kant sollten ihre Grundsätze auf Begriffen errichtet werden, die wissenschaftlich herzuleiten sind. Sie würden die „enge Pforte" bilden, „die zur Weisheitslehre führt". Ihre „Aufbewahrerin" aber muss „jederzeit die Philosophie bleiben" (217). Nichts Geringeres verwarfen die beiden Nachtwanderer damit als den Anspruch des Verstandesvermögens auf die Führung in Menschendingen. Denn heute fühlten sie sich, heißt es bei Valéry weiter, wie zum ersten Mal wahrhaft aufgenommen in den Text des schweigenden Universums[2] – eine wahre Sternstunde der *conditio humana*.

Was war geschehen? Mallarmé hatte Valéry, der als sein begabtester Jünger gelten konnte, nicht lange vor seinem Tode die Druckfahnen seines letzten großen Gedichtes gezeigt, *Un coup de dés jamais n'abolira le hasard* – ‚Ein Würfelwurf wird niemals den Zufall zu Fall bringen'.[3] Ein Gedicht und eine solche Wirkung? Der Tag, den Mallarmé feinsinnig dafür gewählt hatte, der 14. Juli 1898, Französischer Nationalfeiertag, sprach für sich: er wusste, dass er mit seinem Gedicht einen Sturm auf die Bastille der Poesie des 19. Jahrhunderts auslösen würde. Nichts weniger als der Zweck der Literatur sah sich in Frage gestellt, d.h. ob sie ein ‚Resultat' im Sinne der Humanität zu erbringen vermag („résultat ... humain"; X b). Mallarmés Gedicht hatte Autoritäten wie Victor Hugo, Alfred de Vigny oder Alphonse de Lamartine im Visier. Sie waren noch überzeugt, sich auf poetischem Wege mit einem *Esprit pur* in Verbindung setzen zu können, so als hätte Hegels Weltgeist sie als Boten erwählt, um dessen allwaltende Vernunft zu verkünden. Doch warum ein so heftiges Attentat auf diese hehre Tradition, die ja Mallarmés eigene

---

[1] Kant 2003. – Picavert 1888. Diesen Text hätten Mallarmé und Valéry lesen können.

[2] Valéry 1967, 630 ff. – Vgl. dazu die Deutung dieser Begegnung von Hans Blumenberg 1986, 310 im Spiegel eines „leeren Weltbuches".

[3] Text des *Coup de Dés* (CDD) und Zitate nach der vorzüglichen Ausgabe in zwei Bänden von Marchal 1998/2003. Angaben wie folgt in Klammern: I 391 ff. entspricht Bd. I, S. 391. Die Doppelseiten des Gedichts werden zitiert I a/b ff. in Klammern. Zu deutschen Übersetzungen vgl. Bibliographie; hier mit der Übers. von Goebel 1993, 281.

Herkunft ist? Es ging um Grundsätzliches, um die erkenntniskritische Krise des Fin-de-siècle.[4] Der CDD ist ein Manifest im aparten Gewand eines Gedichts. Sein Autor nimmt damit an der zeitgenössischen Kampagne zur Entzauberung des romantischen Idealismus ebenso wie positivistischer Fortschrittsgläubigkeit teil, die mit ihren Mitteln glaubten, das Urärgernis aus der Welt zu schaffen, die Kontingenz.[5]

Andere, namhafte Stimmen von wissenschaftlicher wie poetischer Seite hatten ihrerseits seit längerem dem zu Ende gehenden Jahrhundert eine eklatante Nichtübereinstimmung von Ideal und Wirklichkeit vorgehalten. Hippolyte Taine etwa vertrat in seiner einflussreichen Schrift *De l'Intelligence* (1870) die These: weder das geistige noch das natürliche Vermögen des Menschen – der romantische Ansatz! – sind, wissenschaftlich gesehen, in der Lage, zweifelsfreie Aussagen zu machen. Ein geistiger Substanzbegriff sei ein Phantom, das sich nur die bewusste Gedankentätigkeit zurechtgelegt hat. Auch ein materieller Substanzbegriff sei gleichermaßen eine Chimäre, den die sinnliche Wahrnehmung nahezulegen scheint.[6] Weder auf die eine, noch auf die andere Art lässt sich dem Menschen ein letzter Grund seiner Erkenntnisse sichern. Wirklich Anspruch erheben darf er lediglich auf wissenschaftliche Einsichten, die er selbst hervorgebracht hat. Sie haben dann allerdings nur den Charakter einer *construction mentale*, weil sie auf alle Erklärungen verzichten müssen, die außerhalb der menschlichen Intelligenz liegen. Sonst wäre es Metaphysik. Aus ihrer Sicht, Taine sieht es wohl, bleibt alle Wissenschaft zuletzt auf ihre eigenen Bedingungen beschränkt. In Bezug darauf jedoch vermag sie große Bedeutung zu erlangen, vorausgesetzt, sie sichert ihren Erkenntnisgang durch Selbstreflexion. Eben das war das Interesse Taines. Je wissenschaftlicher die Deutung der Welt, desto bedeutungsloser der dunkle Zauber, der sie umgibt.

Nicht alle waren mit diesem szientifischen Rettungsversuch einverstanden. Sie schlugen andere erkenntnistheoretische Wege ein, um den Wissenschaften den verdeckten Anspruch als Theologie der Moderne zu sichern. Mehr oder minder unausgesprochen reagierten sie auf eine tief sitzende Defizienzerfahrung: dass nach dem Schwund der religiösen, aufklärerischen und romantischen Ideale es eben die Kontingenzerfahrung ist, die in Wahrheit die Welt regiert. So unterschiedlich ihre Antworten ausfielen, das Ziel blieb dasselbe: das Unkalkulierbare im Rahmen ihrer jeweiligen Möglichkeiten berechenbar zu machen. Es schien mit ihrem Begriff unvereinbar, dass ‚positive' Weltaneignung nihilistische Schatten werfen könnte. Emile Boutroux, Autor des viel gelesenen Buches *Über die Kontingenz der Naturgesetze*,[7] Mitglied der Académie Française und Lehrer Bergsons, fasst, in einem Satz, das Selbstverständnis der Wissenschaft zusammen: sie bearbeitet den Widerstreit von ‚Vielfalt und Einheit, Kontingenz und Notwendigkeit, Veränderung und Unwandelbarkeit'. Sie bilden ‚die beiden Pole der Dinge'. Kontingenz aber ist das Ur-Ärgernis, das analytisch-systematisch aus der Welt geschafft werden soll; sie bildet insofern das natürliche Objekt der Wissenschaften (4 ff.). Da es unbestimmt ist,

---

[4] Gegen Positionen wie etwa die von Marcelin Berthelot, „Science et morale", *Revue de Paris*, 1.2.1895: „le triomphe universel de la science arrivera à assurer aux hommes le maximum possible de bonheur et de moralité" sowie sein Buch gleichen Titels.

[5] Zur Problementfaltung allg. vgl. Rorty 1989 und Makropoulos 1997, 77 ff., bes. Kap. I, „Nautische Räume" im Hinblick auf den CDD.

[6] Taine 1878, 8 (dt. Übersetzung Siegfried 1880).

[7] Boutroux 1894 (dt.: *Die Kontingenz der Naturgesetze*, Jena 1911).

kann es nicht zugleich ihre Erkenntnis bestimmen. Das käme sonst einer Anfechtung durch das ‚Nichts‘ gleich, mit dem nichts erklärt wäre (153). Damit würde allenfalls dem ‚Reich der physischen Fatalität‘ Vorschub geleistet (170). Boutroux glaubt, dieser Falle der Kontingenz auf bemerkenswerte Weise entgehen zu können. Selbst wenn der wissenschaftlich handelnde Mensch frei ist und kein Ideal von irgendwo her ihn anleitet: er wird dennoch nicht in die erkenntnistheoretische Irre geführt. Seine spontan handelnde menschliche Natur ist zuletzt aufgehoben in der Freiheit der ‚göttlichen Natur‘ (157). Zwar nennt er den Begriff nicht; der Sache nach nimmt er den Wissenschaftler jedoch unter die Obhut des Geniebegriffs. Anders gesagt: über seiner Tätigkeit waltet, mit einer eigenen ‚ästhetischen‘ (!) Notwendigkeit, eine Metaphysik der Inspiration. Berufen sich darauf aber nicht gerade die Dichter?

Zu Beginn des Jahrhunderts hatte Georges Cuvier, Napoleons Beauftragter für Wissenschaft, die Leitlinie vorgegeben. Man müsse, um in die Physik, das objektiv Gegebene einzudringen, von der Metaphysik ablassen. Sie verlange ein Denken ohne Gott.[8] Boutroux muss aber am Ende dieser Ära zum selben Zweck diese prometheische Geste umkehren und eine irrationale Ursache zur Rechtfertigung einer rationalen Handlungsweise zu Hilfe nehmen. Ist das aber nicht Ausdruck einer Erschöpfung, Décadence einer Episteme – Fin-de-siècle? Wie er dachten auch andere, von derselben wissenschaftstheoretischen Not bewegt. Alfred Fouillée etwa, der Begründer einer Philosophie der „idées-force“, in seiner Schrift *Le Mouvement idéaliste et la réaction contre la science positive* (1896).[9] Oder Jean-Marie Guyau (*Esquisse d'une morale sans obligation*).[10] Sein Ansatz: abermals den moralischen Anspruch der ‚positiven‘ Wissenschaftsphilosophie zu verteidigen, obwohl sie 1885, am Ende ihres Jahrhunderts, nicht gehalten hat und nicht halten kann, was sie versprochen hat. Ihre Zukunftsgewissheit hat sich als ‚Irreligion‘ erwiesen. Darum wird offenkundig, wie groß die weltanschauliche Krise der Wissenschaften geworden war. Andererseits deckt sie zugleich auch den Systemzwang auf, der ihrer Weltbewältigung zugrunde liegt: sich verpflichtet zu fühlen, dem Vorfindbaren und Vorliegenden in seiner Vielfalt und Unübersichtlichkeit, zu Eindeutigkeit, Kausalität und Zweckhaftigkeit zu verhelfen. Kontingenz darf auch hier nicht sein. Deshalb kennen ihre Verfechter ihrerseits, gerade in diesen Zeiten der Krise, keinen anderen Versuch, als sie mit allen Mitteln abzuwehren – sogar mit spekulativen, die sie ursprünglich für die Ursache von Kontingenz hielten.

Der Schlangenbiss des Geistes

In dieser unwegsamen Gedankenlandschaft, in dem das Für und Wider, Subjekt und Objekt unklar geworden sind, verkehren auch Valéry und Mallarmé.[11] Sie tragen die Krise des Kategorialen allerdings auf ihre Weise aus. Ihre Euphorie in der Nacht des 14. Juli

[8] Cuvier 1810. Dazu Charlton 1963, Kap. III, 38 ff.: „The Cult of Science“.
[9] Paris 1896.
[10] Paris 1885; Neuausg. Paris 1985, hier 7-10.
[11] Philosophische Fragestellungen sind ein bedeutender Eingang in das Oeuvre von Mallarmé, vor allem im 20. Jh. Vgl. sein Selbstzeugnis: „je prends tristement mon parti, sur un divan, parmi des monceaux de livres (…). Il est vrai que ce sont des livres de science et de philosophie“ (I 706f.). Vgl. die auf metaphysische und philosophische Fragen abhebende Einführung von

1898 hat eine eigene Vorgeschichte. Was sie jedoch so bedeutsam macht: ihre Antworten auf die große erkenntnistheoretische Nervosität des Fin-de-siècle erscheinen ungleich ‚fortschrittlicher‘ als die wissenschaftlichen.

Valéry hatte das Problem bereits in seinem Gedicht von 1891, „*Narcisse parle*", aufgegriffen, als er dessen Selbstbespiegelung verwarf („Adieu Narcisse … Meurs!") und stattdessen die Verstandeshelle als ‚kostbaren, ebenso wünschenswerten wie kalten Dämon' gepriesen. In seiner Studie über Leonardo da Vinci wurde er dann gewissermaßen historisch inkarniert aufgerufen (*Introduction à la méthode de Léonard de Vinci*; 1895).[12] Für ihn war das Universalgenie „Hauptfigur einer Komödie des Geistes" (dt. 64). ‚Léonard c'est moi' hätte er, wie Flaubert über Madame Bovary von sich sagen können, in seinem Falle Inbegriff des höchsten geistigen Anspruchs, den er an sich selbst richtete. Seine Schrift ist ein Kündigungsschreiben, gerichtet an den Symbolismus – und an sein Haupt Mallarmé.

Er lässt seinen bisherigen Dienst am *esprit littéraire* hinter sich, um gleichsam vom Derivat zur Quelle zurückzukehren, zum *esprit pur*, zur Untersuchung menschlicher Geistestätigkeit als solcher. Denn Dichtung leide an dem „offenkundigen Gebrechen aller Literatur, nie den Geist im Ganzen zu befriedigen" (71)! Mehr noch: sie ist nur der Sonderfall einer universellen menschlichen Bedingtheit – Kontingenz. An allem Vorfindlichen, auch an ihr, haftet in menschlicher Perspektive die „Verwirrung unserer Sinne". Sie wollen immer etwas. Aber was sie hervorbringen, sind „Zufallsergebnisse", etwas, das „Würfel ausspielen", Bild und Begriff, die Mallarmés CDD unmittelbar aufnehmen wird. Was tun? Es bleibt nichts, als das allseits Kontingente zum Gegenstand zu machen, aber nicht, um es aus der Welt zu schaffen – wie auch, sondern um seinen Bann zu brechen, indem man methodisch-analytisch den Schleier des Befremdlichen zerreißt, der es umgibt. Der erkennende Geist kann daher keine höhere Erfüllung finden als wenn er sich daran abarbeitet und sich dadurch selbst immer besser erkennt. Er nähert sich auf diese Weise jenem *esprit pur*, dessen absolutes Bewusstsein alle kontingenten Trübungen – auch der bildersprachlichen Literatur – zu durchschauen und zu bereinigen vermag. Dann kehrt befreiende Transparenz ins menschliche Denken ein. Mit dieser Utopie hat Valéry eine Idee wieder aufgenommen, die einst Heinrich v. Kleist im Aufsatz *Über das Marionettentheater* kristallisiert hatte. „Erkenntnis müsse gleichsam durch ein Unendliches" gehen, um ihre ursprüngliche Grazie vor dem Sündenfall wieder zu finden, sodass sie am Ende „entweder gar keines oder ein unendliches Bewusstsein hat".[13]

Einzig eine radikale Umkehr des Denkens also kann nach Valéry seinem „verstörten Jahrhundert" (59) noch helfen. Es spricht für sich, dass er diese im Bild einer spirituellen Reinigung fasst („esprit *pur*"; „moi *pur*"). Sie scheint von einer verschwiegenen, endzeitlichen Sehnsucht nach unbefleckter Erkenntnis bewegt. Gewähren aber kann sie nur, wie er 1919 ergänzt, das „Nichts", „die höchste Form eines Denkens". Einer, der

Davies 1992, 18 aus der Perspektive des „contexte personnel". Vgl. weiterhin Campion 2017, 117 ff., sowie die stilkritische Studie von Murat 2005, 129 („poème philosophique").

[12] Paris 1895, 742–770. Dt.: Valéry 1995, hier 7–61 (ergänzt mit „Anmerkungen und Abschweifungen" von 1919; 62 ff.). Bis in Einzelheiten der Argumentation und des Wortlautes bespiegeln sich Valéry und Mallarmé. Geradezu einen Versuch der Synthese bildet der unerhört scharfsinnige Aufsatz von 1919.

[13] Kleist 1978, Bd. 3, 473–481.

vom Baum der Erkenntnis gegessen hat, darf Kontingenz, das je unabsehbare Leben, nicht zulassen; sie muss auch aus dem Paradies selbstbeherrschter Bewusstheit weggedacht werden. Schon er anerkennt das „Willkürliche als Schöpfer des Notwendigen", das den Geist (!) zum „Abenteuer" des „Konstruierens" herausfordert (40 f.) und ihm eine kombinatorische „Phantasielogik" einräumt (55). Das reine Bewusstsein ist mithin eine Frage der Methode.

Hier wird Mallarmé ansetzen. Hatten vor ihm Leopardi, Baudelaire oder Rimbaud nicht begonnen, sich einen anderen Weg zum *Esprit pur* zurechtzulegen? Auch Valéry war als Dichter aufgebrochen wie sie. Doch offenbar hatte er damals keine Möglichkeit gesehen, mit Hilfe der Poesie „von der Unordnung, die an den immer schon gebrauchten Worten haftet, zur Ordnung überzugehen" (30). Für Valéry schien dem selbst ein noch so hoher Kunstverstand wie der Mallarmés nicht genügen zu können. Er war deshalb konsequent: zwanzig Jahre entsagte er der Poesie. Das erste Gedicht nach langem Schweigen, *La jeune Parque* (1917 ff.), von Paul Celan übersetzt, vergleicht das Erwachen der ‚jungen Parze' zum Leben mit einem Schlangenbiss, der einer sinnlichen ‚Vergiftung' ihrer jungfräulich naiven Gedankenreinheit gleichkommt. Leben heißt demnach, das erwachende Bewusstsein als unvermeidlichen Sündenfall zu akzeptieren; nicht ‚eigentlich' sein zu wollen, sondern sich am Abstand zur unerfüllbaren Eigentlichkeit, in der Beziehung der Worte aufeinander begreifen zu können.[14] „Qui pleure là", der erste Vers, legt gleichsam den tränenverhangenen Blick fest, unter dem poetisches Sprechen und nur diesseits („là"), im Gewand des Mythos, nicht des Logos eines *esprit pur* und wie aus der Ferne zu allem Idealen anzuheben vermag. Kontingenz ist der wahre Anfang der Poesie.

Entzauberung

Faszination und Choc, die von Mallarmés CDD ausgehen, hängen unmittelbar damit zusammen. Sein Titelsatz dekretiert auf seine Weise: ein noch so entschiedener, hoch angesetzter Gedankenwurf kann den Zufall – Kontingenz – nicht aus der Welt schaffen. Damit war klar, dass alle gut gemeinten Rettungsversuche des Geistprinzips zu nichts führen können. Er selbst hatte Valéry gegenüber sein poetisches Experiment deshalb einen ‚Akt der Demenz'[15] genannt – durchaus mit dem etymologischen Nachhall, den er liebte: er wurde ohne Rücksicht auf die Entwürfe des Verstandes ausgeführt (de / mens). Seine radikale Haltung hat er unsystematisch zwar, aber gleichwohl unmissverständlich in einer Reihe von programmatischen und polemischen Essays sowie in seinen Briefen zum Ausdruck gebracht.[16] Um sich selbst zu finden, musste er allerdings einen weiten, pathogenen Weg zurücklegen. Auf den Spuren von Victor Hugo, Alfred de Vigny, Alphonse

---

[14] Vgl. Valéry 1957, 1458: Die *poésie pure* ließe sich nur suggerieren in den „relations des mots, ou plutôt des relations de résonances des mots entre eux".

[15] Valéry 1967, 625.

[16] Wesentliche Aspekte hat Ludwig Lehnen 2010 entlang ihrer Entstehungsgeschichte auseinandergelegt und sie unter die leitende Perspektive einer „Politik der Poesie" gestellt, die Mallarmé eingehend von seiner Beleuchtung der zeitgenössischen Öffentlichkeit her und im Vergleich zu Stefan George würdigt, bes. 93–257.

de Lamartine oder diffusen Hegel-Motiven[17] ging er seinerseits von der romantischen Utopie orphischer Urworte aus: ‚ich möchte mich dem – absoluten – Begriff vermählen‘, ‚der nur jungfräulich existiert‘ – aber als solcher paradoxerweise vernichtet würde, wenn er ‚entjungfert‘, d. h. sprachlich in Besitz genommen würde. Unbefleckte Erkenntnis, „esprit pur“ (I 675), ist allenfalls in der Zurückweisung in Erfahrung zu bringen. Ihren Ansprüchen an ein unverbrüchliches Ideal (ebda.) kann man nur nahe sein, indem man sie im ‚Opfer‘ preisgibt (I 629/713). Dieser ‚Entzauberung (I 681) entsprang eine intellektuelle Lebenswende, die alles Weitere prägen sollte. Früh, 1866, stieß Mallarmé auf den tieferen Grund. Seine Arbeit am lyrischen Drama *Hérodiade* (I 315ff.)[18] hat ihm die abgründige Nichtigkeit vor Augen geführt, mit Hilfe des Denkens, und sei es poetisch noch so rein, an etwas Letzthinniges zu rühren. ‚Gott‘ und ‚Seele‘ sind sublime Erfindungen, ‚glorreiche Wahngebilde‘, hinter denen in Wahrheit nichts – ‚Nichts‘ („Néant“) steht. Das ist es also, was es darzustellen gilt (I 696). Lange vor Nietzsche hat er Gott, ‚diesen alten, schäbigen Plunder‘ abgeworfen (I 714). Mit ihm ist zugleich die Seele als Zentralorgan aller höheren Bestrebungen des Menschen verabschiedet worden und hat eine aufwühlende ‚Leere in seiner Brust‘ hinterlassen (I 696). Mallarmé zieht daraus einen unerhörten Schluss: die Idee eines freien, autonomen, sich selbst setzenden Subjekts ist ‚im Lichte dieses Göttersturzes unpersönlich, selbst nichtig‘ geworden. ‚Jede geistige Geburt‘, fügt er hinzu, ‚ist deshalb eine Zerstörung‘ (I 720), kein Anfang des Denkens. Sich im Namen des *Esprit* begreifen zu wollen, führt mithin in ‚absolute Leere‘ (I 724). Philosophische Spekulation kann so gesehen keine geistige Beheimatung gewähren. Mallarmés kritische Reaktion auf Valérys Leonardo-Essay hat hierin ihren Grund.

In seinem bewegenden Geständnis vom April 1866 (I 695) öffnete sich ihm mit dem ersten Abgrund zugleich ein zweiter. Er betraf sein intimstes Selbstverständnis: seine Lebenspartnerschaft mit der Poesie. Angesichts des ‚Nichts, das die Wahrheit ist‘, wurde sein bisheriger ‚Glaube an die Poesie‘ nur allzu ‚trostlos‘ (I 696). Erledigt war damit nichts Geringeres als die romantische Vision von Poesie. Sie glaubte, im Weltschmerz (*Ennui*), dem Leiden an der – nachrevolutionären – Lebenswirklichkeit, im Umkehrschluss den Beweis für ein dem Menschen innewohnendes Ideal von einer Welt entnehmen zu können, in der es besser wäre.[19] Ein Rückgriff auf diesen dialektischen Schematismus hatte sich für Mallarmé damit erledigt. Aus seiner eigenen, ewigen ‚Niedergeschlagenheit‘ zog er deshalb eine andere, unerhörte Konsequenz. Nicht die Kunst als solche ist zu verwerfen, wie Valéry es vorläufig tat; sie wird Mallarmés lebenslange ‚Herrin und Patronin‘ bleiben. Sie hat sich allerdings jenseits ihrer romantischen und philosophischen Unendlichkeitssehnsüchte auf ein neues, ernüchtertes Statut einzustellen. Mehr als dreißig

---

[17] Mallarmé stand in intensivem Kontakt mit seinen Freunden Eugène Lefébure und vor allem mit Villiers de l'Isle-Adam, die ihn mit Hegel bekannt gemacht haben. In seiner großen Apologie auf diesen Freund spielt er auf dessen Vertrautheit mit dem ‚Titan des menschlichen Geistes, Hegel‘ an (II 32 f.). – Nicht auszuschließen ist die Lektüre von Edmond Schérers Artikel, „Hegel et l'hégélianisme“; in: *Revue des deux mondes* (vol. 61/1861; 812–856), die M. las. Darin heißt es u. a. im Hinblick auf Mallarméss ‚Néant‘-Begriff: „On ne peut rien affirmer de l'absolu qu'à la condition de nier en même temps cette affirmation“ (832). – Allg. vgl. Lanagan 1986.

[18] Dt.: Fischer / Stabel 1992, 40–59. – Goebel 1993, 72 ff.

[19] Weltschmerz, Ennui, ein großes Thema des 19. Jh., als solches bereits reflektiert von Paul Ferdinand Gachet 1858, hier bes. 31 ff. Dazu die Studie von Sagnes 1969; zu Mallarmé 286–309.

Jahre vor dem CDD hat sein Autor dafür bereits Umrisse entworfen, deren Tragweite sich erst im Umsturz seines letzten großen Gedichts ganz enthüllt haben werden. Zuvor stellt sich die Frage, was zu tun bleibt, wenn alle Spekulationen auf ein Ideal hin gegenstandslos geworden sind, man sich aber dennoch erneut, nur anders diesen ‚glorreichen Trugbildern‘ zuwenden will („glorieux mensonges"). Nicht um sie selbst kann es also in Zukunft noch gehen, nur darum, ‚die Verzweiflung zu besingen‘, dass wir sie uns seit Urzeiten einbilden, ohne sie je einzuholen. Dieser Kunst wollte der 24-Jährige damals sein Leben opfern (I 696).

‚Zerstörung war meine Beatrice‘

Seine Kritik ist fundamentalistisch. Sie ließ keine metaphysischen, transzendenten, idealistischen Ausflüchte mehr zu. Im Kern erschütterte sie alle gedanklichen Aufschwünge als Projektionen der Einbildungskraft. Ihre Wunschbilder sahen sich als bloße Bilder entblößt. Das Begehrenswerte spricht nicht aus ihnen, sondern liegt im Blick des Betrachters. Objektivität, Idealität verdankt sich einem pathogenen Selbstbetrug, indem der Wahrnehmende aus seiner Bedingtheit auf ein Unbedingtes schließt. Lebt aber nicht gerade Dichtung von solchen bildhaften Überschritten? Wie aber konnte sie dann wieder zu jenem sinnstiftenden Gedankenflug anregen, von der die Sterndeuter des 14. Juli 1898 bewegt waren? Mallarmé selbst hatte, ganz unbescheiden, in der Vorbemerkung des CDD auf die (poetische) Zukunft verwiesen, die von seinem Gedicht ausgehen würde (I 392). Die historischen Avantgarden ebenso wie die Gedankenkunst des 20. Jahrhunderts haben ihn umfassend bestätigt.

Um dahin zu kommen, hatte er sich allerdings reflexiv und sprachlich selbst zu überholen. Der Artikel *Über die literarische Entwicklung* von 1891 (II 697 ff.) oder der Bekenntnisbrief an Paul Verlaine vom 16. November 1885 (I 787 ff.) bezeichnen die Stationen seiner Selbstüberschreitung, die ihn zum Dichterfürsten („prince des poètes") ebenso wie zum verspotteten ‚Herrenausstatter des Nichts‘[20] haben werden lassen. In der Reihe seiner anknüpfenden Abwendungen verkörpert Victor Hugo exemplarisch die Macht der literarischen Tradition. Mit seinem Tod, schrieb er, wurde der ‚Orgelklang des offiziellen Metrums‘, des Alexandriners, des nationalen Verses und mit ihm die Poesie eines ganzen Jahrhunderts bestattet (I 697). Wie er kann Dichtung die Sprache so nicht länger anstimmen. Hugo selbst hatte im Grunde das Gesetz seiner Überwindung bereits vorformuliert: ‚einem neuen Volk eine neue Kunst‘.[21] Wer sie an die nachrevolutionäre Gesellschaft bindet, setzt sie daher einer nie dagewesenen Dynamisierung aus. Mallarmé hat daraus ein eigenes Entwicklungsgesetz abgeleitet. Seinem Freund Eugène Lefébure gesteht er bereits 1866: ‚Ich habe mein Oeuvre nur durch Elimination zustande gebracht; und jede neu gewonnene Wahrheit ging aus dem Verlust eines Eindrucks hervor, der sich verbraucht hatte und mir gestattete, (...) tiefer in das Empfinden der absoluten Finsternis vorzudringen. Zerstörung war meine Beatrice‘ (I 717). Nicht dem Unendlichen („l'infini"), dem Unbekannten („l'inconnu") ist poetische Erkenntnis verpflichtet. Man meint,

---

[20] Maurras 1898, 966.
[21] „À peuple nouveau; art nouveau"; „Préface" zu seinem Drama *Hernani*, in: Hugo 1963, 1148.

die Stimme Baudelaires zu vernehmen.[22] Zahlreiche Anklänge aus dessen Werk hallen in Mallarmés Wortlandschaften nach. Seine Prosagedichte wären ohne ihn nicht denkbar. Doch auch sie sind nur Reminiszenzen einer Bildungsetappe. Beklommen stellt er sich der Aufgabe, dort neu beginnen zu müssen, ‚wo unser armer, verewigter Baudelaire aufgehört hat' (I 724). Worauf ihn sein Briefpartner ironisch mit einem Hahn auf der Turmspitze der romantischen Kathedrale der Poesie verglich (I 1417). Dass diese prophetische Attitüde nach dem Blick in den Abgrund des Nichts nicht mehr zu halten war, zeigt seine Hinwendung zur objektivistischen Dichtung der Parnassiens und ihrem Bekenntnis zum Marmorblick der „impassibilité" (II 701). Ihrem Anspruch auf eine formvollendete Kunst um der Schönheit willen gab die Anthologie *Le Parnasse contemporain* von 1866 Ausdruck. Mallarmé war mit elf Gedichten vertreten. Doch auch diese Affinität war nur Durchgangsstadium. ‚Sesshaft' nannte er deren Verskult, wo der Wurf des Gedichts doch ungleich luftiger, flüssiger, beweglicher sein sollte (II 699). Und dann die geradezu vernichtende Abgrenzung von einer formvollendeten ‚poésie pure', die sich mit Mallarmés Kritik an der ‚notion pure' verband: sie *zeigt* ihren Gegenstand, wo es doch darauf ankommt, in zu *suggerieren*, zu erahnen (II 700). Das war der Inbegriff der Wende zu einer symbolistischen Kunst. Ihr verdankt Mallarmé seinen zeitgenössischen Ruhm. Er präsidiert mehrere der öffentlichkeitswirksamen Dichterbankette; wird als Haupt – „Maître" – der symbolistischen Bewegung anerkannt und 1896 zum „Prince des poètes" erkoren – im selben Jahr, in dem er wohl zu seinem letzten Gedicht *Un coup de dés* angesetzt hatte, das eben den Symbolismus aufkündigen und zu einem der bedeutendsten Manifeste der zweiten Moderne werden sollte.

Die umgebenden Schriften *Musik und Literatur* (1894), *Beschränkte Handlung* (1895), *Das Mysterium in der Literatur* (1896) und *Verskrise* (1896) breiten die Argumente für das ‚reinigende Gewitter' dieses notwendigen ‚Umsturzes' aus (II 65). Grund ist das Eingeständnis, dass das ausgehende Jahrhundert eine ‚denkwürdige, fundamentale Krise' (II 204) in idealistischer, sozialer und literarischer Hinsicht erleidet. Darin sind sich er und Valéry einig. Dieses Fin-de-siècle gleicht einem Aufruhr im Tempel – der Kunst –, deren ‚Schleier' das romantische Geheimnis hüllen sollte und nun in ‚Unruhe' geraten ist und zu zerreißen droht (II 205). Außerhalb huldigt die Epoche einer Mentalität, die an einen fahrenden Zug denken lässt, der, von den weiten Ebenen der Moderne herkommend, nun mit einem verzweifelten Pfiff in einem langen Tunnel unter der Stadt – der Zivilisation – fortkriecht, um zum Bahnhof des allmächtigen Zentralpalastes und seinem jungfräulichen Gral – dem Fortschrittsideal der Perfektion – zu gelangen (II 217). Doch was hat die zweite industrielle Revolution bewirkt? Sie ist mit ihrer ‚Herstellung von Glück' gescheitert (II 67). Zurück blieb ‚alltägliche Nichtigkeit' („le quotidien néant"; ebda.). Den Dichter hat sie an den Rand einer Gesellschaft abgedrängt, ‚die ihm nicht erlaubt zu leben'. Sie lässt ihm keine andere Wahl als ihr gegenüber in ‚Streik' zu treten (II 700). Mallarmé hält zwar an Poesie fest, aber ohne Aussicht auf eine Idealität, die ein – romantischer – *Esprit pur* oder die Morgenröte einer neuen Zeit (Marx) verheißen hatte.

Was aber bliebe ihr, das Mallarmé von einer Entsagung wie Valéry abzuhalten vermöchte? Der Jünger wollte damals den Mangel an gedanklicher Durchdringung des Denkens durch mehr gedankliche Durchdringung beheben. Mallarmé hingegen wagt

---

[22] Testamentarisch im letzten Gedicht der *Fleurs du mal*, „Le Voyage", verkündet: „Plonger ... / Au fond de l'Inconnu" in: Baudelaire I 1975, 134.

den Umsturz. Er lässt sich nicht beirren: Dichten ermöglicht ein Denken der anderen Art – das romantische Erbe; aber nur, wenn es sich seinen Illusionen als verlorene stellt. Ein allem voraus liegendes Unendliches, Weltgeist, Weltseele kann daher auf keinerlei Weise mehr, weder vom Verstandes-, noch aber auch vom Vorstellungsvermögen beglaubigt werden. Nicht dieses universelle Prinzip als solches ist streng genommen jedoch das Problem, sondern seine Erkennbarkeit. Ein Hauch von Transzendentem scheint noch durch Mallarmés Grundsatzartikel *Das Mysterium in der Literatur* zu wehen. Er antwortet darin auf die Attacke Marcel Prousts, *Contre l'obscurité*, einem von dessen literarischen Vatermorden. Der Müßiggänger („l'oisif"; II 229) könne nicht lesen, antwortet Mallarmé (II 234). Gibt es denn nicht in jedem von uns etwas ‚Dunkles, bedeutsam aber verschlossen und verborgen' (II 230) – der ‚intime Abgrund eines jeden Gedankens' (II 231)? Da über ihm aber kein Sein, nur ein Unbekanntes waltet, hinter dem ‚Nichts' steht, ist dieses der Grund der Kontingenz schlechthin. Darauf anzuspielen wäre deshalb nur angemessen, wenn der Sinn des Denkens nicht auf etwas Endgültiges aus ist, sondern ihn als einen Spielraum („un jeu") begreift.

Mallarmés Position geht ein hohes Wagnis ein. Nur wenige werden allerdings bemerkt haben, dass er im Grunde der Geistnatur als solcher die Führung in Menschendingen absprach. Kontingenz sollte nicht länger an die Kette geläufiger Begriffe, gemessener Verse oder philosophischer Wahrheiten gelegt werden. Als unhintergehbare *conditio humana* war nicht *gegen* das Unabsehbare, sondern nur noch *mit* ihm zu dichten und zu denken (II 234). Der Titel als Machtwort des CDD verkündet gleichsam das erste Gebot dieser intransitiven Erkenntnislehre. Wenn sich mit Victor Hugos Tod das ästhetische 19. Jahrhundert vollendet, dann hat Mallarmés Würfelwurf-Gedicht es beendet und in die Vergangenheit verabschiedet.

Exorzismus

Das größte ‚Opfer' hatte er dabei in ideeller Hinsicht zu erbringen: Bedingtheit als menschliche Grundbefindlichkeit wollte nicht nur als das Widerständige schlechthin anerkannt sein. Als solches enthielte es noch immer einen ontologischen Reflex von einer anderen Welt hinter dieser Welt. Kontingenz musste vielmehr genommen werden, wie sie ist. Für den ‚Meister' des CDD ein Blick in den Abgrund. Er stellt sich dabei dem unbeantworteten Problem, mit dem vor ihm der Protagonist des Fragments *Igitur* umgegangen war: ‚in einem Akt, wo der Zufall im Spiel ist, ist es immer der Zufall, der seine eigene Idee ausführt' (I 476).[23] Auch der ‚Triumphwagen der Zivilisation' (Balzac) kann ihm deshalb nicht entgehen. Dem Untergang bestimmt sieht sich dadurch zuletzt die bisherige ethische Rechtfertigung von Kunst. Die Rhetorik hatte sie auf den Gemeinsinn des ‚prodesse' verpflichtet, dem das Lustmoment des ‚delectare' dienen sollte. Noch die klassizistische Auffassung wollte in ihr „eine moralische Anstalt" (Schiller 1804) sehen. Für die Erziehung des Menschen „gibt es keinen anderen Weg, den sinnlichen Menschen vernünftig zu machen, als dass man denselben zuvor ästhetisch macht".[24] Wenn es aber nicht mehr gelingt, selbst durch die – kunstvollste – Form den – trüben – Lebensstoff

[23] Dazu Marchal 1985, 269 ff.
[24] Schiller 1992, 643.

zu „vertilgen",[25] wie es die Parnassiens zuletzt betrieben, in den Augen Mallarmés damit aber gescheitert sind – was dann?

Vor dieser bodenlosen Frage stand der Dichter des CDD, nachdem er die Brücken zu den moralischen Imperativen seiner Herkunft abgebrochen hatte. Wozu sollte Kunst noch gut sein; wie würde sie noch einem humanen Projekt nachkommen können? Valéry muss in jener denkwürdigen Nacht aufgegangen sein, dass Mallarmé an die Schwelle einer ganz neuen ästhetischen Sittlichkeit getreten war. Ihr vor allem verdankt er die hohe Aufmerksamkeit, die ihm das 20. Jahrhundert zuteilwerden ließ. Sie beruht auf der geradezu unerschütterlichen Überzeugung, dass Poesie der Natur des Menschen besser entgegenkommt als der Intellekt. Allerdings nur, wenn sie den ‚gläsernen Gebäuden der Transzendenz' – jenem „virginal palais central" (II 217) oder dem Ideal der ‚Gerechtig-keit' abschwört. Denn die terminologischen Festungen der Philosophie, Wissenschaft und Moral sind nicht im Besitz von Wirklichkeiten, nur von selbst organisierten Sprech-weisen. In den Augen Mallarmés eine gravierende erkenntnistheoretische Unterschla-gung. Sie geben vor, sich auf etwas zu beziehen, das von sich aus da ist und Ordnung, Gesetz und Ziel in sich trägt. Effektiv setzen sie zwar Zeichen; im Sinne von Mallarmés Sprachtheorie (I 503 ff.) handelt es sich aber um systemische Fiktionen.

Literatur, Poesie ist dagegen ungleich realistischer. Sie hat immer im Bewusstsein gehandelt, dass ihr ureigenster Gegenstand nicht die Realität, sondern die Sprache ist, die auf ihre Weise etwas erst Realität werden lässt. Insofern kommt es einem Denkfehler gleich, nur durch sie hindurch gehen zu wollen, statt auf sie einzugehen. Dadurch würde man nicht länger auf ihre täuschend echten ‚Lügen' fixiert sein, sondern *wie* sie solche Simulakren erzeugt. Eine kapitale Konsequenz Mallarmés lautet daher: ‚alles was Poesie ausmacht, geht aus dem Text hervor' (II 170)! Denn ‚die Idee der Sprache findet sich in der Sprache' selbst (I 508).

Deshalb auch insistiert er auf Verschriftlichung. ‚Zum Künstler wird man vor dem Papier' (I 669) – nicht in Referenz auf Wirklichkeit oder auf Wahrheit. ‚Ein Denken, das allein vom Gehirn ausgeht, verliert sich, ohne zu werden („se créer"), ohne Spuren zu hinterlassen (I 720), d.h. dass seine Erkenntnisse von den Erkennenden gemacht sind und gemacht werden und nur durch sie bestehen. Objektiv gegeben ist einzig die Ma-terialität der Zeichen und ihre semiotische ‚Konversation', die erst Bedeutung ins Spiel bringt. Deshalb Mallarmés ‚unausrottbare' Überzeugung, ‚dass nichts bleiben wird, ohne geäußert' und in diesem Sinne kenntlich gemacht zu sein (II 212). Ideal erscheint ein ‚Ensemble in Versform' (II 195) – eine Umschreibung für seine poetische Vision von *Le Livre*, von Schrift als Aufführung (ebda.).[26] Dieses nicht-folgerichtige Denken bietet sich als ‚geistiges Instrument' par excellence an (II 203). Denn ‚alles auf der Welt existiert, um ein Buch – in dieser Absicht – ‚zu werden' (II 224).

Seine Faszination liegt darin, dass seine Dichtung sich subversiv gegen den Siegeszug der Wissenskultur in Stellung bringen lässt. Mit jeder neuen Entdeckung und Erkennt-nis entzaubert sie aus Sicht Mallarmés das Geheimnisvolle, das dem Ungewussten, Un-bekannten innewohnt; mit jeder Differenzierung mehrt sie die Differenzen in der Welt und das Bedürfnis, sie wieder in ein Ganzes einzuholen. Daher seine Forderung nach

---

[25] Ebda., 641; 22. Brief. – Victor Hugo 1963, 425: „la poésie vraie, la poésie complète, est dans l'harmonie des contraires".

[26] Dazu Marchal, I 1372 ff.

dem ‚Mysterium in der Literatur' (II 229 ff.). Sie soll einen Ort schaffen, von dem eine kognitive Konversion ausgehen kann: es gilt, die Herrschaftsgebärden der Zwecke, Gewissheiten und Eindeutigkeiten einem Exorzismus zu unterziehen und ihnen poetisch das Bekenntnis zu entringen, dass Widerspruchsfreiheit keine Garantie für – moralische – Wahrheit ist. Kunst hat vielmehr die Kehrseite aller evidenten Zubereitungen der Sprache aufzudecken. Fortschritte, die in deren Namen behauptet werden, wären nicht möglich, wenn sie nicht aus dem unbegrenzten Reservoir an Ungewissem, Rätselhaftem, Unverfügbarem schöpfen könnten, dem ureigensten Kapital der Kontingenz. Mallarmé sprach deshalb fast pathetisch davon, dass die Welt einer ‚orphischen Auslegung' bedürfe („explication orphique de la terre"). Sie aber soll ‚allein Aufgabe des Dichters' sein (I 788). Mit Aufschwüngen zu einem ‚Infini' hat dies allerdings nichts mehr zu tun. Die Himmel sind leer; Erkenntnis findet nur auf der ‚Erde' und depotenziert statt, und auch das nur, wenn Poesie die Machenschaften des Verstandes durchkreuzt. Dadurch würden sie im Geiste des ‚Ahnherrn Orpheus' (II 143) aufgedeckt und einsichtig als etwas, das möglich, aber nicht notwendig ist. Kontingenz, die an einer immer schon um- und umgewendeten Sprache haftet, würde so nicht unterschlagen, vielmehr schöpferische Spielräume freisetzen.

Dies ist die säkulare Anspannung, die sich im CDD entlädt. Mallarmé hat das Kunststück fertiggebracht, in einer unerhört verknappten und visualisierten Textur die Umbruchsituation an der Schwelle zur zweiten Moderne abzubilden. Dieses provokative ‚Gedicht' wird von der Frage bewegt, was an Erkenntnis effektiv möglich ist und welcher Art sie sein kann. Er verwahrt sich gegen den Alleinvertretungsanspruch des logischen Denkens auf Führung in Menschendingen. Dies hat den Dichter zu einem Kronzeugen der sprachkritischen Philosophie des 20. Jahrhunderts gemacht. Wie sich von Fall zu Fall erweist, gilt deren Interesse an Mallarmés Poesie jedoch nicht eigentlich ihr selbst, sondern dient der Klärung ihrer eigenen Ansprüche auf Wahrheit.[27] Der Dichter des CDD selbst versteht sich dabei allerdings keineswegs als der bessere Philosoph. Er bekräftigt vielmehr seine Überzeugung, dass Dichten eine eigene Verstehensweise mit einem eigenen Zugang zu einer alternativen Erkenntnis ist. Der Grund: nicht Logik, ‚Fiktion scheint die eigentliche Verfahrensweise des menschlichen Geistes zu sein' und ‚die Sprache ist ihr Instrument' (I 504). Denn genau genommen ist auch der *Esprit* und seine Mission eine Fiktion (I 503). Deshalb macht ihm das Gedicht in Gestalt eines ‚Meisters' (IV b) den Prozess. Mit erledigt sieht sich dabei zugleich Valérys Leonardo-Essay.

Wie aber mit poetischen Mitteln zum Ausdruck bringen, dass diese bisherigen poetischen Mittel Leergut geworden sind? Die Antwort des CDD ist ebenso gewagt wie ingeniös. Mallarmé nimmt zwar die moderne ‚Gattung' des Prosagedichts auf, unterstellt es jedoch dem misslingenden Würfelwurf dieses ‚Meisters'. Das heißt: seine Geschichte kann nur noch in der paradoxen Gestalt einer verworfenen Geschichte wiedergegeben werden. Mehr noch als die Worte führt die Typographie einen Text nach dem Untergang herkömmlicher Kontextualität vor. Seine ‚Fremdheit' und ‚Dunkelheit' ist eine List der Lektüre. Sie soll ungebetene Gäste abhalten; sie würden nur eine verbale Ruinenlandschaft statt einer poetischen Wunderkammer erkennen. Denn hier spricht einer in einer

---

[27] Wesentliche Positionen hat Thierry Roger 2010 systematisch nachvollzogen, in seiner fast tausendseitigen Kritik der Kritik *L'Archive du ‚Coup de dés': étude critique de la réception d'*Un coup de dès jamais n'abolira le hasard *de Stéphane Mallarmé.*

Sprache, die bereits von jenseits ihres Verfalls herkommt. Er hat es gewagt, mit Kontingenz Poesie zu machen und den Ideenhimmel zu veruntreuen.

Sein Neuland der Expressivität ist unwegsam. Um dorthin vorzudringen, müssen also hohe Sprachbarrieren überwunden werden. Verlangt ist, die verworfene Geschichte des ‚Meisters' nachzuvollziehen, um einzusehen, warum sie verworfen werden musste. Mallarmé hat dem Leser die Rolle eines geneigten Adressaten entzogen. Baudelaire wollte ihn zumindest als Komplizen noch einmal retten, indem er sich mit ihm verbrüderte („mon frère").[28] Zugegebenermaßen ein scheinheiliges Angebot („hypocrite"): er hätte sich zum weltanschaulichen Überdruss („Ennui") bekennen müssen. Der CDD will jedoch nicht eigentlich solidarisieren: er verlangt Mitwirkung; sein Text ist als Prätext konfiguriert. In beträchtlichem Maße stellt er frei, was der Leser daraus macht. Andererseits wird er dafür mit semantischem Mehrwert belohnt. Wie ein Poet der alten Schule hat Mallarmé sein Gedicht deshalb im Stile des mehrfachen Schriftsinns angelegt: es will doppelt gelesen werden. In *Le Livre*, Mallarmés Utopie vom totalen Buch, heißt es, es müsse ‚mit sich selbst komponiert' sein, sodass es eine ‚doppelte Identität' erhält und die eine für die andere einsteht (I 550). Verschlüsselt gibt er dadurch zu verstehen, warum Poesie in Zukunft weder Denken (Kap. II) noch Dichten (Kap. III) kann wie bisher. Wie sich im Übrigen zeigen sollte, eine geniale wirkungsgeschichtliche Strategie (Kap. VII): sie sprach nicht nur eine Philosophie an, die sich gegen den ‚Vater des Logos' (Lyotard) richtete, sondern auch eine Literatur und Literaturtheorie, die einen Feldzug führte gegen die verhärtete Auffassung, Kunst sei ein Spiegel der Wirklichkeit.[29]

---

[28] Im Eröffnungsgedicht „Au Lecteur" (Baudelaire I 1975, 6).
[29] Vgl. dazu die pointierte Kritik von Yves Delègue 2004, 127–140 am jeweiligen Narzissmus dieser Positionen, denen mehr an ihrer eigenen Diskursordnung liegt als an der Mallarmés: „Mallarmé, les philosophes et les gestes de la Philosophie".

II

Der unvordenkliche Dämon

Typographie, Topographie

Als wollte Mallarmé sich selbst widerrufen, eröffnen die Titelworte den CDD so apodik-
tisch, als hätte sie ein ungreifbarer Gerichtshof gesprochen: ‚Niemals wird ein Würfelwurf den Zufall zu Fall bringen.' Der Schlusssatz besiegelt das Urteil in zweiter Instanz:
‚Jeder Gedanke entäußert sich als ein Würfelwurf' (XI b). Die Majuskeln untermalen es
mit allegorischem Nachdruck. Soviel Klarheit bei Mallarmé hat Demonstration im Sinn:
Anfang und Ende legen eine Klammer um den Text und halten mit größter Eindeutigkeit
fest, dass es keine Eindeutigkeit im Denken geben kann. Die Bühne für eine einschnei-
dende Erkenntniskritik ist bereitet.[1] Dass solchermaßen alle Philosophie des Geistes –
und im besonderen Valérys *Esprit pur* – in die Schranken gewiesen wird, schärft jedoch
umgekehrt den Blick für das Erkenntnisvermögen der Sondersprache Lyrik. Daraufhin
ist der CDD angelegt. Sein Text grenzt einen Innenraum ein, der länger nicht den Zufall
abwehrt, sondern sich ihm bewusst aussetzt. Er thematisiert damit eine Weise des Denkens, die keinen Rückhalt mehr im Logos der Sprache hat.

Mallarmé war sich des Wagnisses höchst bewusst: ‚Die Stunde gebietet es, Ausgra-
bungen im intimen Geheimnis des Unbekannten vorzunehmen und glanzvolle Verheißungen früherer Zeiten zu exhumieren' (II 244). Wer auf den CDD eingehen will, muss
also umdenken. Eine typographische Revolution vereitelt ihm den vertrauten Zugang
über Zeile und Satz. Sie gehorchen einem Seitenspiegel, der ihre Leselinie durchbricht.
Diese hat traditionell – und ideell – einen Schlusspunkt im Sinn, ist mithin stummes
Werkzeug einer finalistischen Denkweise. Dem gegenüber hat Mallarmé sein Gedicht in
eine artenreiche Textlandschaft umgewandelt. Die zeitgenössischen Irritationen waren
groß.[2] Nicht weniger als neun Schriftarten unterschieden sich nach ihren Lettern, nach
antiqua / kursiv, Groß- und Kleinschreibung. Sie binden das Auge räumlich, noch bevor es die Worte semantisch aufnimmt. Sprache und ihre Zeichen treten damit in einen
Dialog mit dem Weiß der Seite ein; es ist nicht mehr nur Substrat für das Gedruckte in
Schwarz. Aus einer ausgeblendeten Unterlage emanzipiert es sich zu seiner Grundlage.

---

[1] Und damit eine große Frage der Exegese eröffnet, die Mallarmé zu einem Kronzeugen der
sprachkritischen Philosophie des 20. Jh. erwählt hat. Sie wird die Begehung des CDD begleiten,
nicht zuletzt, um im Vergleich zwischen der Selbstdeutung der Poesie durch Text und Autor
und deren philosophischen Inanspruchnahmen die erkenntnistheoretische Alterität zu pointieren, die Mallarmé bis heute zu einer Berufungsinstanz macht.

[2] Max Nordau (1892/93) hat wohl die vernichtendste Kritik geübt, als er im Buch mit dem fatalen
Titel *Entartung* im Kap. „Der Symbolismus" (158–224) über Mallarmé urteilte: „Ich werde weiterhin das Gestammel dieses Schwachsinnigen in die verständliche Sprache gesunder Menschen
übersetzen" (183). – Mallarmé ist ebenso sarkastisch wie elitär darauf eingegangen (II 71 ff.).

Die a-syntaktische Zuordnung der Worte öffnet ihnen eine dritte, eine Tiefendimension: sie nehmen maßgeblich Bedeutung auf auch von ihrem Ort in der Schreibfläche. Ob ‚Infinitum' (VIII b) oben oder unten auf dem Blatt steht – hier in der Position des Abgrundes („gouffre"), – verschafft seiner Aussage einen – fatalen – Mehrwert.

Mallarmé geht es dabei um Grundsätzliches.[3] Das Geschriebene, das Buch insgesamt, legt Sprache auf ein Nacheinander, auf ihre Zeitform fest – so sehr, dass ihre Sehform so gut wie ausgeblendet bleibt. Ein Schriftstück jedoch als frei beschriftbare Fläche aufzufassen, überführt die Sprachzeichen im Prinzip bereits in „parole in libertà". Marinettis futuristisches Schlagwort dürfte nicht ohne Mallarmés Patenschaft angestoßen worden sein. Auf literarischen Soiréen trug der Italiener dessen Lyrik – auf französisch – vor. Als dann der CDD begann, weitere Kreise zu ziehen, angeregt von Albert Thibaudet, André Gide, Apollinaire[4] und der Neuausgabe 1914 von Mallarmés Schwiegersohn Bonniot, hatten schon Zeitgenossen die Tragweite seines Traditionsbruchs als epochal empfunden. Rückblickend von den Errungenschaften der historischen Avantgarden erscheint der CDD bereits als eine visuelle Installation, die zwar zweidimensional ist, aber Dreidimensionalität suggeriert. Die Großbuchstaben markieren dabei den Vordergrund eines sphärischen Textraumes, der, je kleiner die Lettern werden, desto tiefer sich nach hinten öffnet und damit perspektivisch den Rückgang des ‚Meisters' in die Hintergründe seines Bewusstseins abbildet (Abb. 1). Die Zeichen treten aus der Reihe und steigern dadurch ihre Aufgeschlossenheit für ihre Umgebung und damit für das, was sie mehr und anders als ihr bloßer Wortlaut zu sagen haben. Sie neigen gewissermaßen zu semantischer Polygamie. Mallarmé gelingt es mit den ‚technischen' Mitteln einer figuralen Typographie,[5] dem Textbild den Effekt einer Topographie zu verleihen, die ‚prismatisch' aufgefächerte Bedeutungsräume öffnet (I 391). Bereitet sie so aber nicht den Boden vor der Zeit für ‚nomadisches Denken'? Der Mallarmé-Leser Gilles Deleuze jedenfalls hat sich ausdrücklich auf ihn bezogen und die Sprengkraft seines Schlusswortes adoptiert: „Penser c'est émettre un coup de dés"![6]

Wenn der Titelsatz „UN COUP DE DÉS" auf einen intellektuellen Anlass des ‚Gedichts' hinführt, dann vollzieht die Typographie ihn visuell nach. In der Vorbemerkung hat der Autor sein poetisches Arrangement mit dem Erscheinungsbild einer Partitur verglichen (I 391). Mit ihrer Hilfe lassen sich Ober- und Unterstimmen auszeichnen. Müßige oder ‚schnell entschlossene' Leser müssen allerdings erst eine Reihe von Prüfungen bestehen, ehe sie ins ‚Geheimnis' des Textes eingeweiht werden können. Ohne *Das Mysterium in der Literatur* (II 229 ff.), ein poetologisches Glaubensbekenntnis Mallarmés, wäre der Feldzug gegen die ‚verbreitete menschliche Verständnislosigkeit', gegen vulgäre Vorstellungen aus ‚Gips', ‚grenzenlose Blindheit' und ‚Geschwätz' nicht zu bestreiten.

---

[3] Das Vorwort selbst ist dazu höchst explikativ. Seither von kaum einem Kommentar nicht gewürdigt. Maßgeblich auch der Brief an André Gide (I 816): es gehe um eine „allure de constellation"; sie ist im Abschlussbild des CDD (XI b) programmatisch abgebildet.

[4] Detailliert rekonstruiert in Roger 2010, 77–172.

[5] Der CDD wurde dadurch zu einer bedeutenden Referenz für Figurengedichte, verbale Konstellationen und bildkünstlerische Paraphrasen. Vgl. dazu Ernst 2011, S. 181–201 mit umfangreicher Literatur, auch von ihm selbst. – Vgl. dazu den Ausstellungskatalog „Broodthaers, Mallarmé et les autres", Köln 2022 (Galerie Michael Werner).

[6] Seine ‚Vorlesungen' wurden aufgezeichnet: „La voix de Gilles Deleuze en ligne" (Cours 8/17.12.1985).

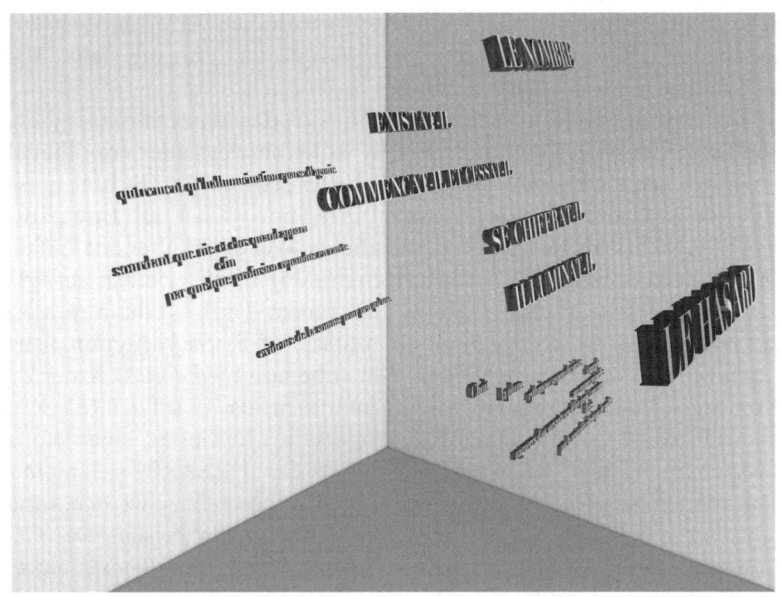

Abbildung 1 (Entwurf F. Wehle)

‚Die Alternative ist das Gesetz': die Oberfläche so anzulegen, dass das ‚Abbild' auf Platons Höhlenwand („en parois de grotte"; II 232) in gleichem Maße auch die Wand, sein Medium beleuchtet.

In diesem Sinne prüft die Typographie ihre ‚Gäste', ob sie bereit sind, dieser ‚abenteuerlichen Gegenläufigkeit' zu folgen. Sie zieht fünf verschlungene Noten-Linien durch den Text. Kaum hat der Titelsatz den Sprachraum eröffnet, wird er sogleich – „JAMAIS" (II b) gibt das Signal – von einer ausschweifenden zweiten Ebene unterlaufen. Deren Kapitälchen in Großbuchstaben durchziehen das Gedicht von „QUAND BIEN MÊME" bis „UNE CONSTELLATION"; von der zweiten (II b) bis zur letzten Seite (XI b). Doch kaum ist sie etabliert („SOIT"; III a), wird sie ihrerseits von einer mächtigen Schriftbewegung in Klein-Antiqua nach unten gezogen, die am Ende sogar den Schlusssatz („Toute Pensée; XI b) verschlingt. Es ist, als ob die Sprache einen unaufhaltsamen Sog in die Tiefe befallen hätte. Denn auch diese diskursive Unterschicht enthüllt sich als ‚Wahn' („folie") und muss einer vierten Ebene Platz machen, die die Großbuchstaben der Kapitälchen *kursiviert* und alles, was als ‚recte' vorausgeht, einer ungeraden Beugung unterstellt. Wie tief greifend sie wirkt, zeigt sich bereits unmittelbar nach den ersten Anzeichen, an „*COMME SI*" (VI a). Doch auch dessen Linie ist nicht haltbar. Über vier Doppelseiten muss sich ihr prekäres ‚so als ob' noch einmal abschwächen lassen, ehe kursive Kleinbuchstaben einen Schlussstrich ziehen. Sie geben zu verstehen, dass Sprache, geht man ihr auf den Grund, von ihren ‚kursiven' Neigungen beherrscht wird und sich im Bodenlosen verliert: angesichts eines übermächtigen „HASARD" bleibt ihren hochsinnigen Aufflügen („circonstances éternelles"; II b) nur die Einsicht in ihre ‚Abgründigkeit': „*gouffre*" steht an unterster Stelle der Seite (IX b) als letztes, kleinlautes Wort und in kursiv. Seite X a fasst dann begrifflich nach. Alle typographischen Spielarten der Schrift können nicht verhindern, dass ihre in Metall gegossenen Druckbuchstaben

15

in der Sache nichts Definitives oder Infinitives festzuhalten vermögen. „RIEN" (X a) ist die weltanschauliche Quintessenz, den dieser skripturale Tiefgang zieht. ‚Nichts' also, worin das Zufallsprinzip sich hätte auffangen lassen.

Und dann? Erst dadurch, so scheint es, kann sich das Mysterium ereignen, geoffenbart als ein Schriftwunder. Denn mit „RIEN" ist keineswegs alles annulliert. Von ihm ausgehend öffnet sich ein neuer Textraum (X b). Der „HASARD" (IX b) liegt hinter ihm. Die Kapitälchen in Großbuchstaben nehmen ihre Spur wieder auf. Ihrer Ansicht nach erweist sich das ‚Nichts' als Nullpunkt des Gedichts. Wer etwas über den Zufall erfahren will, muss demnach durch die ‚Vernichtungen' hindurch, die er allem zufügt, was sich Schwarz auf Weiß feststellen lässt. „RIEN" hat reinen Tisch – tabula rasa – gemacht: ‚Nichts hat stattgefunden – als der Fund einer Stätte' (X b). Sie kann nun, ‚jenseits' („au delà", XI b) ihrer Voreingenommenheiten, neu anberaumt werden. D. h. der Zufall, sein Prinzip Kontingenz, darf sich nun unvoreingenommen, als „PEUT-ÊTRE" (XI a) äußern und als Sternenschrift des Firmaments („à l'altitude") in Gestalt einer ‚Konstellation' kulturell verzeichnen lassen. In dieser Form müsste der „HASARD" sich nicht mehr den Denkgewohnheiten beugen, in Schlussfolgerungen still gestellt zu werden, sondern Ausgangspunkt von ‚möglichen' Sprach- und Denkbewegungen zu sein. Der CDD liefert selbst den Beweis dieser Absicht. Mit seinem letzten Satz („Toute Pensée émet un Coup de Dés"; XI b) ist nichts zu Ende: einer da-capo-Volte gleich weist er zum Anfang zurück.

Das typographische Pot-pourri des CDD täuscht deshalb. Mallarmé hat es unter der Oberfläche subtil de-komponiert. Vieles spricht dafür, dass es an ein beziehungsreiches Entfaltungsschema anknüpft – um es modernistisch zu überwinden. Denn vom „RIEN" kann eine Peripetie in der Art einer *renovatio* ausgehen: ein Weg heraus aus dieser diskursiven Verfinsterung zeichnet sich ab. Er weist in eine neue Höhe: die Kapitälchen von „EXCEPTÉ" (‚ausgenommen') setzen die Zeichen der letzten Doppelseite (XI a). Sie kündigen dem Denken – sie stehen oben – eine Diktion jenseits traditioneller Gradlinigkeit an – die der CDD bereits an sich selbst verwirklicht. Hat Mallarmé darin aber nicht ein christliches Erlösungsschema profaniert? Abstieg zur Hölle des ‚Nichts', Durchgang durch den Tod des *Esprit pur*, Auffahrt ins alternative Jenseits eines Schriftbildes, das als ‚Konstellation' jedoch von einem ‚stillschweigend' vorausgesetzten ‚Aufflug ins Abstraktive' (II 232) erlöst ist?

Idealschiffbruch

Wozu dann aber der Wortschwall gegenüber dem lapidaren Satz vom unhintergehbaren Zufall, wenn von vornherein feststeht, dass es nichts nützen wird („JAMAIS"), ihn ausschalten zu wollen? Warum dem Negierten so viel Raum geben? Mit diesen Fragen öffnet sich die dem CDD unterlegte innere Geschichte. Der stufenweise Abstieg der Schrift[7] bildet nur die Oberfläche eines mentalen Untergangsdramas. Es bringt zur Aufführung, *warum* idealistisches Denken („Esprit"; IV b) am Prinzip Zufall zerschellen musste. So gesehen betreibt Mallarmés Gedicht rigorose Vergangenheitsbewältigung gegenüber den hehren Ansprüchen des 19. Jahrhunderts, mit denen er sich selbst – vergeblich – zum symbolistischen Himmelsbild von „L'Azur! L'Azur! L'Azur! L'Azur!" fortgedacht hatte

---

[7] Murat nennt die typographische Anordnung des CDD einen „escalier analytique" (Murat 2005, 146), der an Piranesis *Carceri* erinnert.

(I 15).[8] Jetzt lässt er sich nur noch im Fresko eines Schiffbruchs denken („DU FOND D'UN NAUFRAGE"; II b)! Selbst der Stil vollzieht ihn nach; man kann darüber adäquat nur noch gebrochen sprechen. Eine unabsehbare Welt oben und eine unergründliche unten machen die Worte des CDD horizontlos. Die Raumaufteilung der Seite (II b) legt es offen: spekulative Gedankenflüge enden im Schiffbruch – einer humanistischen ‚condition humaine'. Diese erkenntnistheoretische Passionsgeschichte ist es, die der CDD rekonstruiert.

Mallarmé trägt sie mit der Bildmacht gedichteter und gemalter Schiffbrüche des 18. und 19. Jahrhunderts vor. Auf namentlich drei poetische Vorfahren („aïeul"; V a) spielen die zahlreichen wörtlichen Anklänge an: auf Vigny, Baudelaire und Rimbaud. Sie alle glaubten, der Untergangssuggestion ihrer Zivilisation Entgrenzungsphantasien abgewinnen zu können, die hinausführen aus den Engpässen einer erniedrigenden Lebenswelt.[9] Mallarmés Kunst ist dabei allerdings vorrangig der Intertextualität verpflichtet. Dies gilt besonders für Alfred de Vignys poetisches Testament *La Bouteille à la mer*.[10] Ein akuter Schiffsuntergang auch hier, als erbauliche Meditation über Schicksalsfragen nachvollzogen. Wissenschaftliches Kalkül hatte zum Aufbruch ins weite Meer des Unbekannten gedrängt (Str. XXII). Der Blick zum Fixpunkt des Polarsterns (XIV) hat die Katastrophe nicht verhindern können. Epistemisches Denken allein bringt nur ‚enttäuschende Erzählungen' („décevantes fables"; XII) hervor. Erst wenn Wissen und Erfahrung durch die Regungen des Herzens beglaubigt werden (XXVI), entsteht Wahrheit, nationale Größe (XXIV), Idealismus. Der wahre Gott, der starke, das ist der ‚Gott der Ideen' (XXVI).

Der sterbende Kapitän hat diese Botschaft aufgeschrieben – es ist das Gedicht – und sie einer Flaschenpost anvertraut. Mit erhobener Hand wie der ‚Meister' (!) übergibt er sie dem tobenden Meer, damit sein Wissen („savoir") und Denken („pensée") Zukunft zu stiften vermögen. Im letzten Gedicht der Sammlung *Les Destinées* (1863) hat sich seine Prophezeihung bereits erfüllt: ‚Dein Reich ist gekommen, PUR ESPRIT, König der Welt' – dank der heiligen ‚Schrift' („ÉCRIT") der Poesie, ‚dem Gesicht des Heiligen Geistes' (VIII).[11]

Es ist, als habe Mallarmé den Großbuchstaben Vignys mit den noch größeren Lettern seines „HASARD" eine eklatante Absage erteilen wollen. Entsakralisiert wird auch die – poetische – Schrift als Schrein des Universellen. Nicht die Götter schenken den ersten Vers; die Inspiration geht aus dem Kontext hervor. Rücksichtsloser hätte der CDD diesen ‚gläsernen Palast' reinen Denkens nicht bestürmen können, in dem Vigny – und Valéry – glaubten, sich vor den Erniedrigungen der Realität in Sicherheit bringen zu können.

Auch Baudelaires *Fleurs du Mal* dürften im Anspielungsreichtum des CDD gemeint sein. ‚Die schönen und großen Schiffe' – der Poesie – ‚sagen sie uns nicht: Wann brechen wir zum Glück auf?' (*Fusées* VIII).[12] Und wie enden die ‚Blumen des Bösen', die aus dem

---

[8] Insofern kehrt der Gedankengang des ‚Meisters' die Chronologie von Mallarmés poetischer Biographie und ihrer Werke um, wie sie etwa Lund 1969 entwickelt hat.

[9] Sartre 1988 deutet die nautische Metaphorik des CDD gesellschaftskritisch: „Le naufrage du *Coup de dés* traduit parfaitement bien la terreur de la classe possédante qui prend conscience de son inévitable déclin" (89 f.). Das ist so entschieden jedoch nur aus seiner, nicht aus der Perspektive des Gedichts zu erschließen.

[10] Bezug bereits von Thibaudet 1912 hergestellt. Text in: Vigny 1986, 153 ff.

[11] Ebda. 166 ff.

[12] Baudelaire II 1976, 655.

Übel der Welt („du Mal") noch einmal den Funken des Schönen („Les Fleurs") zu schlagen versuchten? Mit einer Anrufung des Todes, dem Kapitän der letzten Schiffsreise, die in den Abgrund des Lebens führt – um aber rücksichtslos selbst in diesem Untergang ein Gegenprinzip zum allmächtigen „Ennui" zu beschwören: eben ‚das Unbekannte' („l'Inconnu") als dem entgrenzenden, enthebenden Infinitum schlechthin,[13] das gleichwohl seine Unmöglichkeit in sich trägt. In der anarchischen Sprachexplosion von Rimbauds *Trunkenem Schiff* (*Le Bateau ivre*)[14] wirft das Ich seinerseits alle seine Bindungen ab (Str. 1); überlässt das Boot – der Vernunft – dem wilden Fluss des Wassers, wird vom Sturm – der Leidenschaften – erfasst, tanzt auf den Wellen abwärts wie ein Ertrinkender (Str. 4), dessen nächtliche Erleuchtungen alles – idealistische – Himmelsblau verschlucken (Str. 6), um jenseits aller ‚geführten' Pfade („guidé par les haleurs"; Str. 1) der entfesselten Imagination eine prophetische Energieentfaltung („Ô future Vigueur"; Str. 22) zu verschaffen und in der alternativen Vernunft ihrer ‚Poesie zu baden' (Str. 6). Rettend ist sie jedoch keineswegs mehr, nur eine ekstatische Vision über eine unerträgliche Wirklichkeit hinaus, die ihn im letzten Wort („ponton") wieder einholt.[15]

Solch gelungene Untergänge korrespondieren im Übrigen mit einer mächtigen Ikonographie. Namentlich der Maler Claude Joseph Vernet (1714–1789) hat sie in ganz Europa berühmt gemacht. In mehr als fünfzig Variationen hat der ‚Meister des Idealschiffbruchs' durchgespielt, wie ein Schiff im Sturm an felsiger Küste kentert (Abb. 2).[16]

Abbildung 2: Claude Joseph Vernet, Der Schiffbruch (1772),
National Gallery of Art, Washington D.C.

---

[13] Baudelaire I 1975, 134.
[14] Rimbaud 1999, 293 ff. Vgl. hierzu Wetzel 1988.
[15] Deutung mit Wetzel 1985, 107–117.
[16] Vgl. dazu Bertsch 2018, 59–69. Bereits Diderot hatte sich ausgesprochen positiv in seinen Salon-Kritiken über Vernet geäußert (vgl. Diderot 1967, 72–123).

Das bewegende Interesse geht von der Rettung der Schiffbrüchigen aus. Wie die Flut der Robinsonaden bis ins 19. Jahrhundert kommt das Drama von Wagnis und Bewahrung des Lebens zur Aufführung. Vernet hatte angedeutet, Rettung ist möglich, sofern Vernunft und Solidarität sich im Sinne aufklärerischer Naturbeherrschung verbinden. Seine Dramaturgie war wie geschaffen, um dem kollektiven Trauma der Französischen Revolution eine große Daseinsmetapher zu stiften. In Géricaults *Floß der Medusa* (1819) oder Delacroix' *Schiffbruch nahe der Küste* (1862) ist ein glücklicher Umschlag des Schicksals jedoch ganz aus ihrer Deutung geschwunden. Zuletzt Manets *Flucht von Rochefort* (1881; Abb., S. 95).[17] Der Maler und Mallarmé haben sich zehn Jahre regelmäßig getroffen. Der Dichter hatte ihm Informationen über den Revoluzzer Rochefort gegeben. Die Szene zeigt den Geflohenen entkontextualisiert: hinter ihm und vor ihm nichts als uferloses leeres Wasser, vergleichbar dem beherrschenden Weiß auf den Seiten des CDD, das die Schrift in semantische Weiten entlässt (s. u. S. 20/21).

An diesem Bildprogramm nimmt der CDD teil. Welche Deutung vermag er ihm zu geben? Mallarmé geht metamorphotisch vor: er entfaltet den abstrakten Begriff ikonisch. Der Abgrund („l'Abîme"; III a) macht den Zusammenstoß eines verfinsterten Oberhalb mit einem tintenschwarzen Meer als tödlich schäumende Grenzerfahrung anschaulich. Der Konflikt sucht auch die Zeiterfahrung heim. Mitternacht, die Stunde Null, suspendiert alle Zuschreibungen, die dem Nacheinander zugedacht werden: Logik, Kausalität, Finalität. In einer Skizze zum unvollendeten Poem *Igitur*, in vielem ein Vorlauf zum CDD, hat Mallarmé diesen Moment der Unentschiedenheit geradezu weltanschaulich aufgeladen. ‚Die Gestirne und das Meer' lösen sich ab von ihrer – traditionellen – Anbindung an ein ‚Infinitum'. Sie erscheinen, für sich genommen, als zwei Nichts, die sich gegenseitig bedingen („réciproques néants"; I 483).

Zum Ausdruck kommt eine der großen Beunruhigungen des CDD: die Vermittlung des Gegensätzlichen. Mitternacht am Abgrund: es ist die Stunde der Hermeneutik als der Kunst der offenen Fragen schlechthin. Die Zeitwörter des aufgewühlten Meeres unterstreichen es („étale", „plane", „résume"; III a/b). Angenommen, der Würfel wäre geworfen worden – nichts wäre danach anders gewesen. Die Abgründigkeit zwischen den unverrückbaren Fronten herrscht, wie Mallarmé betont, mit ‚absoluter Präsenz' (I 483). Die Abwesenheit aller denkbaren Gottheiten muss sich dadurch als die wahre Allgegenwart zur Kenntnis nehmen lassen.

Was die Tiefe so gefährlich macht, dass sie jeden Gedanken nach oben ins Leere gehen lässt, setzt das Meer ins Bild. Es veranschaulicht einen eigenen ‚genius loci'. Außer sich ist es („furieux"), in höchstem Aufruhr („conflagration", IV a); Sturm hat es weißschäumend („blanchi") aufgewühlt. Von ihm geht alle Gefahr aus; doch es ist als ursachlose Gegebenheit in Szene gesetzt. Ihr gilt es auf den Grund zu kommen. Warum ein Würfelwurf des Denkens nichts dagegen auszurichten vermag, hat Mallarmé mit einem verschlüsselten Wortwurf vertieft: „dés/espéré/ment" (III a) – jede Hoffnung („espéré")

---

[17] Georges Bataille hat den Maler in seinem Buch *Manet* (Paris 1953) aus der Perspektive Mallarmés als einen Protagonisten der aufziehenden Modernität gewürdigt. Vgl. dazu den Gegenblick von Durand 1998. – Zur poetologischen Engführung mit Mallarmés Dichtung vgl. dessen programmatischen Aufsatz „The Impressionists and Édouard Manet" von 1976 (II 444ff.), eine der besten Einführungen in Prinzipien und Technik des Impressionismus, durchaus mit Auswirkungen auf Mallarmés eigene Poetik. Vgl. Kap. IV.

SOIT
  que

              l'Abîme

        blanchi
                étale
                    furieux
                            sous une inclinaison
                                    plane désespérément

                                                d'aile

                                          la sienne
                                                    par

avance retombée d'un mal à dresser le vol
　　　　　　　et couvrant les jaillissements
　　　　　　　　　　coupant au ras les bonds

　　　　très à l'intérieur résume

l'ombre enfouie dans la profondeur par cette voile alternative

　　　　　　　jusqu'adapter
　　　　　　　　　à l'envergure

　　sa béante profondeur en tant que la coque

　　　　d'un bâtiment

　　　　penché de l'un ou l'autre bord

auf einen rettenden Gedanken („dés") ist trügerisch („ment"). Diese fatale Neigung („in-clinaison") geht im Bild eines ‚gefallenen Segels' auf („aile ... retombée") – eine Parallele, mit der Mallarmé seit dem Gedicht *Brise marine* (1866; I 15, v. 13–16) die ‚conditio humana' vergegenwärtigt. Es wäre von vornherein vergebliche Mühe („un mal"), das Segel und die Fahrt („le vol") wieder aufzunehmen. Die Springfluten würden sich damit nicht niederhalten und zerschneiden lassen („couvrant les jaillissements / coupant au ras les bonds"). Insofern verdichtet sich im Bild des aufgepeitschten Abgrundes, was ihn im Tiefsten („profondeur") dunkel bewegt („l'ombre enfouie"). Es konkretisiert sich in einem Schiffsrumpf („la coque d'un bâtiment"), den das schäumende Meer unter seine Gewalt gebracht hat und von der einen auf die andere Seite hin- und- her wirft (III b).

Unverkennbar hat das richtungslos schwankende Schiff den vertikalen Konflikt des Eingangs von Oben und Unten aufgenommen, ihn in den gebrochenen Masten aber bildlich depotenziert und damit dessen transzendente Ausflüchte horizontal eingeebnet. Die Kleinbuchstaben der Hypothese tun ihr Übriges: sie liefern den Anspruch der Großbuchstaben auf Größe – des *Esprit* – ihrer typographischen Geringschätzung aus. Dieses Vorspiel hat den Knoten einer maritimen Tragödie geschürzt. Virulent geworden ist dahinter die Frage nach der zerstörerischen Macht hinter dem ‚Zufall' ebenso wie das Versagen des *Esprit*.

Der Meister

Ein nächster Akt auf neuer Seite (IV a/b). Die großen Kapitälchen nehmen die Fronten des Dramas unter der Perspektive einer Hypothese erneut auf. Angenommen, es würde jemand existieren („SOIT"; III a), der sich dem aufgebrachten Meer, der ungebändigten Tiefennatur der Kontingenz stellt und glaubt, ihr gebieten zu können: dürfte er sich nicht als Herr und Meister der menschlichen Natur wähnen? Doch warum sich überhaupt auf die tobende See hinauswagen? In der Perspektive des CDD gibt es keine Wahl. Das Schiff – des Lebens – sieht sich immer schon der Brandung des Zufalls ausgeliefert, der für die Sensiblen die nachrevolutionäre Ära beherrscht. Niemand ist wirklich der Bedingungen seines Daseins mächtig. Strenggenomen ist es mithin der allem voraus liegende Abgrund, aus dem das Bedürfnis nach Rettung erst hervorgeht („surgi"; „inférant de cette conflagration"; IV a). Entsprechend folgt Mallarmé seiner Bildlogik und lässt aus der Untergangsszenerie einen ‚Meister' („MAÎTRE") als Personifikation des Schiffbruchs erstehen. Wie würde er versucht haben, die Negation zu negieren, die ihm seine Situation zumutet? Insofern sich die Krise in ihm spiegelt, gibt der äußere Abgrund die innere Kluft wieder, der sich ihm an der Grenze zwischen Sein und Nicht-Sein aufgetan hat (s.u. S. 24/25).

Er nimmt damit genau die Aufgabe wahr, die Mallarmé in der Auseinandersetzung mit Richard Wagner dem Schriftsteller zugewiesen hat: dem ‚Theater' eine Bühne zu geben, als das sich das Bewusstsein ereignet („Un théâtre, inhérent à l'esprit"; II 195). Eine Überwindung der Kontingenz, hatte das Diktum des Titelsatzes behauptet, ist von vornherein ausgeschlossen. Es kann insofern nur darum gehen, zu ergründen, warum dem ein ‚Jenseits' nichts entgegenzusetzen hatte – und wie ein Diesseits ohne Jenseits gelebt werden kann. Der ‚Meister' im Schatten einer Hypothese führt insofern eine sprachliche Pantomime der Erkenntniskritik auf. Sie ist in die Verlaufsform einer zerschlagenen

Autobiographie gekleidet, allerdings so, dass, was gesagt wird, sich nicht mehr als bündige Aussage stimmig machen lässt. Sie geht in der Art einer Anamnese vor, denn es ist verhüllt bereits von Anfang an entschieden, was erst das Ende enthüllt haben wird: dass das Menschenbild des Individuums sich im Nichts verloren und als ‚Dividuum' (Novalis) sich neu auszurichten hat.[18]

Der ‚Meister' taucht daher wie der Revenant einer vergangenen Epoche auf. Angesichts des akuten Verhängnisses würde er tun, was das 19. Jahrhundert (im Urteil Mallarmés) getan hätte (IV): den Arm zu erheben, dessen Hand die Würfel umschließt („au poing"), um ihn mit der erhabenen Geste idealen Denkens gegen den kontingenten Aufruhr zu seinen Füßen („conflagration à ses pieds") zu werfen („pour le jeter dans la tempête"). Das Manuskript war noch deutlicher: damit sollte der ethische Anspruch begründet werden („le nombre", die Würfelzahl, „sorti de quelque coup de dé humain"; I 405). Doch mitten in diesem Gedanken – mitten auf der Seite – hält er inne und ‚zögert' („hésite"). Die Schiffsmetaphorik übernimmt die Erklärung: früher („jadis") würde er das Steuerruder fest umfasst gehalten haben („il empoignait la barre"), im Vertrauen auf seine nautischen Berechnungen („calculs") und sein Können („la manoeuvre"). Doch sie sind längst veraltet („ancien") und in Vergessenheit geraten („avec l'âge oubliée"; IV b). Aber wäre nicht jetzt, in dieser Notsituation, ein letzter, verzweifelter Versuch geboten, da Meer und Himmel, Unten und Oben ihre Konturen verloren haben, alles differentielle Denken geschwunden („l'horizon unanime") und zur schicksalhaften Bedrohung („comme on menace / un destin et les vents") geworden ist?

Für einen Moment hebt Mallarmé den Bildvorhang und gibt den Blick frei auf die erkenntnistheoretische Fracht des Würfels. Seine geheimnisvolle Macht („le secret qu'il contient"; IV b) hätte in ‚der Zahl gelegen, die keine andere sein kann' („l'unique nombre qui ne peut pas / être un autre"). Die einzige aber, die durch keine andere in Frage gestellt werden kann, wäre in der Bildperspektive des Würfels – die Sieben.[19] Sie bildet jeweils die Summe der einander gegenüberliegenden ‚Augenpaare' (1 + 6; 2 + 5; 3 + 4). Der Würfelwurf des Meisters gibt damit durch seine symbolische Zahlensprache zu verstehen, dass menschlich bedingte Gedankentätigkeit sich zwar auf Vollkommenheitsideale hin zu entwerfen vermag – die Sieben. Wie der Titelsatz des CDD von vornherein dekretiert, müssen sie jedoch vollkommen unerreichbar bleiben.[20] Wie hat es dennoch zu diesen Illusionen kommen können? Seit Menschengedenken geht von der Sieben eine geradezu urwüchsige Zahlenmagie aus: die biblische der siebentägigen Schöpfungswoche; die kosmische der sieben Planeten mit ihren mythologischen Paten; die astrologische des

---

[18] Novalis III 1960, 451; *Das allgemeine Brouillon* Nr. 952.

[19] Vgl. Schlüter 2011 und Betz 1989.

[20] Die wohl kühnste Interpretation verdankt sich Meillassoux 2013 (frz. Orig.: *Le nombre et la sirène. Un déchiffrage du* Coup de dés *de Mallarmé*, Paris 2011). Der Würfel würde doch geworfen, von Mallarmé für den Leser. Die Zahl lässt sich als 707 dekodieren aufgrund der Anzahl der Wörter. Sie werden lexikalisch auf fragwürdige Weise gezählt; die Worte des Titelsatzes ebenso wie die 7 Worte des Schlusssatzes weggelassen (68/69). Auf diese Weise würde „der Mallarméschen Poetik" Rechnung getragen, „das Unendliche zu bestimmen"! (114). Die Sirene wiederum „verunendlicht" die in die Zählung eingegangne Ungewissheit und macht die Entdeckung der Sieben zu einem für den Leser geplanten Zufall. Dadurch kann Mallarmé von den Toten zurückkehren, „um als Sirene wiedergeboren zu werden (157).

$$\boxed{\text{LE MAÎTRE}}$$

surgi
    inférant

           de cette conflagration

               que se

            comme on menace

       l'unique Nombre qui ne peut pas

               hésite
          cadavre par le bras
plutôt
    que de jouer
       en maniaque chenu
         la partie
       au nom des flots
              un

        naufrage cela

hors d'anciens calculs
où la manœuvre avec l'âge oubliée

jadis il empoignait la barre

à ses pieds
de l'horizon unanime

prépare
s'agite et mêle
au poing qui l'étreindrait
un destin et les vents

être un autre

Esprit
pour le jeter
dans la tempête
en reployer la division et passer fier

écarté du secret qu'il détient

envahit le chef
coule en barbe soumise

direct de l'homme

sans nef
n'importe
où vaine

siebten Himmels; die christliche der sieben Tugenden (und Untugenden); der Sakramente und Gaben des hl. Geistes; die ästhetischen der sieben freien Künste; die anthropologische, die die (göttliche) Drei von Seele und Geist mit der Vier der Temperamente und Elemente addiert. Mallarmés Würfel spielt auf diese kulturellen Figuren an; sie bleiben jedoch stumm; stehen unter dem typographischen Vorbehalt der Hypothese. Offenbar aber weiß der ‚Meister‘ nicht mehr, in wessen Namen er diese ‚einzigartige Zahl‘ („l'unique nombre") werfen soll. Er wird darüber zur Verkörperung einer elementaren Verlusterfahrung des kommenden 20. Jahrhundert, der Absenz.[21] Er hat es später ausdrücklich in Worte gefasst: ‚wer seinen Blick wie üblich nach oben richtet, handelt sich Absenz ein‘ („une élévation ordinaire verse l'absence"; X b). Doch selbst wer sich auf diesen gestaltlosen Begriff zurückzöge, würde er ihm nicht noch einmal das Prestige von Transzendenz zugestehen? Zeichen der Leere, des Schweigens, des Entzugs – machen sie nicht zumindest negativ das Bedürfnis nach Eigentlichem noch namhaft?

Ehe sich im ‚Meister‘ diese Einsicht durchsetzen kann, muss er zuvor seinen Denkschadensbericht weiter ausführen und die Ursprünge seiner Verfehltheit bloßlegen. Nichts anderes hat ihn zum Absoluten verführt – die Mitte (der Seite IV b) zeigt es an – als der „Esprit".[22] Er ist der Geist, der stets über das hinausschauen will, was Sache ist. Mallarmé hat ihn in seinen kritischen Schriften eingehend seziert. Im Gegensatz zu Propheten einer Zukunft, in der es besser sein würde wie Georges Cuvier, Victor Cousin, Saint-Simon, Hugo, Vigny, Proudhon oder Marx, spricht er ihm den Anspruch ab, damit in die Helle einer heilen Welt treten zu können. Deshalb wirft der ‚Meister‘ diesen Würfel nicht; willigt damit in den Untergang einer Lebensvorstellung im Zeichen der Ideenkultur ein. Ein drastisches Bild nimmt diese Peripetie seines Schicksals auf: sein nach oben gereckter Arm mit den Würfeln in der Hand gleicht einem Kadaver – eine gedankliche Verbindung mit einem ‚Jenseits‘ („par de là de l'inutile tête"; V a) ist abgestorben. Jeder weitere Wurf würde deshalb vom Geheimnis der Sieben wegführen („écarté du secret qu'il détient"; IV b). Den toten Himmel noch länger zu bestürmen hieße, sich im Niemandsland („contrées nulles"; V a) der Spekulation zu verlaufen. Daher gilt es, die Blicke nach unten, in die Tiefen der Kontingenz zu richten, statt trotz seines Alters („chenu"), noch immer von der Idee seines Würfels geradezu besessen zu sein („en maniaque") und ihn ‚im Namen der Fluten‘ („au nom des flots") erneut zu werfen. Denn schon eine Welle („un") genügt, um den Kopf („le chef") des Alten zu überspülen. Sie würde dem Prinzip Mensch („l'homme") als solchem umstandslos einen Untergang bereiten („naufrage cela"), weil das Schiff („la nef") des Verstandes (es reimt erhellend mit „chef") nur einen Ort der Vergeblichkeit („où vaine") und damit der Bedeutungslosigkeit („n'importe") anzulaufen vermöchte. Ein Fazit: den trennenden Abgrund zwischen Himmel und Meer, Geist und Natur wieder zu schließen („reployer la division") und ihn siegreich zu überschreiten („et passer fier") – dieser Weg des Denkens ist für immer versperrt. Dass sich dahinter gleichwohl ein Plädoyer für ein beglückendes („bonheur") Festland („terre") philosophischer Begrifflichkeit verbergen könnte, wie der Mallarmé-

---

[21] Vgl. Wolfgang Ernst, Art. „Absenz"; in: Barck 2000, 1 ff.

[22] Er geht damit einer nachrevolutionären Lebenserfahrung der Sensiblen im Lande auf den Grund, die auch die ‚lamartine'sche Seele‘ Mallarmés geprägt hat. Lamartine 1834, 20 hat ihr so Ausdruck verliehen: „il n'y avait qu'une voix sur (...) la mort accomplie et déjà froide de cette mystérieuse faculté de l'esprit humain".

Leser Sartre behauptet,[23] entspricht ungleich mehr dessen eigenem als Mallarmés Erkenntnisinteresse (s. u. S. 28/29).

Das folgende Textbild (V a/b) nutzt das Zögern des Meisters als Aufschub, um seine äußere Befangenheit reflexiv einzuholen. Eine Kaskade von Bildern und Gedanken stürzt auf den Grund – der Seite und schließt die Anamnese seines Selbstverlustes ab. Den Würfel hochzuhalten hieß, den Intellekt in der Tradition der abendländischen Geistesgeschichte („legs") auf den ‚unvordenklichen Dämon' („démon immémorial") zu verpflichten, der das Denken einer Idee, einem Absoluten, etwas Ewigem („circonstances éternelles"; II b) unterwarf. Er hat nichts als Untergang bewirkt. Seine Macht schwindet („en la disparition"); er stiftet keine Eindeutigkeit („nombre unique"; IV a), vielmehr Zwietracht („ambigu"), wie sie der Gegensatz von Himmel und Meer ins Bild setzt. Ein letztes Mal hat er den Greis („vieillard") in Versuchung geführt, aus der Einöde („contrées nulles") der Realität aufzubrechen („vers cette conjonction suprême") und den letztthinnigen Gedankenschritt über das Zufallsbedingte hinaus („la probabilité") zu wagen. Doch jetzt ist klar, dass es ein Rückfall in die Schatten der Vergangenheit („ombre puerile") wäre, als er sich in den Kopf gesetzt hatte („tête"), mit harter, eng gefasster („entre les ais") Gedankenarbeit („soustraite aux durs os") dem Ansturm dieses Dämons zu genügen. Doch die Chance, ihn hingebungsvoll („caressée"), formvollendet („folie"), uneingeschränkt („rendue") und rein („lavée") sublimieren zu können, wäre müßig („une chance oiseuse"). Der Grund: sich ihm hingeben zu wollen, kann sich auf keine absolut verbürgte Idee berufen. Sie ginge lediglich aus der Umkehrprojektion dessen hervor, was einer (realistischen) Kunst, die sich dem Trottoir widmet (II 837), als Mangel gegenwärtig ist.[24] Wirklich gewiss ist deshalb nur das Wechselspiel („ébat") zwischen den gegensätzlichen Fronten. Bildlich: dass ‚das Meer versucht, sich im Alten zu verwirklichen oder der Alte sich gegen das Meer' („la mer par l'aïeul tentant ou l'aïeul contre la mer une chance"). Sie zu versöhnen („Fiançailles") würde bedeuten, noch einmal das Segel einer Illusion aufzurichten („le voile d'illusion"). Mit einem raffinierten Wortspiel („chancellera") wird etymologisch (‚chance') wie syntaktisch („le voile") der große hermeneutische Tagtraum der Romantik, „l'harmonie des contraires" (Victor Hugo)[25] endgültig ins Wanken gebracht („chancellera"), sodass er in sich zusammenfallen wird („s'affalera"). Die Zukunft, die im Futur der Verben anhebt, wird grammatisch bestätigt und mit fetten Großbuchstaben besiegelt: „N'ABOLIRA" (‚le hasard') – nichts wird den Zufall zu Fall bringen. Dieses Urteil nimmt für sich eine ganze Seite ein (V b) und erklärt sich zum Alleinstellungsmerkmal von Erkenntnis. Eine rückhaltlose Hingabe an ein gegenläufiges Absolutes – Mallarmé hat es an den Rand des Suizids gebracht – würde nichts geändert, nur die Illusion als Illusion zur Gewissheit erhärtet haben. An diesem Tiefpunkt ist die Reflexion des Meisters angelangt. Ihr letztes Wort: den bedeutungsschweren Würfel noch einmal zu werfen wäre – erkenntnistheoretisch – ‚Wahn' („folie"). Es ist, als hätte Mallarmé Foucaults *Die Ordnung der Dinge* gelesen. Der Traum eines *Esprit pur*, der

---

[23] Sartre 1986, 191/192: „le bonheur qu'a la terre de ne pas être décomposée en matière et esprit".

[24] Bis hierher folgt ihm auch der Mallarmé-Leser Michel Foucault: Es gilt „die Wörter in alldem umzukehren zu versuchen, was trotz ihrer und durch sie hindurch gesagt wird. Gott ist vielleicht weniger ein Jenseits des Denkens als ein bestimmtes Diesseits unserer Sätze" (Foucault 1971, 363). – Es entspricht Mallarmés Begriff der Fiktion.

[25] Hugo 1963, 425.

ancestralement à n'ouvrir pas la main

                  crispée
            par delà l'inutile tête

    legs en la disparition

              à quelqu'un
                  ambigu

       l'ultérieur (démon immémorial)

avant
      de contrées nulles
            induit
le vieillard vers cette conjonction suprême avec la probabilité

             celui
               son ombre puérile
caressée et polie et rendue et lavée
         assouplie par la vague et soustraite
       aux durs os perdus entre les ais

             né
               d'un ébat
la mer par l'aïeul tentant ou l'aïeul contre la mer
      une chance oiseuse

                          Fiançailles
dont
    le voile d'illusion rejailli leur hantise
    ainsi que le fantôme d'un geste

         chancellera
         s'affalera

            folie

N'ABOLIRA

alle Wunden der Kontingenz heilt, erscheint am Ende des 19. Jahrhunderts unsinnig. Ideenhimmel sind aus der Not geboren, entbehren aber jedweder höheren Notwendigkeit. Deshalb wirft der ‚Meister‘ den Würfel nicht. Der Falz der Doppelseite V a/b legt offen, dass Kontingenz und Evidenz, ‚Ennui‘ und *Esprit*, zusammengehören, aber unter der Bedingung ihrer prinzipiellen Unvereinbarkeit.

Das Scheitern des ‚Meisters‘ hat die Einsicht erzwungen, dass solche Begriffe bloße ‚Phantome‘ seiner Geistestätigkeit sind. Er muss sich mithin selbst als Ursprung seiner Untergangs-, aber auch Rettungsvisionen begreifen. Dieser Selbsterforschung widmet sich nun die Parenthese, die umfangreichste Textpassage des Gedichts. Sie gibt den Denkraum der Kapitälchen auf und widmet sich mit den kleinen Kursiva den Motiven, die den ‚Meister‘ den Verheißungen des Geistes ‚geneigt‘ (*„inclinaison“*; *„insinuation“*) gemacht haben. Die Sphäre der Ideen nach unten hin zu verlassen aber heißt, sich der Welt des Unbewussten auszusetzen. Lange bevor die Sprache zu ihr vorzudringen vermag, hat die Doppelseite VI, Mitte des Gedichts von elf Textbildern, bereits kompositorisch angekündigt, dass es ins Zentrum des inneren ‚Strudels‘ (*„tourbillon“*) geht. Es wird im Übrigen, einem umarmenden Reim gleich (*„comme si“* / *„comme si“*), wie eine strophische Sonderzone abgehoben (s. u. S. 32/33).

Diese wird von der unterstellten Frage bewegt, wie sich zu verhalten wäre angesichts dieses beklemmenden (*„hantise“*) illusionären Wahns. Eine ‚simple, nur ironisch aufzufassende Eingebung‘ würde einerseits ‚Schweigen‘ nahelegen. Oder andererseits das ‚Mysterium‘ herausschreien (*„hurlé“*), weil sich in ihm nicht mehr niedergeschlagen hat (*„précipité“*) als ein Aufruhr widerstreitender Gefühle (*„d'hilarité et d'horreur“*). Der beidseitige Abgrund, oben und unten, hat sich als Abbild einer extremistisch aufgerissenen Seele erwiesen. Dem ‚Meister‘ als ihrem Schauplatz bleibt nichts, als sich mit ‚schrecklichem Gelächter‘ nicht nur gegen seine idealistischen Neigungen zu wenden. Sie gaukeln (ihm) gleichzeitig vor (*„voltige“*), dass der Taumel (*„tourbillon“*) um den inneren Abgrund (*„autour du gouffre“*) nicht nur das Denken, sondern auch seine heftige Gemütserregung im Glauben ‚wiegt‘ (*„en berce“*), sie wären ‚Indiz‘ für eine unbefleckte Empfängnis (*„vierge“*) von Erkenntnis. Nichts auch, was ihn zutiefst affiziert, könnte also den inneren Zwiespalt überdecken (*„sans le joncher“*), noch ihn vermeiden (*„ni fuir“*).

Der Abstieg in das ‚Tiefen-Ich‘ (Bergson) des ‚Meisters‘ ist an einen Wendepunkt gelangt.[26] Unterhalb bewusster Wahrnehmung herrscht brodelnde Verstandesferne. Ihre gegenläufigen Antriebe haben das vitale Interesse, gedanklich nicht stillgestellt zu werden. Sieht man es mit den Augen des ‚Meisters‘, so muss seine Bestürmung des Ideenhimmels sich als eine – absolut – verkehrte Anschauung entschleiern lassen („le voile d'illusion“; V a). Von ‚unten‘ gesehen war es seine Psychomachie, die ihn – vergeblich – zu Ausflüchten („fuir“) nach ‚oben‘ gedrängt hatte.

Der ganze Gang seiner Reminiszenzen hat, statt eines höchsten Punktes, ganz offenbar seinen wundesten berührt. Denn sogleich nach dem zweiten „COMME SI“ senkt sich das Bewusstseinsniveau noch einmal ab (VII a/b). Es ist, als ob sich die verwirbelten Momente seines Selbst nun gänzlich verselbstständigten. Damit einher geht ein

---

[26] Eine nicht eindeutig zu klärende, aber dennoch nicht zu übergehende Frage ist das Verhältnis Mallarmés zu Henri Bergson. Zumindest die bewusstseinsanalytischen Übereinstimmungen sind verblüffend, namentlich mit Bergsons *Essai sur les données immédiates de la conscience* (1889). Die Ausgänge aus der Krisensituation sind allerdings nahezu gegensätzlich.

programmatischer Sprachwandel. Unterhalb der Schwelle des Selbstgewissen wird auffallend metaphorisch gesprochen. Die Wellen des Meeres, die den Meister überspülen, haben analog dazu auch seine Ausdrucksweise bildlich überflutet und einen eigenen, subversiven Echoraum geschaffen, in dem die Bilder sich gegenseitig rufen.

Hamlet, der romantische Traum

Die ‚Neigung‘ des ‚Meisters‘ veranschaulicht sich dort in einem hängenden ‚Flügel‘, der in ein gefallenes Segel und dieses in einen Schleier übergeht, um schließlich (VII) bei einer vom wilden Strudel erfassten Feder (*„plume“*; VII a) anzukommen. Mit ihr setzt eine neue, hochkomplexe Bildverschiebung ein. Legt sie eine letzte Spur zum gefallenen Ikarus und seinem mythischen Höhenflug? Wer sich dazu verleiten ließe (*„insinuation“*), lieferte sich der Selbstüberlassenheit (*„solitaire“*) derer aus, die wahnhaft umgetrieben sind (*„éperdue“*). Ihnen bliebe nichts als abermals der tief sitzenden Versuchung (*„sauf“*) der abendländischen Geistesgeschichte zu folgen. Als letzte Zuflucht wird – die nächtliche Vernunft des Traumes erwogen. Sie tritt im Schattenriss von Hamlet ins Bild, eine bedeutende kulturelle Patenschaft des 19. Jahrhunderts. Welche ‚faszinierende‘ Rolle er im Imaginarium Mallarmés einnimmt, hat er in einer ausführlichen Theaterkritik dargelegt (*„Hamlet“*; II 166 ff.). Für ihn ist er der ‚im Verborgenen anwesende Seigneur, der nicht werden kann‘ und deshalb in einem ‚unvollendeten Akt innehält‘ – ein Tiefenporträt des ‚Meisters‘. In seiner Welt war der Traum an die Macht gekommen (*„le pouvoir du Songe“*). Seine ‚Tragödie‘ gestaltet ‚das eigentliche Theater unseres Geistes‘. Es hat ihn zum Ahnherrn ‚romantischer Nachtwachen‘ gemacht (s. u. S. 34/35).

Welchen Erkenntnissen sie von der Rückseite der Tagesvernunft her hätten Zugang verschaffen sollen, hat niemand mit heiligerem Ernst verkündet als Novalis in der ersten seiner *Hymnen an die Nacht*: „Abwärts wend ich mich zu der heiligen, unaussprechlichen, geheimnisvollen Nacht. (…) die unendlichen Augen, die die Nacht in uns geöffnet. Weiter sehn sie, als die blässesten jener zahllosen Heere [i. e. die „blitzenden Sterne“]“.[27] Maurice Maeterlinck, symbolistischer Freund Mallarmés, hatte den deutschen Romantiker 1885 übersetzt und seine transzendentalphilosophische Seelenkunst gewürdigt. Ihr Medium ist die Nacht und der Schlaf (II 169). Er ‚trage den Schlüssel zu den Wohnungen der Seligen, unendlicher Geheimnisse schweigender Bote‘.[28]

Hamlet verkörpert jedoch zugleich einen ‚Prototyp‘ der Traumverarbeitung. Er stellt sich dem ‚Labyrinth dessen, was ihn verwirrt und beschwert‘, indem er es als Theater, im Logos der Sprache also, Gestalt werden lässt (*„extériorise“*). Mallarmé zitiert seine Bewältigungsstrategie als romantisches ‚Erbe‘ – und verwirft sie ineins damit. Er reduziert ihn auf eine verknitterte, nachtschwarze Velourmütze (*„une toque de minuit … au velours chiffonné“*; VII b). Sie ist das Letzte, was in seinem Untergang noch sichtbar bleibt. Mit seiner Kopfbedeckung, der dunklen Phantasie, die ‚Feder‘ aufhalten zu wollen (*„la rencontre“*), müsste mit einem ‚finsteren Lachanfall‘ (*„par un esclaffement sombre“*) quittiert werden. Andernorts hatte Mallarmé in einer launigen ‚Meditation‘ über Kopfbedeckungen nachgesetzt (II 665). Er schreibt dem Hut einen geradezu phi-

---

[27] Novalis I 1960, 131 ff.
[28] Maeterlinck 1983, hier 158 f.

COMME SI

> *Une insinuation*
>
> *au silence*
>
>
> *dans quelque proche*
>
> *voltige*

simple

enroulée avec ironie
                    ou
                le mystère
                            précipité
                                    hurlé

(tourbillon) d'hilarité et d'horreur

autour du gouffre
                    sans le joncher
                                ni fuir

        et en berce le vierge indice

                                COMME SI

33

plume solitaire éperdue

sauf

34

que la rencontre ou l'effleure une toque de minuit
et immobilise
au velours chiffonné par un esclaffement sombre

cette blancheur rigide

dérisoire

en opposition au ciel
trop
pour ne pas marquer
exigüment
quiconque

prince amer de l'écueil

s'en coiffe comme de l'héroïque
irrésistible mais contenu
par sa petite raison virile

en foudre

losophischen Zeichencharakter zu („signe ... solennel"). Seine Position zwischen dem Kopf, Ort menschlicher Gedankentätigkeit und etwas Übergeordnetem („une superiorité") lässt ihn als Mittler höherer Bedürfnisse erscheinen. Doch effektiv ist sein Raum zwischen dem Haupt und seinen Behauptungen leer und dunkel. Eine Verbindung nach ,oben' ist durch nichts gedeckt.

Ein Schiffbruch der Erkenntnis wäre auch mit Hamlets Methode nicht aufzuhalten („*immobilise*"). Der CDD erteilt damit nicht nur einer intelligiblen, sondern auch einer oniristischen Zubereitung des Denkens eine sarkastische Absage. Das Purgatorium des ,Meisters' ist damit gleichwohl noch nicht zu Ende. Jeder der so dächte, würde in den weißen Schaumkronen („*cette blancheur rigide*") einen Gegensatz zum finstern Himmel („*en opposition au ciel*") annehmen und müsste sich als Prinz verspotten lassen („*prince amer*"), der die Klippen des Meeres – der Kontingenz (mit dem raffinierten Wortspiel: ,prince à mer') – zum Anlass nimmt, um sich die männlich-heroische Attitude („s'en coiffe comme de l'héroïque") eines großen Kapitäns („*en foudre*") zuzuschreiben, der den nächtlichen Stürmen der menschlichen Natur standhält.

Die bittere Ironie, mit der Mallarmé das romantische Jugendprojekt („son ombre puérile"; V a) des ,Meisters' verwirft, hat tief sitzende Gründe. Vordergründig nimmt er in einem bewegenden Nachruf von 1889 auf den ,Kameraden' Villiers de l'Isle-Adam eine Kontroverse auf, die nichts besser pointieren könnte als der erste Satz: ,Hier spricht ein Vertrauter des Traumes über einen anderen, der gestorben ist' („Un homme au rêve habitué, vient ici parler d'un autre qui est mort"; I 23). Der ,literarische Dämon' hatte sie, wie den ,Meister' (V a), dazu gebracht, das ,verrückte Spiel des Schreibens', ,den Tropfen Tinte' im Einvernehmen mit der erhabenen Nacht, der Kehrseite der Vernunft, anzunehmen. Der 21-jährige Mallarmé selbst hatte seinem Freund Cazalis versichert: ,Wenn der Traum' durch Pragmatismus, entweiht und erniedrigt würde, wohin sollten wir uns dann retten, wir Unglücklichen (...), die wir nur den Traum als Zuflucht haben' (I 647)?

Die Wut der Sirene

In der pathogenen Nacht des CDD kam auch diese Illusion ,sorgsam bedacht' („soucieux") zu Bewusstsein und ging ,einsichtig und gereift' („expiatoire et pubère") in ,lautlosem Lachen' („muet" / "rire") unter. Dies schließt nicht minder den dionysisch sich aufrichtenden Übermenschen Nietzsches mit ein.[29] Denn in den phantastischen Tiefen des Gemüts vermag der CDD lediglich Erniedrigendes aufzuspüren. Und doch zieht ihn seine Revue weiter in die Tiefe (VIII a/b). Ihr Erregungspotential muss so groß sein, dass es noch einmal von „*SI*" aufgenommen wird: ,aber wenn doch'. Was würde geschehen, wenn doch die edel aufleuchtende Feder den verblendeten Flug (der Gedanken) funkeln ließe („scintille"), wie Mallarmé mit einem rückwärts gewandten Alexandriner in Erwägung zieht? Dann würde sich aus dem Schatten nur der dunkle Charme einer

---

[29] Verwandte Ansichten zwischen beiden sind vielfach gewürdigt worden. Eine unmittelbare Auseinandersetzung ist nicht nachzuweisen. Zugänglich war immerhin die Anthologie *À travers l'oeuvre de Frédéric Nietzsche. Extraits de tous ses ouvrages* (1893, 49): „Si jamais, jouant avec des dieux, j'ai jeté mes dés sur la table divine de la Terre..."). – Dazu vgl. die vergleichende Untersuchung von Becdelièvre 2008.

Gestalt lösen (*„une stature mignonne ténébreuse"*), die sich dieser Erhellung sogleich wieder entzieht: eine Sirene. Sie hat sich für einen Moment wie Aphrodite dem Schaum des Meeres entwunden (*„en sa torsion"*) und nimmt auf ihre Weise die Geste des Meisters ein (*„surgi"*, *„debout"*) – ein hochsymbolischer Akt (s. u. S. 38/39).[30]

Der CDD zeigt den ‚Meister', auf Erleuchtung bedacht, mit der Sirene, dem abgründigen Element entstiegen, in einem Gegensatzzusammenhang verbunden. In dem Maße, wie er im Medium des Kontingenten untergeht, drängt es sie nach oben. Sein unaufhaltsamer Abstieg identifiziert schließlich in ihr sein eigentliches kognitives Gegenspiel.[31] So wie er als Anwalt von Idealität eingeführt wurde, so verkörpert nun sie, als Wasserwesen, das Wesen von Kontingenz.

Doch wes Geistes Kind ist sie? Ihre lange mythologische Deutungsgeschichte hat sie mit einem schillernden Anspielungsreichtum überzogen. Verschwiegen lässt Mallarmé ihre Herkunft aus der schwarzen Romantik mit einer bizarren Schwester in Aloysius Bertrands *Gaspard de la nuit* (1842) korrespondieren. Er selbst hatte sich mit 23 Jahren eines der seltenen Exemplare besorgt und es seiner Tochter empfohlen: ‚Nimm Bertrand; darin findet sich alles'.[32] Dieser hat schon Baudelaire, Rimbaud und später Breton inspiriert. Ein zentrales ‚Buch' (III) öffnet sich der ‚Nacht und ihrer Magie'.[33] Die Miseren der Tagesvernunft entladen sich dort in Phantasmagorien nach Art von Rembrandt, Callot oder E. T. A. Hoffmann. Ihr fiktiver Verfasser ist dem ‚Meister' geistesverwandt. ‚Über lange Zeit', bekennt er, ‚habe ich nach dem Absoluten in der Kunst gesucht: welch ein delirierender Wahn!' Denn effektiv gefunden hat er ‚in der Asche seiner Illusionen' das ‚Nichts'. Seine Enttäuschung geht auf ein diabolisches (*„satan"*) Missverständnis zurück: er wollte seinerseits Kunst auf eine Idee – nach Maßgabe des *Esprit* – verpflichten. Im 9. Stück taucht, wie bei Mallarmé, ‚Undine', die germanische Sirene, kurz als nächtliches Traumbild aus ihrem aquatischen ‚Palast' auf. Als Doppelnatur aus Mensch und Fisch ist sie unerlöst. Inständig bittet sie deshalb die Geistnatur ‚Ich', sich mit ihr zu vermählen. Doch diese weist sie zurück, weil es bereits eine andere, ‚sterbliche' Geliebte hat, die ideale Kunst. Undine beweint und verlacht (*„éclat de rire"*!) dann den, der durch sie nicht nur ‚Prinz', sondern unsterblich hätte werden können. Sein idealistischer Wahn ließ ihn am Ende selbst unerlöst zurück.

Vieles berührt sich mit Mallarmés Sirene; doch hat er stärker ihr antikes Porträt betont. Vor allem inszeniert er ihre Erscheinung als krass negative Epiphanie. Nicht Ver-

---

[30] Ihre Bedeutung ist intensiv und ganz unterschiedlich gewürdigt worden im Hinblick auf Mallarmé, etwa von Blanchot in *Gesang der Sirenen* (1982), der Sirenengesang als Allegorie für modernes Erzählen verstanden. Zu Mallarmé 302 ff. Vgl. bes. d'Origny Lübecker 2003. Er hat die namhaftesten Deutungen resümiert – und im Namen intensiver intra- und extratextueller Verweisungen der Sirenen-Episode kritisiert und ihre ästhetische und sexuelle Bedeutung (61) hervorgehoben. Vgl. auch Meillassoux 2013, s. o. und Rancière 1996.

[31] Wais (²1952) hat früh zur Rezeption Mallarmés in Deutschland beigetragen. Seine mit spätexpressionistischer Verve geführte Interpretation deutet den CDD vom Frühwerk *Igitur* aus. Der ‚Meister' wird dadurch genealogisch, von einem „Sippenstammbaum" her situiert als Sohn der Sirene und des „aïeul" (V a), der die Eltern vom Zufall zu befreien hatte (576) – mit Erfolg: am Ende steht, mit dem letzten Satz („Toute Pensées" …) „ein tröstlich stolzer Imperativ (und zugleich als letzte höchste Botschaft des Sternenwurfs)" (586) – das ‚große Ja' des CDD (587).

[32] Steinmetz 1998, 101. Mallarmés Hochschätzung I 686.

[33] In: Bertrand 2000, 181 f.

soucieux

      expiatoire et pubère

                           muet

La lucide et seigneuriale aigrette
        au front invisible
  scintille
      puis ombrage
une stature mignonne ténébreuse
    en sa torsion de sirène

par d'impatientes squames ultimes

rire

    que

SI

de vertige

debout

   le temps
      de souffleter
bifurquées

    un roc

  faux manoir
     tout de suite
       évaporé en brumes

     qui imposa
       une borne à l'infini

mählung von Geistigem und Sinnlichem hat sie im Sinn, sondern blinde Zerstörung. Sie dramatisiert im Text die Maxime des Autors: ‚die Destruktion war meine Beatrice'. Mit ihrer schuppigen Schwanzflosse (*„d'impatientes squames ultimes"*) peitscht sie wütend gegen den ‚Felsen' (*„roc"*), auf dem der gläserne Palast (*„faux manoir"*) des Denkens im Glauben erbaut wurde, das ‚Infinitum' auf die Grenzen eines ‚Definitums' verpflichten zu können (*„qui imposa une borne à l'infini"*). Ihnen weist sie dadurch schlagartig nach, was sie ihrer Ansicht nach sind: Nebelgespinste des Verstandes (*„toute suite évaporé en brumes"*), haltlose Fiktionen. Nun ist *„l'infini"* am Boden (der Seite), dem Gegenort aller Unendlichkeit. Seine sieben Buchstaben verdeutlichen, was letztlich verspielt wurde: die ‚einzige Zahl' – des ‚Meisters' – ‚die keine andere sein kann' (IV a/b). Die dem Würfel voraus liegende Chiffre für ein Absolutes ist uneinholbar.[34]

Doch im Namen welcher Macht negiert sie alle Ansprüche des Denkens, mit denen sie selbst hätte negiert werden sollen? Ihre destruktive Wut ist ihr sichtbar auf den Leib geschrieben. Die Mythologie kennt sie doppelt: als Flügelwesen ohne Federn, zum Absturz ins Wasser verurteilt; eine ihrer Federn (*„plume"*) wirbelt noch auf der Meeresoberfläche. Als Nixe ist sie ein Zwitterwesen mit (weiblichem) Oberkörper und tierischem Unterleib, der sie zu einer dramatischen Meerjungfräulichkeit verdammt. Mallarmé nimmt auf beide Überlieferungsstränge Bezug. Diskret fügt sie sich damit in die Bilderstrecke von Flügel, Segel und Feder ein und vollendet deren Fallen in ihrer Gestalt. Ihre gespaltene Schwanzflosse deutet auf ihre zwiespältige Natur. Sie zeigt sich damit dem ‚Meister' auf ihre Weise verwandt. Beide sind damit humoralpathologisch vereinseitigt. Verfügen sie deshalb nur über sechs Buchstaben? Er gehorcht zu sehr dem Diktat des Verstandes, sie den Impulsen ihrer Kreatürlichkeit. Ihre ‚Statur' ist anamorphotisch gewunden (*„en torsion"*) und elementar umgetrieben (*„impatientes"*; *„souffleter"*). Damit qualifiziert sie das labile Element, dem sie entstammt. Dessen Liquidität wird in ihr zur Anschauung für die Wechselfälle – die Kontingenz triebhaften Lebens. Zerstörerisch erscheint sie jedoch nur in den Augen des ‚Meisters', weil sie sein Geistprinzip vernichtet. Für sich selbst betrachtet verkörpert sie jedoch durchaus ein eigenes, ‚dunkles' (*„ténébreuse"*), auch anziehendes (*„mignonne"*) Interesse. Im Auftrag des Autors dient sie als Werkzeug der Erkenntniskritik: sie erzwingt eine fundamentale Blickumkehr. Was ihre jähe und unreflektierte Mentalität zutiefst antreibt, hat der Autor einem anagrammatischen Wortsturz anvertraut. Dem Buchstaben nach wird sie, auffällig genug, so ins Bild gesetzt: „[en sa torsion] de sirène". Darin deckt sich ihr wahres Naturell auf: ‚désir reine' – ‚Königin' (‚reine') ihres Beweggrundes ist das Begehrungsvermögen (‚désir').[35]

---

[34] Genau dies will Meillassoux 2013 widerlegen. In Bezug auf die Sirene heißt es u. a.: „Alles trägt sich so zu, als wäre der Meister selbst, statt umzukommen, wieder aus dem Wasser – gleichsam transfiguriert [d.h. anstelle der Sirene] – empor getaucht: mit den Zügen des phantastischen Geschöpfs" (156). Das anthropologische Gegenspiel der beiden Figurationen ist gerade aufgehoben.

[35] Bezeichnenderweise eine auch verbale Wiederaufnahme und damit eine interne Verknüpfung mit dem eröffnenden Programmgedicht der *Poésies*, *„Salut"*, I 4, v. 4., das wiederum mit dem Leitmotiv des eigentlichen Epilogs korrespondiert, „A la nue accablante" mit dem Schlusswort „sirène" (I 44; v. 14).

Begehren und Denken

Am gedanklichen Tiefpunkt kommt der Meister schließlich zur höchsten Einsicht seiner negativen Erkenntnis. Ihm geht blitzartig auf („*scintille*"), dass nicht der Plan des menschlichen Intellekts – sondern der Wille der Instinktnatur Anfang und Quelle der Wahrheitsfindung ist (II 238). Im unterirdischen Reich der Sirene wird nicht gedacht; sie kommuniziert körperlich. Ihre erotischen Reize („*mignonne*") sollen sie begehrlich machen für das, wonach sie selbst instinktiv begehrt: nach dem Anderen ihrer Animalität, der männlichen Spiritualität. Doch eine Paarung („Fiançailles"; V a) verhindert ihr Leib, der Lust macht zu zeugen, es aber nicht kann und sie ganz dem Wahn der Sinnlichkeit ausliefert (II 221), so wie der ‚Meister' dem des *Esprit* verfallen ist. Im Palast der Sirene wird er jedoch mit einem anderen tragischen Infinitum konfrontiert, das ihn ‚endlos' in Bewegung hielte, weil er sich auch dort nur um sich selbst drehen würde („*en torsion*"). Denn in dieser Tiefe herrscht die ‚Gottheit' des ‚Unbewussten', die nichts als sich selbst will, da sie auf ihre unwillkürliche Art absolut mit sich selbst identisch ist („la Divinité, qui jamais n'est que Soi"; II 238).[36] Wieder und wieder kreisen die kritischen Schriften des Autors ihren unbedingten Lebenswillen ein, der aus Sicht des oberen Bewusstseins ganz dem Zufall gehorcht. Er spricht uns jedoch mit der selben Religiosität an wie im Mittelalter die ‚Mutter Kirche', die uns denkt und empfängt' („la Mère qui nous pense et nous conçoit"; II 239). Darin sind sich ‚mère' und ‚mer' auch lautlich einig. Verkörpert nicht Aphrodite die dem Meer entstiegene Lebenslust? Allerdings musste sie es dazu verlassen.

Die Sirene vermag es nicht. Ganz dementsprechend hält sie sich an die ihr zugewiesene erkenntniskritische Rolle. Im Gegensatz zum ‚uralten Dämon' *Esprit*, der Menschheitsgeschichte geschrieben hat, tritt sie zeitlos unvermittelt in Erscheinung. Mallarmé hat ihr Lebensmoment im CDD und außerhalb mit Worten wie „surgir", vor allem aber mit „jaillir" charakterisiert: plötzliche, eruptive Entäußerung. Ihr haftet nicht nur etwas kairotisch, sondern auch erotisch Unwiderstehliches an. Als Mallarmé an seiner ‚Idee von Wahrheit' zu zweifeln begann, nachvollzogen etwa im Artikel *Conflit*, begann er, sich dem „jaillissement" zuzuwenden, dem ‚Prinzip des Zufalls' (I 434 ff.), das es ermöglicht, dass die wilden Anmeldungen aus der Tiefe des Bewusstseins im Schutzraum des Denkens auftauchen – wie die anmutige Sirene in der kleingeistigen Männlichkeit des ‚Meisters' („*sa petite raison virile*"; VII b). Das aufgewühlte Meer spiegelt bildhaft die erotische Anspannung wider, die durch diesen Abstieg in die Dunkelkammern des Gemüts aufgedeckt wird. Die Meereswogen hatten den gefallenen Masten, das ‚schwankende' Segel, das ganze Schiff (III b) einer elementaren Bewegung des Hin-und-Her unterworfen („penché de l'un de l'autre bord"; III b). Die Sirene nimmt diesen Rhythmus mit den heftigen Schlägen ihrer Schwanzflosse auf und führt ihn auf seine Ursache zurück, auf Leidenschaft im Vollzug. Als solche aber erklärt sich durch sie schließlich der „ébat" (II a), die Psychomachie des Meisters, die seinem Denken nachweist, dass es keinen transzendenten, sondern einen libidinösen Grund hat. Gewiss, die latente Erotik der Sirene ist blindwütig, weil sich selbst unbewusst. Der CDD hat ihre zerstörerische Triebkraft jedoch radikalisiert, um auf diese Weise eine Einsicht hervorzutreiben, die den CDD zu

---

[36] Freud im Brief an Wilhelm Fleiß, „dass es im Unbewußten ein Realitätsprinzip nicht gibt, sodaß man die Wahrheit und die mit Affekt besetzte Fiktion nicht unterscheiden kann" (21.9.1897).

einem erkenntnistheoretischen Manifest macht: er hat den Logos auf den Eros zurückgeführt.[37]

Mit dem brüsken Auftauchen der Sirene hat sich dem ‚Meister‘ erhellt (*„scintille"*; *„foudre"*), dass, wie sein Autor erläutert, der Mensch ein von Gott geschaffener Abgrund ist (vgl. „le brusque abîme fait par le dieu, l'homme"; I 240). Was sein Intellekt unternimmt, kann nur vor dem Hintergrund des Instinkts stattfinden. Dieser liefert den vorbewussten Stoff des Denkens, der dann intelligibel in Form gebracht sein will. Dessen Erzeugnisse („Notions") wären jedoch nichtig, wenn sie ihren Ursprung, die Zeugungslust des Begehrungsvermögens, um der gedanklichen Reinheit willen verdrängten. Die von ihm ausgehenden Vorstellungen, Wünsche, Phantasien sind es, die die menschlichen Bewusstseinsvorgänge prägen („la fiction [...] semble être le procédé même de l'esprit humain"). Insofern ist der Mensch letztlich elementar an das gebunden, was sein urwüchsiger Wille gebietet („l'homme est réduit à la volonté"; I 504). Mallarmés cartesianischer Grundsatz lautete deshalb: ‚Ich begehre, also bin ich‘. Dem *Esprit* im Sinne des CDD wäre dann Rechnung getragen, wenn Sinnlichkeit und Verstand wie Systole und Diastole aufeinander einwirkten. Insofern gibt die Meerjungfrau den Anstoß zu einer anderen, vorkonzeptuellen Denkweise („antérieure à un concept"; II 659), die auf den *Esprit* des Instinkts hört. Entsprechend spontan, eruptiv, dionysisch, anarchisch setzt er ein, weil er keine Hierarchien anerkennt, außer seinem unvoreingenommenen Lebenselan („simplement la vie, vierge"; ebda.). Dieser geht auf in ‚transitorischen‘ (II 232) Akten der Anziehung und Abstoßung. Kontingenz ist mithin die Logik des Begehrungsvermögens. Genau sie erhebt Mallarmé nun zum Programm einer posttraditionalistischen Kunst: „Instinct, je veux" (II 211). Im Auftrag des Autors muss der ‚Meister‘ schließlich (VIII a/b) einsehen, dass der Aufbau einer Anthropologie nicht vom Kopf („Esprit"; *„roc"*: „manoir"), sondern vom ‚Bauch‘, dem ungehemmt sich artikulierenden Unterleib der Sirene ausgeht („impatientes squames ultimes").

Mallarmé hat anderorts ausgeführt, dass es dahinter um nichts Geringeres geht als um eine Kritik der „opération [...] de Descartes" (II 186). Bereits Ende der Sechziger Jahre hatte er sich intensiv mit dem *Discours de la méthode* auseinandergesetzt (I,L / II 1359 f.) – um daraus eine verblüffende Konsequenz zu ziehen. Er deutet dabei eine Stelle Descartes‘ im Sinne seiner eigenen Positivismus-Kritik um. Dieser hatte sein Ich einem radikalen methodischen Zweifel unterzogen. Er nahm sich vor, so zu tun („feindre"!), als ob alles, was ihm jemals in den Sinn gekommen ist, nicht wahrer wäre als die Trugbilder seiner Träume[38] – mit der methodischen Absicht, auf diesem Wege auf einen letzten unbezweifelbaren „Felsen" (!) der Gewissheit zu stoßen,[39] zu eben dem, auf den der ‚Meister‘ wortgleich gebaut haben wollte („*roc*"; VIII b). Die Sirene aber greift diese ‚hyper-wissenschaftliche Methode‘ (I 505) auf, um ihr nachzuweisen, dass sie grundlos ist. Davon

---

[37] Jacques Rancière 1996 hat sich in einem intensiven Essay mit der Sirene auseinandergesetzt, ausgehend vom Prolog- und Epilog-Gedicht der *Poésies*. Er sieht sie unabhängig von ihrer Gegenbildlichkeit zum Meister und kann sie so zum ‚Emblem‘ von Mallarmés Fiktionsverständnis machen, das sie verkörpert und zugleich suspendiert (96) und damit die ‚soziale Krise‘ anzeigt, auf die Mallarmés Dichtung angesichts der populären Ansprüche der Zeit auf belletristische Unterhaltung treffe (13).

[38] Descartes 1996, 223 ff.; hier 252/53.

[39] Ebda., 272.

ausgehend stieß Mallarmé auf sein wohl kühnstes Gedankenexperiment vor. Wenn dies so ist, dann wäre durchaus an Descartes' Gedankenbewegung abzuknüpfen („reprendre son mouvement"; I 505), aber um sie auf den Kopf zu stellen und sich darauf einzulassen, aus dem Zweifel, dem Zögern des ‚Meisters' eine Methode *ohne* Ziel und Gewissheit zu machen.

Der CDD ist Mallarmés Probe aufs Exempel und insofern sein *Discours de la Méthode* und dessen Anwendung in einem. Er sollte ihn dem Wunschtraum von dem einen, einzigen, totalen Buch, *Le Livre* nahebringen. Dessen systematische Unbestimmtheit wäre dann der Schlüssel zu einer ‚orphischen Deutung der irdischen Welt' (I 788). Damit begründete er nach Blanchot den Inbegriff aller kommenden Schriftkultur.[40] Dann aber stünde die wahre Wissenschaft – der Poesie zu: das unausgesprochene ‚philosophische' Motiv des CDD. Wieweit Mallarmé auch darin von der neuen lebensphilosophischen Bewegung Bergsons und von dessen Lehrer Boutroux berührt wurde, lässt sich direkt nicht nachweisen. Auffällig ist die Nähe gleichwohl auch hier. Bergsons *Essai sur les données immédiates de la conscience* von 1889 war ein zeitgenössisches Ereignis. Man darf sich vorstellen, dass seine Thesen an den berühmten ‚Dienstagen' im ‚Salon' Mallarmés in der Rue de Rome zur Sprache kamen. Allzu offensichtlich stimmt der Gegensatzzusammenhang (*Essai*: „Pénétration mutelle"; 89) vom ‚Meister' und Sirene, Verstand und Sinnlichkeit mit Bergsons Unterscheidung vom Oberflächen- und Tiefen-Ich – „moi superficiel" und „moi profond" – zusammen (83 ff.). Hier wie bei Mallarmé die gleiche anthropologische Kehrtwende: dass das untere Bewusstsein unsere eigentliche ‚Realität' (85) ist. Hier wie dort die gleiche Kritik an der Wissenschaft (Mallarmés „Notions"): sie unterdrückt die sich durchhaltende („durée") Bewegtheit („mobilité") der Selbstwahrnehmung – die Aktion der Sirene. Unser Selbst („le même; 81) ist somit ständig im Werden begriffen („un perpétuel devenir"; 86). Ihm kann nur die Naturform („l'état naturel de notre pensée") des instinktiven Denkens (84) und dies nur intuitiv gerecht werden, wie sie heftiger Liebe oder tiefer Melancholie eignet (87). Ist nicht der ‚Meister' in diesem Sinne außer sich – sodass er erst dadurch dem Anderen seines zweifelhaft gewordenen Ich, der Sirene begegnen konnte? Mallarmé hält sich jedoch nicht bei dieser Gedankenverwandtschaft auf.

Fächer und Falte

Solchermaßen auf den sensuellen, libidinösen Boden der Wahrheit gekommen, bleibt ihm nichts als in einer stimmgewaltigen, typografischen Dissonanz (auf fünf Ebenen) seine verworfene Identität zu akzeptieren. Ein letztes Mal also: was wäre, wenn („SI … C'ÉTAIT"; VII/VIII), nun aber unter beiderlei Gesichtspunkten – den Kapitälchen des Meisters' und den Kursiva der Meerjungfrau. Was wäre, wenn „*l'infini*" (VIII b) die ‚Zahl' („LE NOMBRE"; IV b) wäre, die keine andere sein kann, die Sieben, die Chiffre des Würfels? Es wäre („CE SERAIT") schlechterdings doch ‚nicht mehr und nicht weniger' („non davantage ni moins") unterschiedslos („indifferemment mais autant") eben nur Zufall: „LE HASARD".

---

[40] Blanchot 1982. ‚Das kommende Buch', das sich wesentlich auf den CDD bezieht und Ankündigung von *Le Livre* ist, steht als solches für die unerschöpflichen Möglichkeiten moderner Schreibweisen (302 ff.).

Angesichts dieser Aussichtslosigkeit drängt ihm sein Zögern und Zweifeln schließlich vier große Fragen auf, die es nunmehr zu verneinen gilt. Sie kommen einer Bestattung (*„ensevelir"*) seines hochfliegenden Projekts gleich. Ist es Zufall, dass auch Bergson seine Sondierungen zur Struktur des Bewusstseins mit der Idee der Zahl als Inbegriff von Ein-und-Allem bestreitet? Sie sei ein ‚Konstrukt‘ des oberen Bewusstseins (II 51 ff.), also eben des *Esprit*, auf den die Illusion des ‚Meisters‘ setzt. Hat aber der ‚numerus perfectus‘ des ‚Meisters‘ nicht die sieben Siegel der Apokalypse im Sinn, wenn er fragt, ob diese Zahl je ‚anders denn als eine zum Sterben verurteilte Halluzination bestanden hat‘ (*„autrement qu'hallucination éparse d'agonie"*; IX b)? Wenn überdies – für den Autor – ‚der Himmel gestorben‘ ist („Azur"), würde dann auch für den ‚Meister‘ noch etwas ideal Denkbares je Anfang und Ende gehabt haben können („COMMENÇÂT-IL ET CESSÂT-IL")? Sowohl ein biblisches Alpha und Omega, als auch die Fortschrittslogiken der Perfektibilität in der Art von Saint-Simon, Auguste Comte oder Michelet (dem die Sentenz zugeschrieben wurde: „Toute révolution est un coup de dés"),[41] müssen sich als gedankliche Paradiese verworfen sehen, die, kaum dass sie aufkommen („sourdant"), sogleich wieder verleugnet und verschlossen werden („nié et clos quand apparu"). Und selbst wenn diese infinite Zahl ausnahmsweise verbreitet wäre („par quelque profusion répandue en rareté"): würde sie sich dann beziffert („se chiffrât-il"), d.h. in wissenschaftlich eindeutige („une") Evidenz überführt haben lassen („évidence de la somme pour peu qu'une")? Zuletzt der fundamentale Zweifel schlechthin: würde sich der Zufall, Kontingenz, im Lichte aufklärerischer Rationalität („illuminât-il") erhellt haben lassen? (s. u. S. 46/47)

Dem optisch erdrückenden Zufall („HASARD") auf dieser Seite ist sichtbar keine Denkanstrengung gewachsen. Doch nicht nur die Fragen, die ihn von ‚oben‘ (der Seite) her angehen; auch von ‚unten‘, in kursiver Sicht der Sirene, erscheint er als Übermacht. All die Bilder, die das Begehren romantischer Tagträume transportierten, kulminieren in ‚der Feder‘ (*„la plume"*; IX b), der Antriebsfeder für einen Aufflug zum Absoluten. Nun aber ist sie zum Sinnbild eines endgültigen Absturzes verurteilt: *„Choit / la plume"*. Ihr Flügelschlag sollte das Unbehagen in der Kultur (Freud) suspendieren (*„rythmique suspens du sinistre"*), um sich wie einst (*„naguère"*) in fiebriger Erregung (*„délire"*) in transzendente Höhen aufzuschwingen (*„sursauta ... jusqu'à une cime"*). Der Glanz dieser Illusion ist verblasst (*„flétrie"*). Alles, auf was die ‚Feder‘ anspielte, hat nichts geholfen. Es hatte im aufgewühlten Naturelement der Sirene (*„aux écumes originelles"*) unterzugehen. Dort herrscht ungebändigte Sinnlichkeit, keine erhebende Idealität.

Mallarmé hat diesen geistigen Schiffbruch andernorts mit einer mittelalterlichen Formel der Weltentsagung untermalt: einem wie dem ‚Meister‘ bleibt dann nur, sich zurückzuziehen (*„s'isole"*), um seinen Grabstein zu meißeln („pour sculpter son propre tombeau"; II 700). Die Einsicht in das Erkenntnisvermögen der Kontingenz lautet: weder unter sich, in den Tiefen der Leibnatur (*„gouffre"*), noch über sich, in den Höhen der Geistnatur (*„cime"*) gibt es etwas Ideales, Ewiges, Unendliches zu vernehmen. Wahr geworden ist vielmehr, dass das Leiden an der Wirklichkeit keinen Beweis für etwas überwirklich Seiendes bietet. Wer dem Denken ebenso wie dem Begehren auf den Grund geht, stößt unterschiedslos auf einen ‚Abgrund‘ des Arbiträren. *„gouffre"* ist das Schlusswort dieser cartesianischen Meditation des ‚Meisters‘ (IX b). Von welcher Seite man es auch betrachtet: Verstand wie Sinnlichkeit gleichermaßen (*„identique"*) wissen nichts

---

[41] Vgl. die Verfilmung des CDD von J.-M. Straub / D. Huillet unter diesem Titel aus dem Jahr 1977.

von einer endgültigen Aufgehobenheit des Menschen („*neutralité*"). Gewiss ist nur, dass er ein Dividuum ist, festgehalten an der umkämpften Demarkationslinie zwischen Geist- und Triebnatur, wo der Zufall herrscht. Die Einsicht in den anthropologischen Grundrhythmus des Menschen aber vermag schließlich ein auffälliges ikonographisches Schaumoment des CDD zu erklären: dass er sich über elf Doppelseiten ausbreitet.[42]

Sie sind einerseits ausdrücklich gegeneinander gestellt, durch jeweils drei cm in der Mitte getrennt; andererseits überspielen die Wortkorrespondenzen gerade diese Trennung. Insofern bilden sie zusammengenommen ein serielles Diptychon. Die Abgrenzung zwischen beiden Seiten wird also gezielt um der Grenzüberschreitung willen gesetzt. Der doppelte Seitenspiegel materialisiert damit im weiteren Sinne die anthropologische Zusammengehörigkeit des Gegensatzes von Intellekt und Instinkt. Dadurch kommt jedoch noch ungleich mehr ins Spiel: sie sind zugleich auf eine mentale Handlungsinitiative hin angelegt (vgl. „né / d'un ébat"; V a). Auf diese Hin-und-Herbewegung hatten Schiff und Sirene auf ihre Weise vorbereitet. Mallarmé dazu: ‚Wer sich beauftragt fühlt, göttlich zu sehen' – der Dichter –, ‚hat als Ausdruck dafür nur den Parallelismus der Seiten' (II 224) – des Schriftblattes, des Menschen zur Verfügung.

Die ganze erkenntnistheoretische Tragweite dahinter kann ein mondänes Kultobjekt des Fin-de-siècle vervollständigen, dem Mallarmé besonderen Symbolwert abgewonnen hat: der Fächer in der Hand der Frau.[43] Er bildet gewissermaßen das Gegenstück zum Würfel, dem Faustpfand des ‚Meisters'. Mallarmés 23 Fächergedichte (*Eventails*), zum Teil mit Goldtinte in diesen anmutigen ‚Flügel' eingeschrieben, spielen auf dessen Doppelcharakter an. Wenn der Fächer geschlossen, ganz und eins ist, befindet er sich im Zustand eines Begriffs; der entfaltete hingegen zeigt alles, was er enthält. Und wie die Dame diesen ‚Flügel' hin- und herbewegt, ihre Blicke zeigt und verbirgt, bekundet sie lustvoll verschwiegen ihren erotischen Beweggrund (*Autre Eventail*; I 31). Die höchste Aufmerksamkeit hat Mallarmé deshalb dem Wechselspiel von Entfalten des Gefalteten gewidmet.[44]

Über den ursächlichsten Impuls dieses Bildfeldes spricht Mallarmé meist nur diskret. Er entwickelt es am Gleichnis des brochierten Buches. Dessen gefaltete Seiten mussten (früher) mit dem Papiermesser aufgeschnitten werden. Durch diese ‚Disjunktion' erst könnten sich ihre tausend verborgenen Einzelheiten entäußern (II 205) und ihnen einen Akt der Dissemination („brisure disseminée"; II 234) dessen ermöglichen, was sie aufgenommen haben. Sich ein Buch auf diese Weise zugänglich zu machen aber heißt, Erkennen im Grunde auf eine sexuelle Methode der Geistesausübung zu verpflichten. Im bedeutsamen Artikel *Le Mystère dans les lettres* (II 229–234) wird er deutlicher. Die ‚Jungfräulichkeit' der Idee – das *Esprit*-Projekt des ‚Meisters' – ist paradoxerweise eigentlich nur durch die Paarung („preuves nuptiales") ihrer Bestandteile („en ses fragments") zu erfahren. Und deutlicher noch: erst wenn die Mittel (Sprache, Ideen) extrem ‚zerrissen' –

---

[42] Die Frage ist gelegentlich umstritten. Es gibt allerdings im Kontext von Mallarmés Konzeption sehr gute Gründe anzunehmen, dass die Zahl Elf gezielt gegen die symbolische Zwölf des Alexandriners als Inbegriff von klassischem Formbewusstsein gesetzt ist. Ebenso sprechen dafür die Korrekturbögen und Druckversionen des CDD. – Maßgeblich stilkritisch diskutiert von Murat im Kap. „La double page" (Murat 2005, 127 ff.).

[43] Vgl. Ortlieb 2020, wo die subtile Verwobenheit von Bild, Schrift und (Papier-)Material in den zahlreichen Gelegenheitsgedichten wie die in Fächern untersucht wird.

[44] In den Artikeln *Quant au livre*; II 214–228.

C'ÉTAIT
issu stellaire

CE SERAIT
                    pire
                                 non
                                          davantage ni moins

                                                       indifféremment mais autant

LE NOMBRE

EXISTÂT-IL
autrement qu'hallucination éparse d'agonie

COMMENÇÂT-IL ET CESSÂT-IL
sourdant que nié et clos quand apparu
enfin
par quelque profusion répandue en rareté
SE CHIFFRÂT-IL

évidence de la somme pour peu qu'une
ILLUMINÂT-IL

LE HASARD

Choit
la plume
rythmique suspens du sinistre
s'ensevelir
aux écumes originelles
naguères d'où sursauta son délire jusqu'à une cime
flétrie
par la neutralité identique du gouffre

entjungfert – werden, erscheinen sie wahrhaftiger, lichtvoller als es je ein Räsonnement vermöchte (II 232). Diese disjunktive Zeugungsweise des Denkens muss, will sie zum Ziel kommen, selbst die ‚Zerstörung einer zarten Unantastbarkeit‘ („inviolabilité"; II 237) in Kauf nehmen. Das Messer, das den Falz des Buches durchtrennt, gleicht andererseits aber auch einem Koch, der dem Geflügel – dem Schwan, ‚cygne / signe‘ (I 37) – den Hals durchschneidet (II 226). In der Theaterkritik *Mimik* (II 178 f.) deutet er die Dialektik von Durchtrennen und Vereinigen mit Verweis auf den mythologischen Hochzeitsgott und Musensohn ‚Hymen‘. Die dahinterstehende sexuelle Idee ist ebenso lasterhaft wie heilig; sie verdankt sich dem Tatendrang des Begehrens („perpétration") und seiner Ausführung, dem Hin-und-Her („jeu") ebenso wie der sozialen Beurkundung durch die Heirat. Wie eine Initialzündung hat dieser Begriff auf den Mallarmé-Interpreten Derrida und sein Konzept der Dissémination gewirkt.[45] Im Kapitel „La double séance", einer 120 Seiten langen Exegese der nur eine Seite langen Theaterkritik „Mimique" (II 178), überträgt er die Physiologie des Hymens, das den Zwischenraum („l'entre") zwischen Begehren und dem Vollzug des Begehrens auf die Schrift überträgt und zwischen Signifikant und Signifikat Raum („le lieu"!) lässt, in dem das Sein („l'être") offen gehalten werden kann und damit ‚die Differenz zwischen der Differenz und der Nicht-Differenz‘ abschafft („abolie"; 237 ff.), dem Weiß der Seite vergleichbar, wo also die Grenzen zwischen endlich und unendlich verwischen und einer ‚unendlichen Polysemie‘ stattgeben (285).

Ist das aber noch mit der rücksichtslosen Leidenschaft von Mallarmés Sirene vereinbar? Sie hat die Rolle der destruktiven Beatrice im Text übernommen und das jungfräuliche Ideal des ‚Meisters‘ vergewaltigt, um ihm andererseits die Einsicht abzunötigen, dass rein auf dem Weg seines *Esprit* niemals etwas Endgültiges gezeugt werden würde, und sei es differentiell offen gehalten. Die Aktion der Sirene spielt im Übrigen zugleich hinüber auf das libidinöse Bildprogramm der Falte und dem von ihr ausgehenden Begehren, sie zu entfalten. Der Mallarmé-Leser Gilles Deleuze hat darauf in *Die Falte. Leibniz und der Barock* reagiert.[46] Mallarmé ist darin der große Unzitierte für sein Konzept eines ‚Diskurses‘, der das ‚Entfalten‘ (15) unaufhörlich („éternel") fortsetzt, die Begriffswelt nomadisch zerstreut und sie als reine Kopien entblößt, sodass alle Dialektiken und Oppositionen in sich zusammenfallen und in einem „chaos informel" enden.[47]

Mallarmés moderne Parteigänger sahen in seinem Kampf gegen das abendländische Geistprinzip einen Verbündeten in ihrem Aufstand gegen den abendländischen Logozentrismus und seine Herrschaftsprinzipien des Seins, des Subjekts, der Substanz. Ist es jedoch nicht so, dass sie sie im Grunde gerade voraussetzen müssen, um sich als ihre Kritiker in Stellung bringen zu können? Selbst wo ihre Sprachkritik eines Sinnes ist mit Mallarmé und sich seiner poetischen Unschärfe bedient: gehen sie dabei nicht doch philosophisch vor, um die Philosophie zu verjüngen? Gerade im Vergleich mit der Destruktion, die die Sirene am Sprachgebäude des ‚Meisters‘ ausübt, kann anschaulich werden, dass Mallarmé nicht dabei stehen geblieben ist. Dichtung ist für ihn kein besseres Mittel um zu philosophieren.

[45] Derrida 1972, hier bes. 235 ff.
[46] Deleuze 1995. Ähnlich in *Différence et répétition* (Deleuze 1968, 383); vorgezeichnet in *Nietzsche et la philosophie* (Deleuze 1962, bes. Kap. I, 1–43). Dazu Roger 2010, 479 ff., 842 ff. (im Hinblick auf den CDD).
[47] Deleuze 1968, 94 f.

Soll der ‚Meister‘, der Jedermann des idealistischen Denkens, endgültig vom ‚Wahn‘ letzter Gewissheiten befreit werden, musste er seinen Abstieg in die Hölle der Gedankenferne bis zu Ende gehen. Dort, auf der Doppelseite X, enthüllt sich ihm schließlich, typographisch herausgehoben, das wahre Fundament menschlicher Erkenntnis, zugleich die Antwort auf seine vier methodischen Zweifel (IX b): „RIEN“ – ‚Nichts‘ hat es mit der einzigen Zahl auf sich. So wie dieses Wort auf der Seite, so sieht sich das Denken des ‚Meisters‘ auf sich allein gestellt. Und kleinlaut, in kleinen Schrifttypen, wird ihm abschließend klar, dass seine ‚denkwürdige Krise‘ („la mémorable crise“), die ihn noch einmal dazu brachte, den Würfel werfen zu wollen – dass seine Krisenreaktion vergeblich („événement“ / ‚et vainement‘) gewesen sein würde (s. u. S. 50/51).

Diese Desillusion hatte bereits der Artikel *La Musique et les lettres* (II 55) vorbereitet.[48] ‚Was wir in irgendeine uns verwehrte Höhe hinaufprojizieren‘ („à quelque élévation défendue“), entspricht einem mangelhaften Bewusstsein dessen, was da oben wirklich aufgeht („le conscient manque chez nous de ce qui là haut éclate“; II 67). Rückblickend vom Nullpunkt des „RIEN“, handelte es sich um ein vor sich hin plätscherndes Denken, das nichts anderes begründet haben würde als den Untergang („perdition“) in jenen Gefilden des Unbestimmten („vague“), in denen sich alles Wirkliche auflöst. „vague“ hat Dissemination im Sinn: es hat die Stelle des positiv gemeinten „infini“ (VIII b) eingenommen, weil es homonym die Mentalität der schäumenden Meere*wellen* (‚la vague‘) in sich aufgenommen hat. Damit aber verabschiedet es endgültig eines der wirkungsmächtigsten melancholischen Gefühlsmuster, das Chateaubriands *Du vague des passions*[49] zu einer Signatur der französischen Romantik gemacht hatte. Im weiteren Sinne ist damit auch Victor Hugos kulturgeschichtliche Erklärung von Modernität erledigt. Er hatte ihr Bewusstsein von der menschlichen Doppelnatur auf die christliche Religion zurückgeführt. Diese hatte beschieden: ‚du bist aus zwei Wesen zusammengesetzt, das eine vergänglich, das andere unsterblich‘.[50] Das nicht enden wollende Begehren der menschlichen Leidenschaften sollte von den ‚himmlischen Freuden‘ gestillt werden können. Diese romantische Wesensverwandlung geht, so muss sich der Meister eingestehen, ins Leere („acte vide“). Er verwirft damit endgültig das bittersüße Erlösungsmodell des *Ennui* – und beendet auch in dieser Hinsicht das 19. Jahrhundert im Zeichen der Décadence.

Die Fülle des Nichts

Das „RIEN“ mutet dem ‚Meister‘ den Gipfel seiner alternaiven Erkenntnis zu. Doch was wäre aus seiner Warte noch zu erkennen? Mit der Antwort hat der Autor ein Leben lang gerungen. Früh avancierte sie zum Mittelpunkt seiner alternativen Philosophie. Das Gedicht vertritt dabei das „Néant“ in den Reflexionen des Autors. In allgemeinster Weise resümiert es eine Suche, die nichts / ‚Nichts‘ gefunden hat. Die Gedichtsammlung letzter Hand von 1899 hat es an die erste Stelle des ersten Gedichts „*Salut*“ gesetzt, ist mithin die Einlassparole in Mallarmés poetisches Testament. Mehr noch: als einziger Text benutzt dieses Sonett die kursiv gewundenen Lettern der Sirene. Und schon in diesem Ge-

---

[48] Dt. Goebel 1998, 264 ff.; Fischer/Stabel 1995, 272 ff.
[49] Chateaubriand 1802; Buch IV, Kap. IX.
[50] Hugo 1963, 425.

$$\boxed{\text{RIEN}}$$

de la mémorable crise
ou se fût
l'évènement

accompli en vue de tout résultat nul

humain

N'AURA EU LIEU
une élévation ordinaire verse l'absence

QUE LE LIEU
inférieur clapotis quelconque comme pour disperser l'acte vide

abruptement qui sinon

par son mensonge

eût fondé

la perdition

dans ces parages

du vague

en quoi toute réalité se dissout

dicht wird – mit dem identischen „de sirènes" (V. 4) – dieses *„Rien"* mit der ‚Version' des CDD in Verbindung gebracht sowie mit den schäumenden Fluten (*„cette écume"*, V. 1) des ‚Begehrens' assoziiert. Seit den 1860er Jahren kämpfen die Zweifel Mallarmés die Vorstellung nieder, über allem walteten „circonstances éternelles" (II b). Darüber ‚ist er selbst Nichts geworden' (I 714). Bleibt nichts, als sich seine Nichtigkeit selbst dienstbar zu machen („s'administrer ce néant"; I 475), d. h. auf diesem Grundstein sein Gedankengebäude („la pièce principale"; II 67) zu errichten und von da aus zu einem ‚geistigen Konzept des Nichts' (I 714) vorzustoßen. In dieser Grundsätzlichkeit erscheint das „RIEN" geradezu als Gottheit einer entgötterten Welt. Diese umgibt sich insofern noch immer mit einer allerletzten Aura des Transzendenten, als dieses Nichts in einem Begriff festgelegt ist, der etwas meint, aber jungfräulich noch nicht als Etwas bestimmt ist. Als solches aber vermag es in andere begriffliche Wahlverwandtschaften hinüberzuspielen: in Leere (I 696); Absenz; Infinitum; ebenso wie in die wiederkehrenden Tropen des Schweigens, der Mitternachtsstunde, der Dunkelheit, der Weiße, des Abgrundes – und vor allem in die Existenzphilosophie.[51]

Sie gleichen dem Negativ des neuen Mediums Photographie. Insofern wahren sie dunkel eine Affinität zur Fülle, zur Präsenz, zum Finitum der Verlautbarung, dem Mittag, der Helligkeit, der Schwärze oder der Höhe. In dieser dialektischen Paarung des Gegenläufigen aber kommt zuletzt das Rettende in Mallarmés „RIEN" zum Vorschein, das sich als das eigentliche Wahrheitsprinzip qualifiziert (I 696): von seiner Leere geht eine Anziehungskraft gleich einem Vakuum aus („une attirence supérieure comme d'un vide"; I 67; II 200). In der ‚wilden' Energieentfaltung der Sirene hatte sich ihr Geheimnis angekündigt. Sie weiß nichts von ihren eigenen Motiven, fordert aber gerade dadurch zur Deutung heraus, so als ob ihre Stummheit etwas Sublimes enthielte, das uns angeht und deshalb erhellt werden muss. Obwohl Mallarmé alle Zuschreibungen dieser Art, vor allem ‚Gott', ‚Seele' oder ‚Ideal' als Illusionen durchschaut, gibt er sich gleichwohl ganz diesen ‚glorreichen Täuschungen' („glorieux mensonge"; I 696) hin. Der Sache nach geht er bereits mit dem Begriff des Simulakrums als einer Kopie ohne Original um, wie ihn der Mallarmé-Leser Baudrillard in seinem ‚Requiem aller Wirklichkeiten' verfechten wird.[52] In seinem Spätwerk *Das Andere Selbst*[53] wird Poesie wohl als ein Modell philosophischen Denkens gegen traditionelle Philosophie anerkannt, weil sie allen „Diskursbestandteilen" ihre „Umkehrbarkeit" (62) zumutet, um dadurch den „Geist der Sprache" böse und unmoralisch zu machen, „wo man Subjekt und Sinn erwartet" (66). Dieser „Triumph des Simulakrums" (80) schafft jedoch keine Offenheit, nur „Auflösung". Der philosophische Diskurs vermag seine eigenen Grenzen nicht zum generativen Moment der Poesie zu überschreiten, die ihr Mallarmé einräumt.

Darin ist er zwar nicht weniger radikal (II 200): es gilt, ein ‚Zeichen' zu setzen für das Prinzip, dass sich mit einer abgründigen Mitte („gouffre central"), dem Nichts, unmög-

---

[51] Sartre 1986 hat in seiner auf 2000 Seiten geplanten intellektuellen Biographie Mallarmé entsprechend seiner dialektischen Denkweise darauf Bezug genommen: „L'Néant est postérieur à l'Etre"; „L'Être est l'au-delà du Rien" (vgl. 103) und ihn damit als kritischen Zeugen für seinen Existentialismus gesichert.

[52] Baudrillard 1981. Vgl. dazu die literarisch perspektivierte Begriffserschließung von Klettke 2001.

[53] Baudrillard 1987 (Orig.: *L'autre par lui-même*, Paris 1987).

lich behaupten lässt, etwas („rien") könne außerhalb von allem anderen („exclusivement à tout") existieren („en tant que d'aucun objet existe"). Wohl aber, und dies ist die Kehrseite seiner Argumentation: dieses so verstandene Nichts ist mithin das wahrhaft Allumfassende. Was wir uns gedanklich, wissenschaftlich, technisch, sentimental als Wirklichkeit zurechtlegen, ist, von diesem ‚nichtigen' Horizont aus gesehen, nichts anderes als eine von unseren Bedürfnissen diktierte Eingrenzung innerhalb eines unabsehbaren Umgebenden, das als solches menschlicher Vereinnahmung und Identifikation ungreifbar entzogen ist.

Der Mallarmé-Leser Agamben[54] hat sich seinerseits auf diesen wunden Punkt der Erkenntnis bezogen, ihn aber sprachphilosophisch geheilt, indem er eine Beziehung mit „jener Wahrheit des Seienden" aufrecht erhalten sieht, „auf die alle Namen und Sprachen zustreben, ohne sie jemals zu erreichen" (116). Dies unterstellt er auch Mallarmé, um ihn zum „platonischsten unter den modernen Dichtern" zu machen (103). Dieser aber hatte gerade das Nicht-Bestimmte, von allem ontologischen Zauber gereinigte Nichts an die höchste Stelle gesetzt und es bildlich und schriftlich einem unbeschriebenen Blatt anvertraut. Wie zur Bestätigung heißt es im Vorwort des CDD, dass dieses Nicht-Bestimmte in das Weiß der Buchseite als dem ‚umgebenden Raum des Schweigens' (I 391) übersetzt ist.[55] Aus ihm aber kann sich die Schrift, Wort für Wort, abheben und ausbreiten („disperse") – und das ‚Schweigen des Universums' (Valéry) immerhin als solches zu Gehör bringen.[56] Was sie so sagt, tut Dienst an einem Unsagbaren, ohne es auszusagen, ‚mit dem unerlässlichen Nichts an Geheimnis, das auch, wenn es' – poetisch – ‚zum Ausdruck gebracht wird, einigermaßen bestehen bleibt' (II 215).

Mallarmé zieht sich damit allerdings in alles andere als in ein postmodernes Spiegelkabinett zurück. Seine Umkehrung einer zielgerichteten Denkweise verläuft sich nicht in völliger Ziellosigkeit oder Selbstbespiegelung. Die Rückblenden des ‚Meisters' fügen sich vielmehr zu Stationen eines Leidensweges. An dessen Ende, im „RIEN", ist sein altes Ich entselbstet. Dies zu betonen scheint nötig, um die Distanz gegenüber dem auf 2000 Seiten geplanten Dialog Sartres mit Mallarmé zu hervorzuheben.[57] So intensiv, ja intim dringt dieser auf das Verhältnis von Dichter und Werk ein, dass die Grenzen fließend scheinen, so als ob Mallarmé in Sartre hätte aufgehen müssen.

Für diesen bilden die sterbenden Götter des 19. Jahrhunderts den großen, geistesgeschichtlichen Rahmen. Sie hinterließen eine ‚universelle Absenz', die die Sensiblen zu metaphysischen Waisen machte. Bilder des Schiffbruchs und Begriffe der Kontingenz begleiten sie auch hier (171); ‚Ennui' (172) und ‚Spleen' (171) prägen ihr ‚negativistisches' (175) Lebensgefühl und treiben sie in die wirklichkeitsverleugnende Welt des Traumes (174). Soweit wäre auch das Porträt von Mallarmés ‚Meister' noch getroffen. Doch dann wird er in die atheistische Dialektik Sartres verwickelt. Der Überdruss am *Ennui*, der Leere der Existenz, wird für Sartre zur unmittelbar intuitiven Erfahrung von Sein („intuition directe de l'être"). Mallarmé und seine Sprachgestalten können so als Zeugen für Sar-

---

[54] Agamben 2018.

[55] Darin kann sich, mit Schmitz-Emans, Mallarmés Poetik der Umkehrung geltend und das Nichts sichtbar machen (Schmitz-Emans 1995, 153 ff.).

[56] Vgl. dazu die philosophisch-poetologische Studie von Benoît 2007: *Néant sonore. Mallarmé ou la traversée des paradoxes*. Der Titel ist ein Zitat Mallarmés.

[57] Sartre 1986; Ende der Vierziger Jahre begonnen, unvollendet.

tres ‚Opposition von Sein und Nichts‘, seinem philosophischen Hauptwerk vorgeladen werden. Die Begründung: wer sich wie sie dem Nichts ausgeliefert, kann dies nicht tun, wenn er sich nicht vorgängig als seiend wahrgenommen hätte. Eine leere Transzendenz soll damit alle umhüllen. Deshalb die Konsequenz: ‚der Zufall, Kontingenz, ist nicht im Sein angelegt; er taucht nur mit dem Menschen auf‘ („Le Hasard n'est point dans l'Être, il surgit avec l'Homme"; 193). Von daher seine prinzipielle Uneigentlichkeit; das Gedachte ist nichts als ein Traumgebilde („un rêve"), Selbstlüge („Tout est mensonge"; 192). Doch wenn er dies einsieht, käme er zur Existenz. Daraus wiederum entspringt Sartres Engagement, das der Titel seiner essayistischen Studie („L'engagement de Mallarmé") ihm zuschrieb: ‚sich für eine Sache zu opfern, von der man weiß, dass sie gleichwohl verloren ist‘ (194).

Was aber sagt Mallarmé – in der Simulation des ‚Meisters‘ – dazu? Nach dem „RIEN" des CDD bleibt er lediglich in seiner Typographie, den Kapitälchen noch gegenwärtig. Er demonstriert dadurch jedoch nur, was sein Autor in einem ‚satanischen‘ Kampf der Selbstauslöschung („Destruction de moi"; I 718) vorgemacht hatte. Unpersönlich sei er darüber geworden; alle Gegenwärtigkeit – Sartres existentielles Da-Sein – ist aus ihm geschwunden („un présent n'existe pas"; II 217). Als ob er es sich selbst beschwören wollte, wiederholen sich seine Selbstaufrufe zur ‚Elimination‘ (I 707) und ‚Annullation‘ (I 1394). In ihnen spiegelt sich Mallarmés Widerstand gegen den zeitgenössischen Narzissmus und Dandyismus. Als unausgesprochene ‚Bête noire‘ darf die Romantrilogie *Le Culte du moi* (1888–1891) von Maurice Barrès gelten.[58] Sie brachten dem Autor den konkurrierenden Titel eines ‚Prinzen der Jugend‘ ein (1). ‚Angesichts des Zusammenbruchs aller traditionellen Wertordnungen‘, heißt es in der umfangreichen Selbst-Erläuterung des Autors, ‚sollten wir uns an die einzig fassbare Realität halten, an das Ich‘ („au moi"). Es muss allerdings erst in einem Akt der Säuberung von den trüben Parzellen des Alltagslebens und den Schlacken („écume") der Erziehung entblößt werden, um wirklich zu existieren (31). Dann kann seine effektive Basis, die Instinktnatur („instincts"; 36; „vie inconsciente"; 40) sich auswirken: mit ihrer Hilfe sind wir in der Lage, dann doch ein harmonisches Universum aus uns selbst zu erschaffen („C'est nous qui créons l'univers"; „harmonie universelle"; 34).

Dem setzte Mallarmé radikale Entselbstung entgegen: ‚ich bin jetzt – nach einer langen, geistigen Agonie – nicht mehr der Stéphane, den du gekannt hast, sondern eine Funktion („aptitude") des Weltgeistes („l'Univers Spirituel"), der sich in dem, der ich war, beschaut und entfaltet‘ (I 714). Da diese Instanz jedoch im Nichts aufgeht, hat sie ihm eine Art Transsubstantiation zugemutet: er kann sein Ich nicht länger substantiell, als ein Existential, sondern nur noch medial, als einen Schauraum auffassen. Ihn gilt es offen zu halten als Möglichkeitsfeld, das den zugemuteten Ichs erlaubt, Nicht-Ich im Sinne von deren undurchschauten Illusionierungen zu sein. Der ‚Meister‘, das Double des Autors, widerlegt in einem internen Zwiegespräch dabei zugleich ein verbreitetes Lebensgefühl, das sein Freund Henri Cazalis, einer seiner engsten Vertrauten, in einem Buch der Maximen und Reflexionen seit 1868 eingefangen hat. Es lautete zunächst *Le Livre du néant* (1872), dann *La gloire du néant* (1896). Unbestimmtheit ist hier wie dort die Erschütterung angesichts der Nichtigkeit des Ich, der Gedanken, des Menschenwerks

---

[58] Barrès 1965, 28.

und des immensen Universums.[59] Mit den identischen Begriffen des Freundes Mallarmé erkennt er in unseren Anschauungen nichts als haltlose Illusionen und Trugbilder („illusion"; „mensonges"; 172). Vor der Radikalität Mallarmés schreckt Cazalis jedoch gerade zurück. Er akzeptiert die Uneigentlichkeit, so als ob sie der Sündenfall der Moderne wäre und gewinnt ihr die pseudoreligiösen Tröstungen der Negation ab: ‚ich segne alles, was mich getrogen hat' (*Livre*, 161). Denn ‚dieser Wahn („folie"; vgl. CDD Va) erhält das menschliche Geschlecht durch einen bittersüßen Selbstbetrug' (*Gloire*, 173).

Salto vitale

Im CDD überwindet Mallarmé deshalb eine spürbare Lust der *Belle Epoque* an Blicken in den Abgrund, vor allem wo sie durch gutbürgerlichen Wohlstand und der Berauschung am Fortschritt gesättigt ist. Gustave Moreaus *Salomé dansant* (1876) macht aus den lüsternen Blicken, die Salomé mit dem Kopf des getöteten Johannes wechselt, ein Manifest dieses Zeitgeistes. Nicht darauf, auf Mallarmé[60] haben sich deshalb die Verfechter einer *Nouvelle Critique* bezogen, als sie den ‚Tod des Autors' (Barthes) beschworen; das (autonome) Subjekt zu einer ‚Funktion des Diskurses' (Foucault) degradierten oder seinen Tod erklärten (Derrida; Lyotard). Nicht das Subjekt verwirkliche sich in der Sprache, sondern ihre symbolischen Ordnungen in ihm (Lacan). Um zu sich zu kommen, führt kein Weg – den der ‚Meister' vorausgegangen ist – an einer Dekontamination – der Nichtung – aller sprachfertigen Identitätshülsen vorbei. Erst der Blick in diesen Abgrund öffnet ihm die Augen, dass jenseits seines Dilemmas nichts anderes herrscht als absolute Unvoreingenommenheit – „HASARD" (IX b). Der Zufall, so der CDD, ist das philosophische Prinzip des „RIEN". Es lässt alles zu, macht aber nichts notwendig.

Das Gedicht bringt es so zum Ausdruck: ab der Doppelseite X hat es den ‚Meister' wie eine falsche Hypothese zurückgezogen. Doch in seiner Typographie lebt er fort. Sie setzt ein umwerfendes Zeichen der Zeit: Sprache geht dem Denken voraus. Wo der *Esprit* darauf bedacht ist, sie nach seinen Bedürfnissen zuzurichten, bildet sie am Gegenpol aller hochfliegenden romantischen Ideale das wahre Infinitum, weil der „HASARD" über Ausdrucksmöglichkeiten ohne Ende verfügt. Durch den ‚Meister' wird schließlich offenbar, dass nicht er Herr der Sprache, vielmehr Medium dessen ist, was ihm die Sprache ermöglicht. Eine umwerfende Erkenntnis.

Wie zum Beweis ereignet sich dann nichts weniger als ein ‚salto vitale'. Mallarmé hatte es genau in diesem Zusammenhang als eine ‚fremd anmutende Resurrektion' („une résurrection étrangère"; I 723) herausgestellt. Das „RIEN" ist vom zurückliegenden Denkprojekt des Meisters her noch ein beschließendes Substantiv; im Fortgang des Textes aber schlägt es um in ein Pronomen: es bildet den Anfang eines Satzes (im Futur II!): ‚*Nichts* – wird stattgefunden haben als der Fund einer Stätte' („RIEN N'AURA EU LIEU QUE LE LIEU").[61] Sie garantiert von sich aus nichts, wohl aber bietet sie sich als eine Freifläche

---

[59] Cazalis, Pseudonym von Lahore 1896, 177; Lahore 1872, 162.
[60] II 211: „disparition élocutoire du poète, qui cède l'initiative aux mots". Vgl. dazu Benoît 2007, 169 ff.; Kap. 12.
[61] Übers. mit Goebel 1993, 285.

dar, um alles Mögliche zuzulassen. Für den Meister war das „RIEN" der Endpunkt eines Leidensweges, seines Selbstopfers. Nun aber, an dessen Nullpunkt, geht ihm schließlich auf, dass seine eigentliche Bestimmung darin besteht, die Negationen, die ihn vernichtet haben, aktiv zu negieren. Mallarmé hat diesen Umschlag abermals in einem subtilen Anagramm von „RIEN" festgehalten. Dem sehend gewordenen Meister bedeutet es: ,nier', negieren. Wer sich darauf einlässt, verschafft seinem Denken die schwierige Freiheit, sein Denken nicht auf ein Ziel richten und es sprachlich auf den Punkt – am Satzende – bringen zu müssen. Vielmehr wird er verpflichtet, den Gedankenraum nicht zu vermessen, sondern ihn nomadisch zu durchqueren. In dieser Absicht hat der CDD die Einheit des Satzes und seine Zeichensetzung unterbunden. Sie lassen der Sprache ihren Lauf. Will der ,Meister' zu sich kommen, dann performativ, indem er die Sprache um und um wendet, wie ein Talmudist. Derrida, der ,Reb Rida', wie er sich selbst einmal nannte, hat Mallarmé darin sehr wohl begriffen. Das Nichts entäußert sich damit nicht als engagiertes ,Sein' Sartres; es wirkt sich vielmehr als Handlungsanweisung aus. Es will, dass etwas unter den Bedingungen von Kontingenz dadurch Bedeutung annehmen kann, dass alle identitären Verfestigungen permanent unterlaufen werden. In der Sichtweise des CDD heißt dies: der ,Meister' ist nicht nur auf den „HASARD" als Prinzip des Denkens gestoßen; er hat auch die destruktive Lektion der Sirene begriffen. Sie musste erst sein felsenfestes (*„roc"*) Gedankengebäude (*„manoir"*) zerstören, um ihm begreiflich zu machen, dass seine Bestimmung nicht in der Bewegung hin auf ein Unendliches (*„l'infini"*), sondern in der Beweglichkeit des Denkens als solcher besteht. Ihr steht kein Ende zu, entsprechend dem Element, das die Sirene verkörpert.

Der CDD ist unmissverständlich: am Ende ist die Bühne leer – aber es bleibt die Bühne („LIEU"). Der ,Meister' muss einsehen, dass sein ,Handeln leer' war („acte vide"). In der Gegenperspektive seiner ,Resurrektion' jedoch erweist sich unvoreingenommenes geistiges Handeln selbst als wirklich zu ihm gehörig. Darin regt sich zwar, im Sinne des CDD, durchaus die anarchische Energie der Sirene. Aber ihr kontingenter Umtrieb schafft bespielbare Freiräume. Mallarmé hat dieser erkenntnistheoretischen Umkehr einen bedeutenden selbstexplikativen Kommentar gewidmet. Es kann nicht länger um große Weltaneignungen, nur um ,beschränktes Handeln' gehen („action restreinte"; II 215 f.). Das Selbst gleicht ,einer männlichen Statue', die nur dem Opfer desjenigen Ausdruck zu verleihen vermag, der sich an seinem Selbst („Soi") inspiriert.[62] Erst in einer pathogenen Wiederauferstehung vermag er deshalb wahrhaft zu sich zu kommen. Was aber wäre dabei das Erhebende, dem gleichwohl nichts Erhabenes entspricht?

[62]   Dies ist eine der leitenden Einsichten von Rancière 1996, der die Reversibilität auf den ideellen Vorgang auch des CDD bezieht und sie auf den Begriff einer „mimétique antimimétique de l'Idée" bringt. Das Gedicht, das den Zufall Wort für Wort besiegt, ist der Ritus der Idee, der nie etwas anderes sein kann als ein Würfelwurf – eine komplexe Struktur, die sich aber in der Setzung und Verwerfung der Idee des Zufalls erschöpft und den Anstoß zur Gedankenbewegung, die Lektion der Sirene, nicht einbezieht (99/100).

III

VOR GEFALLENEM SEGEL

Schreiben vom Ende her

Der ‚Meister‘ musste also die Bühne großer Gedanken räumen. Doch was ließe sich vor den verdunkelten Horizonten noch erkennen? Für Mallarmé zumindest stand fest, dass dafür nur der kulturelle Ort der Poesie in Frage kommt. Man mag ihr dafür einen letzten idealistischen Reflex unterstellen. Effektiv aber hatte er diesen Anspruch der Dichtung mit hohen erkenntnistheoretischen Verlusten zu bezahlen: als letzte anthropologische Verankerung blieb ihr nur die lebendige Sprache. Sie ist das natürliche Vehikel, das wir nicht verlassen können. Ihr ganz ursprüngliches Wesensmerkmal aber ist, dem Meer vergleichbar,[1] ihre Liquidität. Empfahl sie sich dadurch nicht als das gebotene Organon von Kontingenz? Mallarmé befand sich damit an vorderster Front einer epochalen ‚translatio studii‘. In deren Verlauf war die Theologie von der Philosophie, diese von Epistemologie in der Führung von Erkenntnis abgelöst worden und stand jetzt, am Ende des positivistischen Jahrhunderts im Begriff, an die Künste überzugehen – ganz so, wie Friedrich Schlegels Vision einer „progressiven Universalpoesie" es zu Beginn verkündet hatte.[2]

Mallarmé wusste seine Überzeugung jedoch zugleich theoretisch zu unterfangen. Wie ein Hermeneut der alten Schule betonte er den mehrfachen Schriftsinn („double état de la parole"). Die ‚grobe, unmittelbare‘ Dienstleistung der Sprache („brut ou immédiat; II 212) gleicht dem Austausch von Kleingeld (II 677 f.); ihre Begabung zu übertragenen Bedeutungen aber trifft das Wesentliche („essentiel"; II 212). Gestützt darauf hatte, wie gesagt, Mallarmé die verworfene Geschichte des ‚Meisters‘ zweifach lesbar gemacht; sie hat einen doppelten Boden. Durch eine ingeniöse Inszenierung ist es ihm gelungen, in den Wortlaut der ersten eine zweite einzutragen. Ihr Ineinander leistet das menschheitsgeschichtliche Urbild der Meerfahrt.[3] Dass sich bis hin zur Daseinsmetapher damit so viele Lebensverhältnisse veranschaulichen lassen, liegt an den Kombinationsmöglichkeiten ihrer Requisiten: Wasser, Sturm, Klippen, Schiff, Segel, Masten, Steuermann, Sternbild u. a. Sie wiederum werden von einer eingeführten Dramaturgie durchgespielt. Motive des Aufbruchs verbinden sich mit Zielen einer Ankunft. In Großaufnahme beleuchtet wird allerdings der Schiffbruch, der das Wagnis in Gestalt des Scheiterns vergegenwärtigt. Erde, Festland, Inseln, Küste, Hafen, Grenzbewusstsein insgesamt verschwinden in den Fluten und zeugen von der Kontingenz am Grund aller Evidenz. Blumenberg hat in dieser Seenot die „Anfangserfahrung" der Philosophie gesehen.[4] Doch woher sollte ein solchermaßen gelingender Schiffbruch sein konstruktives Moment nehmen? „Vielleicht

---

[1] Zu diesem uralten Symbol vgl. Makropoulos 2008, 236–248.
[2] Schlegel 1972, 37.
[3] Vgl. Frank 1979, 14 f.; Blumenberg 1979.
[4] Blumenberg 1979, 14.

aus früheren Schiffbrüchen"? Mit dieser – offenen – Frage endet sein Essay (74). Er legt allerdings eine Konsequenz nahe, die er nicht mehr zieht: müsste ein neuer Aufbruch der Daseins- und Selbstbestimmung sich dann nicht auf hoher See selbst, aus der Bildmacht der Untergangsmetapher heraus ereignen?

Genau dieses Wagnis bildet die Ausgangserfahrung von Mallarmés letztem Gedicht. Er setzt im Bildprogramm der Meerfahrt zwar vom katastrophischen Ende her ein: der ‚Meister' ist von Anfang an bereits am Abgrund („abîme"), weil eine rettende Idee reiner Zufall wäre. Doch nicht nur gedanklich, vor allem poetisch, als Dichter im Dienst von Menschheitsidealen hat er seine Begründung verloren. Wofür sollte der Figuralsinn seiner Sprachkunst also noch gut sein, wenn sie mit keiner Gedankenfigur mehr im Bunde steht? In wessen Namen würde ihr jetzt noch Bedeutung zustehen? Nichts weniger als eine radikale Revision dessen würde notwendig sein, was dem ‚Meister' im Auftrag Mallarmés heilig war. Mitten im Schiffbruch gab es keine Ausflüchte mehr: an ein Ufer, ein Ziel, einen rettenden Horizont war nicht mehr zu denken.

Was tun? Die Anfang-Schlussbindung des CDD hat ihn unentrinnbar den Fluten der Kontingenz ausgeliefert. So sehr hat ihn das von sich abgebracht, dass er nur noch gebrochen über den sprechen kann, der er war; und lediglich im Bewusstsein, dass „der Anfang des menschlichen Denkens dem rationalen Zugriff entrückt" ist.[5] Wird ihm damit zumindest *ex negativo* nicht von Ferne bedeutet, dass dieser Anfang alternativ der Vorstellungskraft und mithin der Poesie zusteht? Aber dann welcher?

Mallarmé schlägt dazu einen Weg durch die Bildwelt der scheiternden Meerfahrt ein, den die daseinsanalytische Begehung nicht in Erwägung gezogen hat: ‚Dichten heißt Segel setzen'.[6] Poesie wagt Ausfahrten aufs Meer des Lebens, die weder pragmatische Bedürfnisse verfolgen, noch theoretischer Neugierde entspringen. In der Erhellung der Schifffahrtsmetaphorik hingegen betreibt sie Grenzverletzung[7] in sprachlicher Hinsicht. Ihr Bildersprechen verlässt das Festland von Begriffs- und Glaubenswelten und setzt darauf, dank ihrer gebundenen Sprache die Leinen der Semantik loslassen zu können, damit die Einbildungskraft Fahrt aufnehmen kann. Offenbar wird ihr zugetraut, das Leben anders, mehr, lebendiger ‚erfahren' zu können als durch dessen gedankliche Liquidation. Die Geschichte dieser poetischen Erkenntnis bezog ihre Zuversicht aus dem Dichter als einem Erwählten. Sei es, dass ihn die Musen geküsst haben, die Götter ihm den ersten Vers geschenkt; sei es, dass ihn der Enthusiasmus fortriss, Inspiration ihn als Genie auszeichnete oder seinen Gaben produktionsästhetisch Erfindergeist und Kreativität bescheinigt wurden. Im Grunde ist er sprachlicher Architekt: er legt von irrationalen Eingebungen poetische Aufzeichnungen an, um mit dem Schiffskörper seiner Dichtung das leidenschaftlich aufgewühlte Meer des Lebens zu kartographieren. Das weitgespannte Segel seines Geistes sollte die Stürme der Leidenschaften aufnehmen, weil sie fest mit dem Masten seiner Gesinnungstreue und seinem Kunstverstand verbunden waren. Sie wiederum ließen ihn Richtung und Ziel seiner Meerfahrt nicht aus dem Auge verlieren, weil ihm die Sternbilder großer Menschheitsfragen das Geleit gaben. Der Mensch in der Brandung der Kontingenz soll auf diese Weise zu sich kommen, indem Dichtung aus dem „Gebälk und Bretterwerk der Begriffe" (Nietzsche) herausführt. In diesem Sinne

---

[5] Blumenberg 1979, 72; aber mit der Fragerichtung, wie Denken gleichwohl zu sichern wäre.
[6] Curtius 1984, 138 ff.
[7] H. Rath 1976, 403 ff.; Art. „Inspiration".

konnte es bei Hamann, Herder, Hugo oder Lamartine noch heißen: ‚Dichtung ist die Muttersprache des Menschengeschlechts'.[8]

Was aber, wenn es außerhalb der Kontingenz nichts gibt, wie der CDD imperativ behauptet; wenn ein Würfelwurf des Geistes mithin vergeblich ist; die Geschichte der herkömmlichen Dichtkunst verworfen werden muss und das Schiff ihrer Formensprache dem Untergang geweiht ist? Auf diese Fragen hat Mallarmé im Bilderrahmen seiner Meerfahrt geantwortet. Von Anfang an ist jedoch klar, dass sie im Zeichen einer nachmetaphysischen Epoche stattfindet, in der die Erfahrung von Kontingenz zur „fast natürlichen Dauerbefindlichkeit" geworden ist, wie Blumenberg mit Nietzsche es ausdrückt (22). Die Ausfahrt auf das Lebensmeer scheint insofern beginnlos (Botho Strauß); sie ist das eigentliche, verbliebene Existential. Ohne Ziel wird deshalb das Schiff des CDD von den Wogen der Unabsehbarkeit hin- und hergeworfen und zu einer neuen Unendlichkeit verurteilt: einer Irrfahrt, über der die dunklen Schatten des Fliegenden Holländers liegen.[9] Wenn dieser Daseinsmetapher noch ein Ziel innewohnt, dann ist es der Schiffbruch. Er steht im Mittelpunkt des CDD und treibt damit eine moderne Tendenz ins Extrem, die sich das Ende des 19. Jahrhunderts apokalyptisch ausmalt.[10] Dann gerät auch das natürliche Schiff ‚Sprache' allgemein in Seenot und damit in den Sog des Nicht-mehr-ankommen-könnens. Würde aber dann Dichtung noch mit Gewissheit eine – humane – Richtung angeben können? ‚Ihr ‚Wort', so Mallarmé, ist dadurch auf ‚ein Prinzip' reduziert, das sich durch ‚die Negation eines jeden Prinzips entfaltet';[11] darauf hatte das „RIEN" vorbereitet. Authentisch kann sie also nur noch sein, wenn sie gezielt leugnet, was sie bisher vertrat: dass die ‚Wendigkeit' des ‚Verses' (lat. vertere) emphatisch an etwas zu rühren vermag, das ihm über ist. Umgekehrt, sagt der CDD, wird ein Vers daraus: humane Kompetenz steht ihr zu, wenn sie sich an das wendet, worüber sie unmittelbar verfügen kann, auf die Sprache selbst. Deshalb die da-capo-Bindung von Mallarmés Gedicht: wenn alle Himmel schweigen, Poesie aber noch bestehen soll, dann hat sie, um jeden Aufbruch ins Spekulative von vornherein zu unterbinden, ihr Wort so anzulegen, dass es ins Sagen kommt, ohne in einer Aussage stillgestellt zu werden. Dafür demonstriert der CDD. Dadurch kann er, ohne substantialistisch in Verdacht zu geraten, die Frage aufwerfen, wie es zu dieser Krise des Idealen hat kommen können (II 64). Insofern hat der Gedanken- und Bildersturm des ‚Meisters' Ursachenforschung im Sinn. Dadurch stößt er schließlich auf jenen Punkt, wo Poesie vom Ende ihrer Kunstperiode[12] her neu gedacht werden kann. Mallarmé: ‚die Generation jetzt ging dem Ursprung des Schreibaktes auf den Grund' (II 65).

Trennlinien

Voraussetzung ist, dass der ‚Meister' die ‚lange Agonie' (I 713) des poetischen Selbstopfers *in effigie* nachvollzieht, das sein Autor in einer anspielungsreichen Skizze halb bekenntnishaft, halb literarisiert zusammenfasste („il la sacrifiera et lui se sacrifiera";

---

[8] Hamann 1980, 189 ff.; Lamartine 1834, 20; Blumenberg 1979, 23.
[9] Themenschwerpunkt von Frank 1979.
[10] Vgl. Moog-Grünewald 2002, 165–195.
[11] Durchaus mit Bezug auf Mallarmé argumentiert so Agamben 2018, 14 ff.
[12] Vgl. Jauß 1970, 107 ff.

I 629).[13] Zu Beginn des CDD ist dieses Sakrifizium vollzogen. Alle ‚ewigen, endgültigen Gesichtspunkte‘ („circonstances éternelles“; I b) – die ‚notions‘ – sind verworfen. Dem ‚Meister‘ am Abgrund bleibt nichts anderes als sich in einem Poesieschadensbericht zu vergegenwärtigen, welche ästhetischen Räume sich ihm verschlossen haben. Mallarmé hatte es grundsätzlicher im Interview *Über die literarische Entwicklung* (1891; II 697 ff.) und im Artikel *Verskrise* (1896; II 204 ff.) vorgezeichnet[14]. Beständig kreisen sie um ‚Bruch‘ und ‚Umsturz‘, nicht nur gegenüber dem Erkenntnissystem, das von der Aufklärung ausgegangen war (Kap. II), sondern auch mit dem romantischen Kunstverstand, der sich von der Vorherrschaft des Klassizismus emanzipiert hatte.

Die *Encyclopédie* ebenso wie Kants drei Kritiken hatten Erkenntnis auf eine anthropologische Basis gestellt. Denken, Fühlen und Wollen, Kopf, Herz und Bauch würden das „vollständige System aller Gemütskräfte“ (Kant) bilden, in dem Verstandes-, Empfindungs- und Begehrungsvermögen zusammenspielen.[15] Diderot hatte daraus die ‚Wissenschaften‘ der Philosophie, der Geschichtsschreibung („historia magistra vitae“) und der Poesie hervorgehen lassen.[16] Ihre Ausdifferenzierung blieb jedoch durch die Geistnatur des Menschen („Entendement“) in Grenzen gehalten. Die Enthauptungen der französischen Revolution hatten jedoch den sichtbaren Beweis erbracht, wie kopflos dieser „culte de la raison“[17] in Wirklichkeit war. Mit der Folge, dass jede der drei Erkenntnisvermögen sich auf ihren partiellen Wissenszugang reduziert sah. Georges Cuvier, Wissenschaftsintendant Napoleons, bestätigte ihnen bereits 1808 einen je autonomen Zugang zur Wahrheit. Immerhin, es sollte sie noch geben. Diejenige, die den ‚Regungen des Herzens‘, d. h. dem Empfindungs- und Begehrungsvermögen zusteht, entzieht sich seiner Meinung nach allerdings einem epistemologischen Zugriff und rationalen Begründungen. ‚Allein das Genie‘ – des Künstlers – vermag ihr kraft seiner ‚göttlichen Inspiration‘ Ausdruck zu verleihen (!).[18] Zum eigentlichen Gesetzgeber ästhetischer Erkenntnis aber wurde Victor Cousin, der Hegel seinen großen Freund nannte. Im Rahmen seiner erkenntnistheoretischen Gewaltenteilung spricht er der Kunst in der 8. seiner Vorlesungen seit 1818 über *Das Wahre, Schöne und Gute*[19] völlige Unabhängigkeit zu.[20] Sie sei ganz nur sich selbst verpflichtet. Dank der menschlichen Anlage zur Genialität, auch hier, habe sie die Gabe, eine eigene Welt zu bilden. Vor allem der Künstler und seine Wahlverwandtschaft mit der Einbildungskraft („imagination“) befähigten ihn, auf deren ‚Flügel‘ über Natur und Realität hinaus sich zum allumfassenden ‚Unendlichen‘ (!) und ‚Unbekannten‘ aufzuschwingen. Diesem Glauben huldigte die ästhetische Weltumarmung des ‚Meisters‘. Für ihn war, ja ist bis hin zum finalen Würfelwurf, Dichten der einzig authentische Weg zu

[13] Einen faszinierenden Einblick in das ‚literarische Feld‘ (Bourdieu), dessen Mitte Mallarmé einnimmt, veranschaulichen die kostbaren (und teuren) Dokumente, die Sotheby's 2015 unter dem Titel *De la bibliothèque de Mallarmé* versteigert hat und auf den Besitz seiner Tochter Geneviève und des Schwiegersohnes Edmond Bonniot zurückgehen.

[14] Dt. nach Fischer / Stabel 1995, 277; Goebel 1993, 210 ff.: „Lit. Entwicklung“, 61 ff.

[15] Kant 1974: „Einleitung“ 9 ff., Schema 6off.

[16] Vgl. Diderot 1979, 121 f.: „Système figuré des connaissances humaines.“

[17] Alphonse Aulard 1892 hat die historische Argumentation zusammengefasst.

[18] Cuvier 1810, 11: Metaphysik ‚ein geistiges Verwirrspiel‘.

[19] Ben. Ausg. Paris [10]1863, 174–188.

[20] Ohne ihn zu nennen, hat sich Mallarmé mit seiner Auffassung kritisch auseinandergesetzt (II 664 f.).

einem letzten Prinzip. Wie selbstverständlich hat er deren beste Bedingungen („circonstances éternelles") auf die Imagination bezogen, die Baudelaire als ‚Königin der menschlichen Geistesvermögen' („la reine des facultés")[21] geadelt hatte. Ihre höchste Erfüllung – und Grenze hat Mallarmé ebenso treffend wie selbstkritisch so auf den Begriff gebracht: ‚Die göttliche Transposition, für die zu vollenden der Mensch lebt, schreitet' – im Falle der Einbildungskraft – ‚vom Gegebenen zum Ideal fort, dessen Tradition (…) sich in diesem Wort zusammenfassen lässt: Esprit' (II 144) – der Dämon des ‚Meisters' (V a).

Welche Verheißungen ihrer Denkschule im 19. Jahrhundert zugedacht werden konnten, mögen stellvertretend zwei Größen der Poesie belegen, die den ‚Meister' / Mallarmé in den Bann der idealistischen Ästhetik gezogen hatten. Der eine, ‚Mann des Jahrhunderts', ist der ‚große' Victor Hugo. In ihm sei der Mensch Genie geworden (II 204). In der Ode *Le Poète* hat Hugo für das entsprechende Selbstbildnis des Poeten gesorgt[22]: die Muse (v. 44) ist seine himmlische Inspiration (v. 23), die ihn aus den Fluten („flot"; v. 32) des Gemeinplatzes („arène commune"; v. 31) heraushebt, sodass er den Schleier („le voile"; v. 56) von der Seele zu nehmen und sie auf den Flügeln („aile"; v. 59) der Imagination zu den Geheimnissen („mystères"; v. 64) von Himmel und Hölle fortzutragen vermag. Seine Mission: sie als ‚heilsame Visionen' (v. 49) dem hohen Lied seiner Laute („luth suprême"; v. 68) anzuvertrauen und so der ‚blutrünstigen Welt' (v. 69) göttliche Botschaften zu überbringen. Bis in den einzelnen Wortlaut geistert dieser Hugo durch den CDD. Der ‚Meister' hatte keine Chance; Mallarmé hatte längst ein vernichtendes Urteil gefällt: ein allumfassender Verskult („rythme total") in der Art Hugos bringt das Gedicht zum Verstummen. Deshalb kann ‚die sakrosankte Kanonisierung des Verses' nicht fortdauern (II 206).

Eine andere epochale Trennlinie bricht im Verhältnis zu Lamartine auf. Mallarmé hebt ihn auf den Parnaß der großen Dichter Frankreichs (II 690). Seine Geistesverwandtschaft enthüllt er gegenüber Verlaine: er sei mit einer ‚âme lamartinienne' begabt gewesen; sie habe ihn zur Poesie erweckt (I 787). Ein anagrammatisches Echo bekräftigt: ‚l'âme-art-tienne' – ‚(Die) Kunst halte die Seele'. Direkte Spuren führen zu Lamartines poetischem Glaubensbekenntnis *Über die Bestimmung der Dichtkunst* (1834 u. ö.).[23] Wie sich die Bilder und ihre Deutung doch gleichen. Der Mensch, ohne Kompass der uferlosen Weite des Meeres ausgesetzt, heißt es dort, weiß nicht, wohin ihn sein „Esprit" führt; er kennt keine Transzendenz. ‚Nichts existiert außerhalb seiner selbst, an dem sein Lebenslauf Maß nehmen könnte' (4). Und dann, in genauem Gegensatz zu Hugo, eine unmittelbare Einladung an Mallarmé: wer als Weltweiser auftritt, ist ein ‚falscher Prophet'. Seine Kunde verdankt sich dem ‚Zufall' („hasard"!); ist mithin ‚vergebliches, flüchtiges Traumgespinst' („rêve" 5).

Wie also noch poetisch zu sich selbst kommen? Nur eines, ‚das schönste menschliche Vermögen' ist dazu in der Lage: die Einbildungskraft (11), indem sie sich in dem verwirklicht, was ganz in ihrem Vermögen liegt, in ihrem Bildersprechen, in Poesie: „C'est l'homme même" (21). Sie, sie allein, verfügt vollständig über die Sprache („langue complète"; 67), weil sie ‚die höchsten Geistesbildungen' ebenso aufzunehmen vermag wie die ‚geheimnisvollsten Gemütseindrücke'.

---

[21] Baudelaire II 1976, 619 ff.: „Salon de 1859".
[22] Hugo 1964, 402 ff.: *„Le Poète"*.
[23] Lamartine 1834. – Seitenzahlen danach in Klammern.

Den Menschen à la Hugo im universellen Verhältnis von Himmel und Erde bestimmen zu wollen, dies hat sich seit Lamartine ins Unabsehbare entzogen. ‚Liebe, Philosophie, Religion, Enthusiasmus, Freiheit, Poesie', alle diese Gedankenorte hatten sich durch die Revolution als nichtig („néant tout cela"!, 6) erwiesen. Dann aber ist eine entsprechend andere, revolutionierte Poesie verlangt. Um die zerstrittene Natur des Menschen sinnvoll zu machen, müssen nicht ihre Wahrheiten – ihre Sprache muss göttlich sein. Lamartine: ‚Gott hat ihm (dem Menschen) – deshalb – die Stimme der Poesie geschenkt'. Die Aura des Transzendenten gründet nicht mehr in einer Idee, sondern im ‚Gesang' des Mediums („chantée"; 58): „La poésie, c'est l'idée" (68). Ihr spricht er provokativ ‚Evidenz' zu, denn die ‚Chiffren' der wissenschaftlichen Sprache ‚negieren jeden Gedanken' (8).

Mit dieser ‚lamartineschen Seele' hat Mallarmé den ‚Meister' ins Lebensmeer aufbrechen lassen – um ihm unnachsichtig die ‚Hölle des Nichts' zuzumuten.[24] Er bestraft seine poetische ‚Superbia', weil er sich und seine Poesie vergöttert hat. Im Kern getroffen sieht sich seine Überzeugung, mit metaphorischen Mitteln metaphysische Gewissheiten einholen zu können. Die pathogene Bereinigung seines Dichtungsbegriffs stellt ihn vor die Frage: was bleibt, wenn er von allen substantialistischen Geistern verlassen ist? Wie könnte ein auf sich selbst zurückgeworfenes poetisches Wort noch zu einem Humanum beitragen? Was sich im Gedankendrama des ‚Meisters' abspielt („un théâtre inhérant à l'esprit"; II 195), verurteilt ihn zu einer Selbstfindung in der Sprache des Intranszendenten, die ihre poetische Entsprechung im dunklen Stil Mallarmés hat.

Auszehrung, formvollendet

Mitten im Untergang verwehrt der CDD dem ‚Meister' daher jegliche Ausflucht. Der ‚Abgrund' ‚resümiert' (III) seine gescheiterte dichterische Existenz: die fallende Typographie setzt den Abgesang auf eine formvollendete Sprachkunst ins Bild. Das tobende Element ist einerseits an der Oberfläche trügerisch plan („étale") und weiß („blanchi") – bietet sich als allumfassende weiße Schreibfläche an, die, würde sie traditionell poetisch beschriftet, gerade einebnet („coupant au ras les bonds"), was unterhalb orgiastisch aufgewühlt („furieux") wird. Dort schlagen die Wogen der Leidenschaftsnatur („jaillissement") hoch und zerstören in ihrer Verzweiflung („désespérément") Schiff und Masten des Dichters. Er sieht sich vor jenem gefallenen literarischen Segel („aile"), das den Wind seiner Inspiration aufnehmen sollte.

Es wäre deshalb von vornherein („par avance") vergebliche Mühe („un mal"), es noch einmal zu neuem Gedankenflug setzen zu wollen („à dresser le vol"). Nur ganz im Innern („très à l'intérieur") sammelt sich der ‚Schatten' des Tiefen-Bewusstseins, den das ‚Weiß' dieses Abgrundes verdeckt. Gemeint ist – und hier öffnet sich der Text selbstreflexiv – ‚jenes alternative Segel' der Dichtung („cette voile alternative"). Ihr Blick in die ‚gähnende Tiefe' („sa béante profondeur") ruft auch in diesem Sinne das Bild eines Schiffsrumpfs auf („la coque / d'un bâtiment"), der im Sturm hin- und hergeworfen wird („penché de l'un et l'autre bord") – eine vernichtende Kritik am alternierenden Sprachgang von Vers, Reim und Silbenkadenz, der die sprunghaften („bonds") Ausschläge des Leidenschaftsvermögens in metrische Bahnen lenkt. Gemeint ist wohl abermals *der* po-

---

[24] Mallarmé 1995, 354.

etische Repräsentant des 19. Jahrhunderts schlechthin, Victor Hugo. Er hatte im Gedicht *Pleine Mer* (1859)[25] mit menschheitsgeschichtlich ausholender Geste seinerseits einen Schiffbruch inszeniert. Mallarmés CDD scheint in vielem geradezu darauf zu antworten. Dort der Schiffsuntergang einer alten, verrotteten Welt (717); der Mensch ein ortloser Schatten, aussichtslos; „Rien", ‚Nichts' das letzte Wort. Doch dann der Gegenblick, wie bei Mallarmé, aber zum Himmel des 20. Jahrhundert (!): *Plein ciel* (719 ff.). Er weist dem ‚Schiff' der Menschheit den Weg in eine ‚göttliche, lichte und reine Zukunft' (728). Es ist die große Fahrt des Fortschritts im Geiste von Prometheus, die geradewegs zu Tugend (728) und Humanität führt. Diese messianische Sprachgewissheit hat der ‚Meister' niederzukämpfen. Mallarmés Essay *Verskrise* verdeutlicht, parallel zum CDD: ‚Der Vers (...) wartete mit Respekt, bis der Riese (...) endlich aufgab; damit er seinerseits zerbreche. Die ganze, auf Metrik getrimmte Sprache, die ihre Vitalität aus ihren Zäsuren zieht, tritt dann – nach Hugo – hinaus in die Freiheit, wo sie sich in tausend einfache Elemente auflöst' (II 205).

Der „Maître", der die Sprache homophon ins ‚Metrum' (‚mètre') ‚setzt' („mettre"), fühlt sich jetzt außer Stande, seine bisherigen Berechnungsgrundlagen („anciens calculs") noch anzuwenden, zumal ihm die Vershandwerkskunst („la manoeuvre") nach und nach entfallen ist. Einst hielt er das Steuer(ruder) des Dichtungsschiffs fest in der Hand („la barre"); beherrschte im Nebensinn des Wortes den ‚Taktstrich' der lyrischen ‚Partitur' (I 391). Aus dem Aufruhr zu seinen Füßen („conflagration") und angesichts eines ununterscheidbaren Horizonts zog er den Schluss („inférant"), dass sich im Umkehrschluss durch seine Hand die ‚einzige Zahl' bilden müsse („prépare"), die keine andere sein kann. Sprachlich gesehen wird sie vom Idealmaß der französischen Poesie schlechthin identifiziert, dem Alexandriner; für Mallarmé Inbegriff ‚der großen Orgelklänge des offiziellen Metrums' (II 697) und ‚definitiv das Juwel' des scheidenden Jahrhunderts (II 206) und sofern Instrument der ‚Orthodoxie' (II 207) und ihres Beharrungsvermögens. Wer im Vertrauen auf das Ordnungsvermögen seines Geistes („Esprit") den Stürmen des Lebens standzuhalten meinte („tempête"), wollte glauben, dessen Entzweiungen mit ‚übertriebenen nationalen Kadenzen' (II 207) wieder ‚einfalten' („reployer" / pli) und sich stolz darüber hinwegsetzen zu können („et passer fier").

Doch der Dichter, der er bisher war, zögert („hésite"). Er wirft den Würfel nicht. Er leitet damit den ‚Bruch mit den großen literarischen Rhythmen' (II 212) ein, die sein Autor im Essay *Verskrise* angekündigt hatte. Drastisch setzt ihn der CDD ins Bild. Der Arm, dessen Hand die Würfel hält, ist abgestorben („cadavre"). Diesen Wahn („en maniaque") auf Geheiß der Fluten poetisch abermals durchzuspielen hieße, das Denken („le chef") selbst im Alter („en barbe") noch von den Wogen („flots") der Kontingenz bestimmen zu lassen („soumise"). Denn wo im Schiff der Gedankenlyrik („la nef" reimt mit „le chef") Vergeblichkeit herrscht („où vaine"), wird ihre Formanstrengung bedeutungslos („n'importe"). Der Mensch wäre unvermittelt dem Untergang („naufrage cela / direct de l'homme") geweiht. Seine ‚einstige künstliche Einheit' (II 211), wie l'Art pour l'Art oder der Parnaß sie pflegten, verfehlt die Ansprache an ein Lebensgefühl im ‚Tunnel' seines Übergangs zur zweiten Moderne. Die Kritik trifft allerdings nur eine verfahrene Poesie des Geistes, nicht jedoch Poesie als solche. Das Bedürfnis zu dichten besteht fort – trotz aller ‚metrischen Übertreibungen', ergänzt Mallarmé (II 207). Es bleibt unwiderrufen die

---

[25] Hugo 1984, 713–718.

Denkform des ‚Meisters‘. Die Revision seiner poetischen Herkunft muss allerdings stoß-weise weiter aufdecken, warum und wie.

Mit einem kühnen Enjambement („la nef … où vaine") vertieft sein Gedankenstrom den Niedergang seines Dichtungsbegriffs. Sein Zögern bedeutet ihm, dass das ‚Ver-mächtnis‘ der Tradition im Schwinden begriffen ist („legs en la disparation"); sie leidet an der Auszehrung ihrer perfekten Formidee. Der Grund: sie hatte sich auf den ‚letzt-instanzlichen, unvordenklichen Dämon‘ festgelegt, der als *Esprit pur* die spekulativen Dichter des 19. Jahrhunderts in Bann geschlagen hatte. In diesem Sinne wollte auch der ‚Meister‘ die Wirklichkeit als das Verwirkte („contrées nulles") poetisch befahren, um ihr das Ufer unverbrüchlicher Gewissheiten zu enthüllen.

Doppelt lässt Mallarmé durchblicken, dass es hier ums Ganze geht. Diskret aber folgenreich erweitert er den Bilderrahmen und verknüpft das Vorhaben des ‚Meisters‘ mit einem kosmischen Sternzeichen am nächtlichen Firmament („conjonction"). Gleichzei-tig durchbricht er jedoch die nautische Ikonographie mit dem hoch besetzten wissen-schaftstheoretischen Begriff der Probabilität. Er steht für das logische und philosophi-sche Interesse, das Zufällige, Aleatorische, Kontingente zu mathematisieren und es in ein Maximum an Gewissheit und, in weiterer Hinsicht, in unverlierbare Erkenntnis zu über-führen und zu beherrschen.[26] Das 19. Jahrhundert war fasziniert von einer promethei-schen Weltformel, in der alles aufgehen würde. Ihren höchsten Ausdruck, ihre „conjonc-tion suprême", verkörpert der Laplace'sche Dämon.[27] Er begann seine Karriere 1814 im *Essai philosophique sur les probabilités*. Seine erkenntnistheoretische Utopie stellte sich „eine Intelligenz" (!) vor, „die in einem gegebenen Augenblick alle Kräfte kennte, mit denen die Welt begabt ist, sowie die gegenwärtige Lage der Gebilde, die sie zusammen-setzen, (…) [sie] würde in der gleichen Formel die Bewegungen der größten Himmels-körper und die des leichtesten Atoms einbegreifen. Nichts wäre für sie ungewiss, Zukunft und Vergangenheit lägen klar vor Augen" (25). Fast wörtlich projiziert Mallarmé diesen wissenschaftlichen Dämon auf die Dichtung, das große Lebensprojekt des ‚Meisters‘. Aufgedeckt wird dadurch dessen tiefste Selbstverfehlung. Er hatte angenommen, mit sei-nen Vers-Berechnungen („calculs"!) zu den universellen Erkenntnissen vorzustoßen, wie sie die Wahrscheinlichkeitstheorie der exakten Wissenschaften bisher vergeblich in Aus-sicht gestellt haben. Wer jedoch von den allzu menschlichen Verhältnissen ausgeht wie der Dichter, dem ist nur die Disjunktion gewiss, die dieser „Intelligenz" zusteht. Mit dem ‚Dämon der Probabilität‘ wird daher nicht nur ein deterministisches Weltbild verworfen (s. o.). In die Vergangenheit verabschiedet wird zugleich der idealistische Anspruch der Kunst, ihm auf den Schwingen („aile") des Genies, des Enthusiasmus, der Inspiration besser entsprechen zu können. Statt Laplace'scher ‚Intelligenz‘ hätte poetische Imagina-tion es offenbaren sollen.

Der Alte („le vieillard") sieht ein, dass es sein – romantischer – Jugendtraum („son ombre puérile") war, der ihn zu diesen spekulativen Höhenflügen verführt hatte. Kaum verhohlen vollstreckt Mallarmé an ihm überdies eine Entdämonisierung, die ihn als 25-Jährigen selbst heimgesucht hatte. ‚Was ich während dieser langen Agonie erlitten habe‘, schrieb er seinem Freund Cazalis ‚ist unsäglich‘ (14.5.1867). Er fühlt sich vollkom-

---

[26] Méléard 2010.
[27] Vgl. Laplace 1886 (dt.: *Philosophischer Versuch über die Wahrscheinlichkeit*, 1996). Voraus ging u. a. de Condorcets *Eléments des calculs* 1805.

men entpersönlicht, aber dadurch geeignet, dass sich durch ihn hindurch das „Univers Spirituel" selbst anschaulich wird (I 713 f.). Der Weg dahin aber führt allein über das Empfindungsvermögen. Insofern ist nur ‚Poesie' in der Lage, eine ‚intime Korrelation' mit dem Universum herzustellen (I 724) – und sie dem Zufallsprinzip („Hasard") zu entziehen! Diese erkenntnistheoretische Höchstleistung der Dichtkunst aber versagt genau in dem Moment, als der ‚Meister' sie am dringendsten gebraucht hätte.

Werk und Wirklichkeit

Sie zieht zugleich eine andere, gravierende Defiziterfahrung nach sich. Wenn der Würfelwurf vergeblich sein muss, dann trifft dies auch auf den poetischen Wortwurf zu, der ihn ausführen sollte. Das Textsegment „caressée et polie" bis „les ais" in der Mitte der Seite Va eröffnet den Zusammenhang. Es steht in einer wegweisenden Doppelbindung. Einerseits malt es (s. o.) die „conjonction suprême", die Hingabe des ‚Meisters' an den *Esprit pur* aus. Auf der anderen Seite aber nimmt es syntaktisch Kontakt zu „probabilité" auf. Dessen Begriff wird zunächst von der nautischen Metaphorik beleuchtet: Welle („la vague"), Spanten („durs os") und Planken („les ais") bringen ihn mit dem Schiffskörper der Dichtung in Verbindung, der sich aufs Meer hinaus gewagt hatte. Der CDD gewinnt den Worten dadurch eine zweite Stimme ab: „durs os", Dichten als Knochenarbeit, die dem Raum ‚zwischen den Buchdeckeln' („entre les ais") gewidmet ist. Die technischen Ausdrücke führen zuletzt zum entscheidenden Aufschluss. Wahrscheinlichkeit, wissenschaftlich, verdankt sich methodischer Berechnung („calculs"). Auf darstellende Künste übertragen ruft es deren Einzugsbereich, die Poetik des *versosimile*, *vraisemblable*, der *Mimesis* und der *Imitatio* auf. Nichts weniger steht mit dem Würfelwurf des ‚Meisters' damit auf dem Spiel als die Wahrheit, die Kunst mit erfundenen, insofern nur wahrscheinlichen Werken begründet.[28] Ihr Dämon war von jeher ihre moralische Legitimation: woran sollten ihre erfundenen Darstellungen ein Kriterium für ihre Glaubwürdigkeit festmachen? Bereits die *Poetik* des Aristoteles hatte ihr Problem offengelegt.[29] Bezugspunkt ihrer Aussagen ist zwar die Wahrnehmungswirklichkeit des Publikums; andererseits aber steht ihr die Lizenz zu, idealisierend oder karikierend davon abzuweichen (Kap. 2). Das historisch Wirkliche selbst erscheint damit gerade nicht nachahmenswert – und warf die ewig neue Frage auf, wie es Kunst gelingt, zwischen Ähnlichkeit und Abweichung das Wahrscheinliche als wahr erscheinen zu lassen. Die *téchne* (39), die schon Aristoteles dafür vorsah, hat über viele Epochenschwellen hinweg die Dichtungstheorie geprägt. Sie geht von einem klassisch zu nennenden Grundverhältnis aus: die Freiheit, die das Wahrscheinliche dem Dichter einräumt, soll, um politisch-moralische Wirkung auszuüben (30), zur Gemütserregung genutzt werden (67). Mit innerer Stimmigkeit und Folgerichtigkeit hat das Kunstwerk sie allerdings daran zu hindern, dass sie den Rahmen des Vernunftgemäßen nicht sprengt. Die geschlossene Form (58) fängt die offenen, in Einzelheiten, Schein und Meinung zerfallenden Lebensverhältnisse auf (23).

Mit dem romantischen Kampfruf „la liberté dans la société, la liberté dans l'art" (Hugo) hat das Jahrhundert Mallarmés auch die klassizistische Nachahmungsdoktrin

[28] Vgl. Damerau 2006: Art. „Wahrheit / Wahrscheinlichkeit".
[29] Mit Bezug auf Aristoteles 1976, *Poetik*; Stellenangaben in Klammern nach dieser Ausg.

in die Freiheit entlassen. In einer revolutionär umgestoßenen Gesellschaftsordnung – an welcher Wirklichkeit sollte eine Poetik des Wahrscheinlichen und Möglichen noch Maß nehmen? Sie war im ständigen Wandel begriffen; ihre hässliche Seite nicht länger zu leugnen;[30] die Gegenwart verlegt in eine hellere Zukunft (Saint-Simon). Selbst realistische und naturalistische Wirklichkeitstreue kann nicht täuschen. Sie mag zwar einen „effet de réel" erzeugen und geradezu protokollarisch den Stoff der Aktualität zitieren. Eine Nation und eine Gesellschaft „en désordre" (Balzac) und vor dem offenen Horizont des Fortschritts bietet jedoch keine feste Größe, kein festes Sozialgefüge, keinen normativen Tugendkatalog mehr. Diese Lebenswirklichkeit hat ihre Identität mit sich selbst verloren und damit ihre literarische Referenzialität eingebüßt. Voller Stolz behauptet Balzac, dass seine „littérature des images" sie erst eigentlich bildet. Nachahmung hat sich in eine Vorahmung von Wirklichkeit (Blumenberg) verkehrt. Nur ‚eine vollständige Fiktion' könne ‚eine vollständige Realität' (G. Sand) wiedergeben. Mallarmé aber vollendet diese Ablösung: ‚die Wirklichkeit ist ein Artefakt' (II 90).[31] Die kunstvolle Abweichung des Wahrscheinlichen vom angeblich Wahren und Wirklichen ist nun zur eigentlichen Beglaubigung der Dichtung geworden. Durch die ästhetische Umwandlung des Gegebenen erst kommt Ordnung, „System" und Ethos in die Welt; dies lässt sich allerdings nicht mehr objektivistisch am Dargestellten vergewissern. Entsprechend aufgewertet sieht sich das figurative Wissen der Imagination.

Baudelaire hatte die poetologische Richtung angegeben; der Maler Constantin Guys wurde sein Paradigma. In seinem Namen sollte die sinnliche Gegebenheit der Welt („l'univers visible") semiotisiert werden: nichts als ein Bild- und Zeichenvorrat sei sie („un magasin d'images et de signes"),[32] nur Schein, ohne Sein. Der Künstler hat daher freie Hand. Er vermag dadurch die ‚äußerliche Wirklichkeit' im Kunstwerk natürlicher als natürlich („plus que naturelles") erscheinen zu lassen; Nachahmung kann sie zu einem „surnaturalisme" (I 658) steigern. Wie aber würden seine metaphorischen Übergriffe gleichwohl noch eine ‚Provinz des Wahren und Möglichen' (II 621) sichern können? Baudelaire fängt sie in einer Theologie des Schönen auf, wie etwa das Prosagedicht *Le Fou et la Vénus* (‚Der Narr – i. e. der Dichter – und die Venus') bekennt:[33] „l'immortelle Beauté! Ah! Déesse" (I 283). Im ‚Schatten' dieser Ästhetik ist auch der ‚junge' ‚Meister' aufgebrochen („son ombre puérile"; V a). Doch dieses Kunstschöne kann sich nur noch negativ auf das beziehen, was ist. Im Grundsatz geht es bereits aus einem schöpferischen Akt hervor, der wahr macht, dass in Wirklichkeit alles nur wahrscheinlich ist.

Mit wenigen Worten fasst auch der ‚Meister' dieses sein bisheriges Dichtungsideal des Schönen noch einmal zusammen (V a): es verlangte eine Wortkunst, die sich mit hingebungsvoller Arbeit („caressée") der formvollendeten Gestaltung widmet. Théophile Gautier, ein ‚Ahne' des ‚Meisters', erklärte kategorisch, dem Dichter sei stets der Kunstcharakter heilig („l'art sacré") und nicht die (stofflichen) Mittel („non le moyen").[34] Deshalb, so der CDD, musste eine geschliffene Sprache („polie") sie von ihren ordinären Anhaftungen reinwaschen („lavée"). Sie könnte kunstgemäß nur wiedergegeben werden

---

[30] Hugo 1963, 1147; „Préface" zum Stück *Hernani*.
[31] Wehle 2002.
[32] Baudelaire II 1976, 627.
[33] Vgl. Wehle 2002, 163–188.
[34] Vgl. Gautier 1856, 150 ff.: „Du Beau dans l'art".

(„rendue"), wenn der Poet sie glättet („assouplie"), ihr die ‚Spanten' („durs os") seiner streng bemessenen Verse einzieht und sie mit Reim- und Strophenformen ‚beplankt' („les ais"). Doch solche verbalen Skulpturen strahlen die kalte Strenge eines Grabmales aus (II 700).

Literarhistorisch gesehen hat der CDD den Dichtungsbegriff des *L'Art pour l'art* und des ‚Parnaß' evoziert – um ihn unwiderruflich zu verwerfen. Jetzt, im Moment seiner äußersten Gefährdung, muss der Meister sich eingestehen, dass diese Kunstreligiosität vergeblich war („perdus").[35] Das Wasser des Lebens erwies sich stärker als sein Dichtungsschiff. Und wo Kunst sich selbst zum Objekt wird, geht ihr der Gemeinschaftssinn verloren. Der CDD bringt es so zum Ausdruck: der Dämon dieser Poesie entsprang („né") der unwillkürlichen Reaktion („ébat") auf das Bedürfnis, zwei gegenläufige Aneignungsweisen von Lebenswelt versöhnen („Fiançailles") zu wollen („tentant"). Im Schadensbericht des ‚Meisters' werden sie bildhaft bezeichnet. Das Meer, heißt es, sucht seine Chance, um sich durch den Alten, dem Ahnherrn der literarischen Tradition zu verwirklichen („la mer par l'aïeul tentant / une chance") – und umgekehrt. Tief in die Wortgeschichte eingelassen – Mallarmé dachte so – wird dem Meer damit eine eigene „chance" eingeräumt, lateinisch ‚cadentia' / ‚cadere', ursprünglich ein Ausdruck fürs Würfelspiel und seine numinose Gottheit Fortuna.[36] Etwas Wirksames, Daseiendes wohnt mithin auch dem Unergründlichen des Meeres inne, dem eine eigentümliche Wahrscheinlichkeit zusteht, wie es schon die Sirene vorweg genommen hatte. Mallarmé kann sich damit dem mimetischen Kunstbegriff entziehen, wie ihn etwa Hippolyte Taine in seiner *Philosophie der Kunst* (1882)[37] mit Rasse, sozialem Milieu und dem zeitgenössischen Moment begründet und damit den „allgemeinen Zustand des Geistes und die Sitte der Zeit" (32) getroffen haben wollte. Paul Valéry, der Mallarmé-Vertraute, wird seinen Ansatz weiter verfolgen und die Wahrscheinlichkeit eines Kunstwerks ohne bindende Referenz dadurch beglaubigt sehen, dass sie das Unwahrscheinliche, das sie vorträgt, als Hervorbringung ansichtig macht.[38]

Seinen bisherigen ästhetischen Spekulationen muss der ‚Meister' deshalb entsagen und sich von seinem Jahrhundert verabschieden. Am Ende bleibt ihm zunächst nur Vergeblichkeit: es wäre müßig („oiseuse"), Werk und Wirklichkeit sich noch gegenseitig beglaubigen zu lassen; ihre erkenntnistheoretische Kluft lässt sich poetisch nicht mehr schließen („reployer la division"; IV b). Wie eine Heimsuchung („leur hantise") ist diese referentielle Brautschaft („Fiançailles") im ‚Meister' ein letztes Mal hochgekommen („rejailli"). Ihre ‚Chance' gerät ins Wanken („chancellera"); wird anagrammatisch als Illusion ‚besiegelt' (‚chance' / ‚scellera'). Mallarmé antwortet dabei im Zweifelsfall auch

---

[35] In dieser Hinsicht bleibt Hugo Friedrichs Würdigung von Mallarmé seinem eigenen „ontologischen Schema" verhaftet, indem er dem Dichten unter den Signaturen des Nichts, der Dunkelheit und des Schweigens zuletzt doch eine „Formbindung" zuspricht „als Halt im dinglosen Raum, als Bahn und Maß für sein Lied"; „diese Schönheit der absoluten Form" biete „die Gewähr dafür, dass selbst im Angesicht des Nichts der Glanz des Logos ... nicht erlischt"; Friedrich 1956, 115. Für den CDD kann dies nicht mehr gelten.

[36] Vgl. den historisch-systematischen Aufriss von Böhme 2016, 1–36.

[37] Taine 1987.

[38] Im Essay *Calepin d'un poète* von 1928, wo es heißt: Poesie bestehe in der „probabilité apparante et qui s'impose dans la production de l'improbable"; Valery 1957, 1447 ff.

auf Laplace, der seinem rationalen Prinzip der Probabilité immerhin ‚glückliche Zufälle‘ einräumte („chances heureuses"; 2). In den Augen des ‚Meisters‘ fallen sie jedoch in sich zusammen, so wie ein Segel fällt („s'afallera"). Sein poetisches Projekt war, typographisch bloßgestellt, ein Phantasma („folie").

Mitte ohne Zentrum

Dies hat den Blick frei gemacht auf eine Kunst hinter dem Schleier („le voile") von Wahrscheinlichkeit. Sie muss sich nun der Einsicht stellen, dass ihre Illusionen Illusionen sind. Die sechste Doppelseite des CDD, die Mitte des Gedichts, geht strukturell und typographisch unmittelbar darauf ein. Mit „*COMME SI*" oben und unten (s.o. S. 32/33) hatte die Komposition sie in einen eigenen Kontext eingeschlossen – und zugleich das Motto vorgegeben. Alles was Sprache wird, literarisch zumal, verfügt nur über eine Wahrheit des ‚als ob‘. Es gibt keinen direkten Übergang von der Welt der Sprache in die Welt im Ganzen und umgekehrt. Dem ‚Meister‘ geht eine elementare Eingebung auf („une insinuation / simple"), die die Neigung („inclinaison; III a) des gefallenen Segels und Schleiers aufklärt. Die Frage ist, wie unter diesen Voraussetzungen noch authentisch zu dichten wäre. Im Angesicht seines Scheiterns erfasst ihn ein Strudel („tourbillon") widerstreitender Emotionen („hilarité" / ‚horreur"). Angesichts seiner inneren Zerrissenheit das Wort zu ergreifen, ließe ihm allenfalls die Wahl zwischen zwei extremistischen Äußerungsformen: entweder in vielsagendes Schweigen („silence") zu verfallen und sich dadurch einem Paradox anzuschließen, zu dem Literatur und Philosophie seit der Romantik Zuflucht gesucht haben. Noch Paul Celan, Mallarmé-Übersetzer, beruft sich darauf in der *Niemandsrose*: „Die Sprache, die Sprache, wirf sie weg, dann hast du sie wieder"; Derrida, Mallarmé-Interpret, hat es sprachkritisch gewendet: *Wie nicht sprechen / Verneinungen* (Wien 1989). Für den Autor des CDD wäre das jedoch nur ornamental, von Ironie begleitet möglich („enroulée avec ironie").[39] Dem ‚Meister‘ wird hier fundamentalistisch zu verstehen gegeben: poetisch zu schweigen setzt Mallarmés poetischen Imperativ voraus: ‚Dein Denkakt sei stets auf Papier angewandt‘ (II 215). Erst als Dargestelltes wird Schweigen als Schweigen vernehmbar. In dieser Absicht hat die Schrift des CDD das Niemandsland des Seitenrandes und das Weiß des Blattgrundes zur Sprache des Ungeschriebenen erweckt und damit optisch Schweigen artikuliert.

Die Alternative („ou") wäre, das Mysterium einfach ins Dunkel hineinzuschreien („le mystère / précipité / hurlé"), das sich in ‚der einzigen Zahl‘ hätte verbergen sollen, ‚die keine andere sein kann‘. Aber es wäre seinerseits gestaltlos; seine Aura der Andersartigkeit sogleich verflogen. Denn Äußerungen ‚unter dem Druck des Augenblicks‘, so der Essay *Das Mysterium in der Literatur*, gleichen ‚vulgärer Billigware‘ (II 231). Er bleibt dabei und verteidigt einen Rest an Wahrhaftigkeit, die auch dem Irrationalen zusteht: ohne etwas ‚Verborgenes, bedeutsam Verschlossenes‘ würde Poesie den ‚Schleier von Ursprünglichkeit‘ (II 232) verlieren.

[39] Vgl. *Larousse XIXe*: „enroulement": „Motif d'ornementation en forme de spirale, très en faveur dans le style baroque"; Bd. 6, 613. – Vgl. dazu G. Wohlfahrt / J. Kreuzer 1992, 1483 ff.: Art. „Schweigen / Stille".

Wer wie der ‚Meister‘ von höchsten Aussageabsichten geleitet war, der muss bloßes Schweigen und Schreien als zwei Weisen von Entsprachlichung empfinden. Sein Gedankenwirbel gleicht daher einem ‚Tanz um den Abgrund‘ des Sagbaren („voltige / autour du gouffre“), den er weder (mit Worten) zu bedecken („joncher“), noch ihm entfliehen zu können glaubt („ni fuir“) – solange er sich in der Illusion ‚wiegt‘ („berce“), das weißschäumende Meer enthielte ein Indiz („indice“) für etwas jungfräulich („vierge“) Unangetastetes, das den Menschen angeht, wie Lamartine verkündet hatte (*Les Destinées*).[40] Das Eröffnungssonett von Mallarmés *Poésies*, „*Salut*“ (1893), kann abermals den Zusammenhang erhellen: der weiß schäumende Champagner („écume“) eröffnet eine Bildbrücke zur Meerfahrt („nous naviguons“) mit dem Schiff ‚jungfräulicher Verse‘ („vierge vers“). Auch „berce“ spielt verdeckt darauf an: es führt die wogende Bewegung des gescheiterten Dichtungsschiffs aus („penché de l'un ou l'autre bord“; III b), das keinen Halt mehr in der Tradition hat.

Das „*COMME SI*“ am Boden der Seite bestätigt auf seine visuelle Weise, dass die Illusion des ‚Meisters‘ am Tiefpunkt ist – und zeigt zugleich den Grund an: die Mitte des Textbildes ist leer. Ob der Englisch-Lehrer Mallarmé Lewis Carrolls *The Hunting of the Snark* von 1876 gekannt hat? Auch hier der Horizont einer Meerfahrt; Matrosen sollen sich auf einer Seekarte orientieren, deren Mitte aber ‚ein perfektes und absolutes Weiß‘ einnimmt und damit einer uferlosen Interpretation anheim gestellt wird. Nichts läuft auch im CDD mehr zusammen. Alle bisherigen poetischen Gattungen, die das Schweigen und den Schrei hätten ausführen sollen, versagen, sodass ihre exzessiven („tourbillon“) Affekte („hilarité“; „horreur“) und deren abgründige Motive stumm bleiben müssen. Die hier einsetzenden Kursiva unterstreichen das gefallene Segel des Dichtungsschiffs, mit dem der ‚Meister‘ aufgebrochen war.

Die Mitte ohne Zentrum leitet eine Peripetie ein. Die Gewissheiten, die eine normative oder propositionale Ästhetik versprach, waren ins Schwanken geraten („voltige“). Jetzt noch zu dichten hieß, Antworten auf die Frage zu geben, wie und wofür die Schrift zu setzen wäre. Eine Dichtung im Namen des *Esprit* jedenfalls ginge ins Leere. Die Typographie (VII) mit ihren kleinen Kursiva ohne jede Majuskel macht auf den ersten Blick klar, dass eine poetische Sprache nur noch unterhalb ihrer hergebrachten Schriftordnung gelingen kann. Mallarmé setzt ein Zeichen, das mehr als andere zum Vorboten einer zweiten Moderne geworden ist: er zieht den ‚Meister‘ wie eine falsche Voraussetzung aus der Textur zurück und vollstreckt an ihm, ohne dass ihm schon die Konsequenzen einsichtig werden, was im Artikel *Verskrise* bereits vorentschieden war: ‚das reine Werk impliziert den Rückzug des Dichters aus der Rede, der die Initiative den Wörtern überlässt‘ (II 211). Nicht mehr er gibt ihnen einen tragenden Sinn; sie sind es, die ihm nahelegen, über welchen Sinn sie verfügen. Inspiration, die Quelle, aus der Dichter schöpften, ist aufs Medium übergegangen. Ein Prozess des Umdenkens ist in Gang gesetzt, der schließlich mit Produktionsästhetik und auktorialer Poetik Schluss macht und einer ‚modernen‘ Kampagne gegen alle Subjektzentriertheiten Vorschub leistet. Alle namhaften Mallarmé-Leser, die ein kritisches Bild von Modernität zeichneten, fühlten sich gerade davon angesprochen (vgl. Kap. V).

---

[40] Lamartine 1834, 63: „la poésie est l'ange gardien de l'humanité à tous ses âges.“

„Der Held, der nicht werden kann"

Soweit ist der ‚Meister' noch nicht. Es bleibt ein letzter Rettungsreflex nach Art der Tradition, aus der er kommt. Was wäre, wenn („*COMME SI*") das jungfräulich („vierge") anmutende Weiß des abgründigen Meeres doch ein verstecktes Zeichen („indice") für eine darin enthaltene Poesie („plume"; VII a des *Esprit*) wäre? Die folgende Bilderstrecke führt es aus. Wie eine Ikone auf weißer Wand wird „plume" in Szene gesetzt. Die ‚Feder' nimmt den ‚Flügel' („aile") auf, der ins Segel des Dichtungsschiffs übergegangen war und nun auf die Schreibfeder verengt wird – eine hoch kodierte Aussage. Ohne ideelles Obdach hatte der ‚Meister' nichts, an das er sich halten konnte als an den Schreibakt. Im uferlosen Weiß der Seite sieht sich seine poetische Navigation auf sich allein gestellt („solitaire"). Ihr fehlt dadurch jede Werkidee („le rêve de l'œuvre"; I 723). Gegenständlich werden kann dem Dichter während seiner Nachtwachen einzig sein aufgewühltes Inneres („éperdue"), das an der Zerstrittenheit seiner Empfindungen leidet. Im Kontext der Lyrik des 19. Jahrhunderts gibt er dadurch das Ebenbild des *Ennui* ab, Baudelaires ‚erlesenem Monster' („Bénédiction"; I 5/6; v. 37 ff.). Schreiben jedoch ausschließlich dieser psychotischen Anspannung zu widmen, wäre, anagrammatisch angezeigt, genauso ‚verlorene' Mühe (‚est perdue') wie das parnassische Arbeitsethos („durs os perdus"; V a). In weiterer Hinsicht verworfen sieht sich dadurch selbst die symbolistische Bewegung. „plume", das poetische Werkzeug, hat einen doppelten Boden. Die Zeitschrift *La Plume* war eines der bedeutendsten literarischen Schaufenster der Epoche. Die Mitglieder veranstalteten regelmäßig Dichtertreffen im öffentlichkeitswirksamen Format eines Banketts. Am 6. Dezember1892 wurde Mallarmé aufgenommen und nahm den Platz des verstorbenen Parnassien Leconte de l'Isle ein. Im Februar 1893 präsidierte er die 7. Veranstaltung mit dem Gedicht „*Salut*", das dann zur Navigationshilfe durch sein ganzes lyrisches Werk erhoben wurde. Die nautische Metaphorik des CDD knüpft zwar unverkennbar an. Das Wohl („ce salut", 11) auf das Leinwandsegel der Dichtung („souci de notre toile", 14), das dem Weiß („le blanc", 14) der Seite Bedeutung verleiht („ce qui valut", 13) – diese Berauschung am Schönen („ivresse belle", 9) ist jedoch verflogen. Mallarmés Gedicht letzter Hand trägt einen Nachruf vor, mit dem er sich über sich selbst hinwegsetzt.

Dem ‚Meister' als Dichter steht diese radikale Entselbstung allerdings noch bevor. Das „sauf" lässt einen Untergedanken zu: alles Bisherige ist ‚vergeblich', ‚außer' der Schreibakt würde sich in einem bizarr-komplexen Bild wiedererkennen – wenn er sich in einem mitternächtlichen Barett mit Feder („une toque de minuit") spiegelte und sie streifte („la rencontre et l'effleure"). Diese Mütze aus zerknittertem, schwarzem Velours („au velours chiffonné") würde Poesie unter die Ob-Hut einer deformierten nächtlichen Vernunft und ihre dunklen Phantasien stellen. Kopf und Gesicht selbst, Verstandesvermögen und klarer Blick, bleibt aus dieser romantisch-melancholischen Komplexion ausgeschlossen. Im Schattenriss taucht Hamlet auf, der auch als ‚Held der Imagination' (II 168) das Schreibprojekt des Meisters zu beleuchten vermag. Der ‚Sturm' seines ‚morbiden Zwiespaltes' lässt ‚die kostbare Feder an seiner Mütze („la plume délicieuse de sa toque") hin- und her schlagen. Der ‚Meister' erweist sich damit als Double des ‚latenten Seigneurs, der nicht werden kann' (II 169), da er seinerseits zögert, um das ‚starrend weiß' („la blancheur rigide") aufgewühlte Lebensmeer zum Anlass zu nehmen, es im Gegensatz zum Himmel („en opposition au ciel") als Schreibfläche in Betracht zu ziehen und es in seinen Versen festzuhalten („immobilise"). Abermals Verkehrung der alten Welt: der Abgrund hell, der Himmel dunkel; der Horizont des unendlich ‚Ewigen' verschlossen, Poesie verankert im Unergründlichen.

Das kann nur mit einem finsteren Lachanfall („un esclaffement sombre") quittiert werden. Selbst diese Perversion erscheint jedoch immer noch nicht lachhaft genug („dérisoire / trop"), um nicht doch jemanden, einen Kleingeist („exigument"), dazu zu verführen, sich für einen ‚verbitterten' Prinzipal („prince amer") des Meeres (‚prince à mer') zu halten („marquer"), der wie ein Seezeichen auf der Klippe steht („à / mer de l'écueil"). Nichts würde diesen zurückhalten („irrésistible"), eingenommen („contenu") von sich wie er ist, um sich in den Gedanken zu vernarren („s'en coiffe"), als sei das ‚heroisch'. Effektiv ist es sein dürftiger männlicher Verstand („sa petite raison virile"), der ihm eingegeben hat, er sei ein großer Kapitän („en foudre").

Das Schiff romantischer Dichterfürsten, das sich gegen alle Widerstände auf große menschheitsgeschichtliche Fahrt begab, ist zum Kentern verurteilt: Hugo (*Le Poète*, v. 68), der den Dichter zum Hohepriester adelt; Vignys Kapitän (in *Bouteille à la mer*), der ihn zum Propheten der Zukunft beruft (Str. V); selbst Baudelaires Sendung des ‚Genius' in die ‚elysischen Felder' („Élévation": „les champs lumineux et serein") – dieses hehre Selbstbildnis des Poeten zerstört Mallarmés sarkastische Kritik. Abermals getroffen wird der erkenntnistheoretische Anspruch der Poesie, sie könne mit den Augen der Imagination weiter sehen als der scharfe Verstand des Wissenschaftsideals. Nicht nur dadurch distanziert er sich, sehr subtil, von Baudelaires ‚Königin der menschlichen Vermögen'. Abgewiesen wird zugleich ihr mächtiger Begründungszusammenhang, den der Mallarmé-Leser Walter Benjamin als „negative Theologie in Gestalt der Idee einer ‚reinen' Kunst" herausgehoben hat.[41] Ihr herausfordernder Dämon ist der Weltschmerz, *Ennui*, die Kontingenz des Lebensgefühls. „Seid gebenedeit, mein Gott, der ihr das Leiden [am Ennui] schenkt", heißt es stellvertretend in Baudelaires Introitus seiner *Fleurs du Mal* („Bénédiction", v. 57). Darin hoffte er, ihm dialektisch ein Positivum abzugewinnen zu können, jenen ‚wunderbaren, jenen unsterblichen Impuls hin zum Schönen',[42] der noch einen ‚Vorschein der Herrlichkeiten jenseits des Grabes' vermitteln können sollte. Die Erniedrigungen der Leidenschaftsnatur auszuhalten und sie in der Kunst pathogen zu bereinigen, dies sollte eben jenen ästhetischen Heroismus („s'en coiffe de l'héroïque")[43] begründen, der sich auf eine Aristokratie („foudre") des *Esprit* („raison virile") berief.[44] Sie hat Mallarmé dem bitteren Gelächter des CDD ausgeliefert.

Das Schweigen der Sirene

Die Anfechtungen des ‚Meisters', einmal in Gang gekommen, lassen sich nicht mehr aufhalten. Sie drängen auf den tieferen Grund seiner Gedankenflucht. Ein letztes Mal wird er vom Dichtungsbegriff der Vergangenheit eingeholt. Die syntaktische Regie übernimmt

[41] Benjamin 1980, 481.
[42] „Notes Nouvelles sur Edgar Poe"; Baudelaire II 1976, 319 ff.
[43] Bénichou 1977; von wissenschaftsgeschichtlicher Seite, die ihrerseits die Imagination favorisiert. Vgl. Kap. VI, „Figures héroïques de l'utopie", 223 ff.
[44] Cassagne 1959, 147 ff.

das betonte *SI* (VIII b). Seine Kapitälchen zitieren den ‚Meister‘; als Kursiva dessen poetische Neigungen. *SI*: wenn aber doch die Feder sich mit dem Kopfschmuck („aigrette")
des Seigneurs („seigneuriale") Hamlet vereinen würde? Lächerlich („rire"). Diese letzte
illusionäre Aufwallung trägt Mallarmé in einem unerhört funkelnden Bildakkord vor.
Die von der Phantasie umgetriebene Feder („de vertige") gibt sich anagrammatisch als
‚Verse schreibender Federkiel‘ zu erkennen (‚de / vers / tige‘). Ein Dichter, der denkt,
wie Träume („Rêve"; II 109) denken, wäre verblendet genug („au front invisible"), um
zu glauben, auf diese oniristische Weise erhellt zu werden („scintille"). Das Gegenteil ist
der Fall. Im Schatten („ombrage") dieser Einsicht gewinnt der eigentliche, wahre Beweggrund dieser idealistischen Schreibweise Ausdruck: die sich dem Abgrund entwindende
(„en sa torsion") Sirene.[45] Ihr Auftritt bildet das Umschlagsmoment schlechthin auch im
poetischen Schiffsuntergang des ‚Meisters‘. Sie ist die einzige andere, Gestalt gewordene
Verkörperung des mentalen Dramas, das der CCD aufführt und insofern Gegenspielerin des ‚Meisters‘. In ihr veranschaulichen sich nicht allein die Erkenntnisinteressen der
Instinktnatur (s. o.), die in den Schranken des Alexandriners domestiziert sein sollten.
Die Mythologie kennt sie vor allem als Protagonistin eines zauberischen Sprachdramas,
in dessen Mittelpunkt Orpheus und Odysseus stehen. Mallarmés Bildführung erfüllt,
lange vor dem Mallarmé-Leser Lévi-Strauss‘ und dessen kulturkritischem *Wildem Denken*, den Tatbestand der ‚Bricolage" – ein Zeichen dafür, dass Mythos und Dichtung gleichermaßen die ‚wendige‘ Sprache der Einbildungskraft sprechen. Im unmittelbaren Einzugsbereich des CDD liegt Mallarmés kleines, mythologisches Handbuch, das er zum
Broterwerb 1879 unter dem Titel *Die antiken Götter* (*Les Dieux antiques*) herausgebracht
hatte (II 1445–1567).[46] Sirenen haben an einer doppelten fabulösen Zugehörigkeit teil:[47] an
einer Vogel- und einer Wasserwelt. Die Holzschnitte von Raoul Dufy im *Bestiaire* (1910)
von Apollinaire haben sie mit Bezug auf Mallarmé ineinander aufgehen lassen.[48] Vom
gefallenen Segel über die Feder zum Federbusch („aigrette") führt eine Bildverschiebung
des CDD hin zur Meerjungfrau, die ins Wasser gestürzt ist, weil sie ihre Federn verloren
hatte. Eine letzte treibt nun als Indiz ihres ‚verfluchten, vogelgleichen Naturgesangs‘[49]
auf dem Meer.

En miniature hatte sie so abermals schon das selbstreflexive Eröffnungssonett *„Salut"*
gedeutet. Im Drama des Gedichts *„À la nue accablante"* kehrt sie gewissermaßen im Epi-
log der Gedichtsammlung wieder als Emanation des weiß schäumenden Meeres, Quelle
des Fiktiven (I 44/1205). Der CDD zitiert sie in allen wesentlichen Zügen und bestätigt
die Gedichte über sie als Reflexion übers Dichten. Beide Male taucht sie auf, um zu bekunden, welche Motive einer poetischen Schiffsreise („Nous naviguons", v. 5) mit ihr
unterzugehen haben („se noie une troupe de sirènes", v. 3): Begehren (‚de / sir-‘), Hass
(‚ènes‘) sowie – „mainte à l'envers" v. 4 – das Handwerkliche (‚main‘), das ‚Talent‘ für

---

[45] Vgl. die intensive, poetologische Auseinandersetzung mit dieser Gegenfigur des ‚Meisters‘ bei
d'Origny Lübecker 2003.
[46] Vgl. die Würdigung von Marchal, II 1812 ff. – Eine Adaptation eines englischen Manuals von
George W. Cox von 1867.
[47] Dazu die kommentierte Anthologie von Wunderlich 2007; darin der Beitrag des Hg. „Die Me-
tamorphosen der Sirenen", 173–199.
[48] Apollinaire 1965, 27.
[49] Vgl. Kraß 2010, 269.

‚Verse‘ hat („main – te à l'en – vers‘) – der traditionelle Poesie-Begriff. Das Heil („Salut") der Versfreunde („di / vers / amis", 5/6) besteht vielmehr im ‚Weiß‘ der Seite, dem Lein-wandsegel („notre toile", 14) der Dichtermaler.

Mit diesen mythographischen und poetischen Vorgaben taucht sie auch im CDD für einen spektakulären Moment aus ihrem aquatischen Element auf („debout"), gehorcht damit dem „jaillissement" Mallarmés, der in plötzlichen Entladungen sich auslebenden Instinktnatur. Die Mythologie hat sie, halb Mensch, halb Tier, zum Inbegriff einer ver-einseitigten Doppelnatur stilisiert. Bewegen kann sie sich nur im erotischen Element der Aphrodite. Diesen ihren sinnlichen Verlockungen entspricht ihre Sprache: ihr über-menschlicher Gesang, der die menschlichen Wesen verführen sollte, sie aus ihrem ani-malischen Bann zu erlösen – oder von ihr zerstört zu werden. Doch selbst in ihrem Me-los wurde sie von Orpheus und Odysseus überwunden. Sie konnten ihr widerstehen, weil ihr jeder auf seine Weise mit Verstand begegnete. Es war ein Triumph der Kultur über die Natur. Ihrem Gesang mochten sie sich nicht entziehen, weil ihr hinreißendes Melos und ihre sinnliche Verlockung als kommunikative Grundveranlagung des Menschen an-erkannten. Der tierische Unterleib und ihre Unbeherrschtheit sind jedoch Kennzeichen des Inhumanen. Trotz ihres wunderbaren Gesangs hat sie selbst nicht Teil an diesem Wunder. Sie tritt als Medium der Instinktnatur auf, die nur erlöst werden kann, wenn sie kunstsinnig an einen Gemeinschaftssinn gebunden wird. Dafür steht Orpheus‘ Leier, die gleichsam die Klänge (und die Sprache) ordnet. Und Odysseus findet Halt am Masten des Zivilisationsgerätes Schiff, einer Metapher auch für die Dichtung, der er entstammt?

Mallarmé reagiert im Übrigen verdeckt auf eine Orpheus-Renaissance seiner Zeit.[50] Unmittelbar in den Hintergrund des CDD spielt der ‚Verskult‘ von Théodore de Banville herein. Mallarmé hatte diesem anderen ‚Meister‘ ein überschwängliches ‚Medaillon‘ ge-stiftet (II 141 ff). Eines seiner bekanntesten Gedichte aus seinem bedeutendsten Werk *Die Exilierten* (*Les Exilés*) war der Leier Orpheus‘ gewidmet („*La Cithare*", 1869).[51] Was der antike Sänger für ihn, wurde Banville für Mallarmé: ‚die Stimme der Dichtkunst selbst‘ (II 283). Dieser hatte ihren Zauber von den Gesetzen der Zahl – dem Versmaß („Nom-bre"!) abgeleitet,[52] ganz wie Mallarmés ‚Meister‘. Dieser in Banville sich sammelnde lyri-sche Ton macht seinen „esprit" aus und verleiht ihm ‚Spiritualität‘ (I 144). Solchermaßen noch orphisch gestimmt, traf der ‚Meister‘ des CDD auf die Sirene.

Wie sollte er damit der Meerjungfrau widerstehen? Seine Begegnung endet in einer krachenden Zerschlagung seines Kunstbegriffs. Im höheren Sinne stellt Mallarmé die Machtfrage der Dichtung. Mit mutwilligen Hieben ihrer Schwanzflosse („squames ul-times") übt die Sirene das zerstörerische Potential ihrer Instinktnatur aus. Sie vernichtet jedoch gerade nicht den Schiffsführer, den Poeten,[53] sondern das spekulative Fundament

---

[50] Vgl. allg. Kushner 1961.

[51] Banville 1994, 56 ff.

[52] An anderer Stelle heißt es: „C'est [le] Chant (…) / Qui fait que l'univers par le Nombre enchaî-né / Obéit et demeure à la règle obstinè" (61, v. 37 f.)

[53] Durch nichts zu begründen ist die These von Q. Meillassoux 2013, 154 ff., dass „die Sirene die Nachfolge des verstorbenen Meisters antritt – als in seiner Folge gekrönte Dauphine –". Wenig später „ist er der durch das Meer enthauptete Heilige Johannes der Täufer. Darauf wird er sein eigener Sohn, der in der Gestalt der Sirene (…) von den Toten aufersteht" (158) – Die offene Form des CDD wirkt wie eine Sirene, die zu den kühnsten Interpretationen verlockt.

(„un roc"), auf dem er sein illusionäres („faux") Dichtungsgebäude („manoir") hatte errichten wollen. Wenig Gewaltanwendung genügt ihr, um es wie ein Phantasma zerstieben zu lassen („évaporé en brumes"). Eine umstürzende Aktion: symbolisch zerbricht sie die romantisch sublimierte Leier von Orpheus. Ihr moderner Auftritt erlaubt ihr, Rache zu nehmen für ihre mythische Niederlage von einst. Warum? Ihre Aggressivität sieht sich hier spiegelbildlich gerechtfertigt durch die Gewalt („imposa"), mit der die Verskunst, namentlich des *Parnasse contemporain*, den ursprachlichen Charme ihrer Klänge unter ihre ‚starren Regeln' gezwungen hat (Banville: „la règle obstinée"). Im l'Art pour l'Art hatte sich die Sprachkunst darüber hinaus mit dem Geist der Wissenschaften verbündet.[54] Insofern übt die Sirene des CDD poetische Systemkritik: zuviel formaler *Esprit*, zu wenig ‚élan vital'.

Mallarmé fügt ihrem mythischen Bild noch eine andere, gravierende Umdeutung zu: sie bleibt stumm. Zum Schweigen verurteilt wird damit eine euphonische Ursprache, in der aller Weltsinn noch anklingt. Victor Hugo hatte sie seinem Jahrhundert als Ideal der Erneuerung verkündet: ‚das erste Wort des Menschen war hymnisch; er singt, so wie er atmet'.[55] Mit dieser Kunstmythe räumt die Sirene doppelt auf. Sie vernichtet nicht nur eine Poetik der unbefleckten Empfängnis des Wortes. Mallarmé verweigert ihr zugleich den schönen Gesang und damit zugleich ihr erlösendes kommunikatives Motiv. Dadurch ist sie entmythisiert und mit ihr die Vergewisserung der Poesie in einem Idiom vor der babylonischen Sprachverwirrung. Wortlos und unerlöst verschwindet sie deshalb wieder in ihrem unergründlichen Element. Weder der subtile *Esprit*, den der Wortwurf des ‚Meisters' beschwört, noch der magische Dichtungsbegriff, mit dem die Sirenen einst im Bunde standen, weiß eine Seinsgewissheit hinter sich. Damit hat der CDD aller Sprachontologie des 19. Jahrhunderts den Boden entzogen. Wie aber dann noch an ein ‚Mysterium in der Literatur' rühren, wie es der Essay von 1896 verlangt, wenn alle Schleier („voile") des Göttlichen gefallen sind und ‚Nichts' dahinter sichtbar wurde?

Indirekt machen die Verneinungen der Sirene jedoch auf die unterdrückte Kehrseite in den poetischen Aufschwüngen des ‚Meisters' aufmerksam. Er beginnt zu ahnen, dass es der exquisite Dichtungsraum („manoir") – des Alexandriners – ist, der den Zugang zu einem „infini" gerade versperrt hat („qui imposa une borne"). Er ratifiziert damit auf seine Weise das Zeitalter der nicht mehr schönen Künste. Die ‚tönenden Schiffe', wie Apollinaire, konkurrierender Leser Mallarmés, die Motiv-Tradition zitiert,[56] sind also an ihren ursprungsgewissen Illusionen zerbrochen. Will Poesie dem bedrohlichen Zufallsprinzip Paroli bieten, welches das Lebensmeer in Bewegung hält, dann nicht länger, indem sie gegen den „HASARD" arbeitet, sondern sich unter seinen Neigungswinkel stellt. Nicht durch einen ideellen Überstieg also ist er zum ‚Schweigen' zu bringen, sondern wenn ‚Wort um Wort' die scheinbaren Gewissheiten zum ‚Schweigen' gebracht werden, mit denen sie den Zufall leugnen (II 234). Das ist die poetische Devise, die Mallarmé dem ‚Meister' vorgibt. Denn kommt der Zufall um seiner selbst willen in Betracht; dann könnte ihm aufgehen, dass ein „infini" der Poesie ein ganz anderes, bislang abgewiesenes Angebot zu machen vermag.

---

[54] Vgl. Cassagne 1959, 262 ff.
[55] Hugo 1963, 411.
[56] Apollinaire 1965, 26.

Kontingenz leugnet zwar ideelle Unendlichkeit, zeigt sich im Eigensinn dafür aber gerade offen für Unabsehbarkeit. Statt endgültig irgendwo anzukommen, käme es von ihr her gesehen darauf an, sich auf einen ‚unendlichen' Ausbruch aus der ‚Kruste der Banalität' (I 625) einzustellen. Das Zögern des ‚Meisters': deutet es nicht schon eine Zeiterfahrung an, die sich im Augenblick der Gegenwart erfüllt? ‚Hüte dich vor dem Glauben der Menge, es gäbe eine Gegenwart, Vergangenheit oder Zukunft', hatte ihm sein Autor vorformuliert; ‚sei (einfach) da' („sois là"; II 217). Wie dies poetisch zu bewirken wäre, kann der ‚Meister' noch nicht einsehen. Doch metaphorisch verhüllt bietet ihm die Sirene selbst bereits erste Umrisse. Warum zerstört sie so vehement sein sublimes Versgebäude? Weil sie, obwohl sich selbst unbewusst, gegen ihn ein eigenes Dichtungskonzept verkörpert. Sie bringt es wie ein Negativ der Photographie in Stellung. Er wollte die dunkle Seite der Natur in die Helligkeit des *Esprit* emporläutern („lucide"; „scintille"). Mit der Meerjungfrau aber verbindet sich die Vorstellung, den Kunstverstand gerade ihren Schattenseiten zuzuwenden („ombrage"; „ténébreuse"); Sprache statt dem Verstandenen dem Unverständlichen zu widmen.

Das Element der Sirene ist das Wasser. Eine ihrem Naturell gemäße Sprechweise müsste demnach Wert darauf legen, Bedeutung liquide zu erhalten, nicht sie epistemologisch, philosophisch, zivilisatorisch zu fixieren. Die vielfältig im Hin-und-Her der Schwanzflosse schimmernden Schuppen: plädieren sie nicht auf ihre bildliche Weise für Vieldeutigkeit als poetisches Wirkziel? Antwortet der CDD darauf nicht mit seinem ‚prismatisch' schillernden Erscheinungsbild (I 391)? Worte müssten daher, wollen sie Poesie werden, einerseits Schrift-Gestalt („stature") annehmen, aber andererseits, im Bild der Sirene, gleichwohl ihre semantische Beweglichkeit erhalten („impatientes"). Die Aufgabe des Poeten würde dadurch vom Signifikat auf die Arbeit am Signifikanten umzulenken sein. Dennoch, die Anmut („mignonne"), Ästhetik also, bliebe ihr durchaus verpflichtend. Kunstvoll ziselierte Verse, deren Schönheit für die Wahrheit der Worte bürgen sollte (V a), müssten allerdings zerschlagen werden. Stattdessen haben sie an der auffällig anamorphotisch gewundenen Figur („en torsion") der Sirene Maß zu nehmen.[57] Sie zeugt für eine anti-sublime Kunst, wie es die historischen Avantgarden einlösen werden – und der CDD es schon vormacht. Das mythische Wesen, halb Mensch, halb Tier, verlangt von einer Dichtung schließlich, seine Doppelnatur auch in der sprachlichen Registratur zu respektieren. Ober- und Unterleib, oberes und unteres Bewusstsein, sind untrennbar verbunden und bleiben doch unvereinbar geschieden. Wäre das dann nicht auf die Sprachgebung der Dichtung zu übertragen, sodass sie mit dem, was sagt, zugleich etwas anderes meint und das Denotat im Konnotat aufhebt? Das traditionelle Wasserschloss der Sirene, das unterirdische Pendant zum Palais („manoir") des ‚Meisters' auf dem Felsen, favorisiert dabei unverhohlen die Unterstimme der Worte als den wesentlichen Impuls des Erkenntnisvermögens. Schon hier deutet sich ein Problem an, dem sich der ‚Meister' noch zu stellen hat: wo nicht begriffliches, sondern unterschwelliges Sprechen den Ton angibt, sinkt der Rückhalt eines Denkens in analogen Verhältnissen. Mallarmé hat im Übrigen diese poetische Umerziehung des ‚Meisters' mit dem ‚poème

---

[57] Man darf dahinter eine raffinierte ‚lettristische' Überlegung Mallarmés sehen, die er mit der sirenenhaft gewundenen Gestalt des Buchstaben ‚S' verbindet: er sei analytisch, auflösend und disseminal schlechthin. Er bestätigt damit eine geheime Richtung hin zum reinen Zeichen, das vage von der Orthographie angezeigt wird (Mallarmé 1945, 855).

critique' *Der Dämon der Analogie* (II 86 ff.) vorbereitet (vgl. Kap. V.). Die Tragweite wird ihm erst später ganz aufgehen. Für den Moment steht er vor der Frage, woher nun aber Identität, Gemeinsinn, Ethik noch kommen sollen.

Leere bewegt

Eines zumindest hat die Erscheinung der Sirene zur Gewissheit gemacht: für sein Zögern gibt es keinen substantiellen Rückhalt mehr. Das *SI* (VIII b) stellt syntaktisch die Weiche zum *„C'ÉTAIT"* der folgenden Seite (IX a); die Typographie führt Regie. Wenn ihm also (*SI*) der wahnwitzige („folie") poetische Wurf im Namen eines kosmologischen *Esprit* („issue stellaire") gelungen sein würde und sich wirklich die Zahl (*„LE NOMBRE"*) schlechthin, die Sieben einer vollkommenen Dichtung ergeben hätte – die ,recte' gerückten Kursiva gestehen, dass Sein oder Nicht-Sein sich poetisch nicht besser beantworten ließe als logisch. Endgültig erschüttert sieht sich dadurch ein universeller Anspruch der Dichtkunst. Das orphische Projekt des ,Meisters' war von Anfang („COMMENÇÂT-IL") bis Ende („CESSÂT-IL") verworfen („nié"; „clos"), noch ehe es erhoben („sourdant") wurde. Auf die dahinter stehende Kunstreligiosität bezogen sich die ,alten Berechnungen' (IV b) des ,Meisters' („SE CHIFFRÂT-IL"), die im großen Vers des Alexandriners alle menschlich-übermenschliche Größe beziffert haben wollten. Wie hätte da, wenn überhaupt („la somme pour peu qu'une") die Summa ästhetischer Erkenntnis („ILLUMINÂT-IL") erbracht werden können, zu der die Feder des ,Meisters' verzweifelt noch einmal Zuflucht genommen hatte?

Die vier Kardinalfragen waren rhetorisch. Die mächtigsten Lettern der Typographie („HASARD") hatten auf den ersten Blick bereits alle Hypothesen des ,Meisters' ,rektifiziert'. An ihnen kommt er weder mit der Oberstimme der Kapitälchen, noch mit der kleinen Kursiva seiner erregten Unterstimme vorbei. Der ,Meister' hat keine Wahl: er muss sein Schreibprojekt („la plume") fallen lassen („choit"); er ist am Ende. Nichts bleibt ihm von seinem leidenschaftlichen („délire") poetischen Würfelwurf, um mit ihm im Arkanum der Welt zu lesen („dé / lire"), als ihn zu begraben („s'enseve*lir*"). Die bisherigen Gedankenorte Verstand und Instinkt sind verhältnislos geworden. Unübersehbar rückt nun der Satz vom unhintergehbaren Zufall („LE HASARD") ins Zentrum von Dichten als Denken. Er sanktioniert damit *Igitur*, den Protagonisten des *Esprit pur* in der frühen Erzählung, wo es hieß: ,wenn der Zufall im Spiel ist, dann ist es stets der Zufall, der die ihm innewohnende Idee verwirklicht, sei es affirmativ oder negativ' (I 476 / 1346 f.). Damit erzwingt er seine Anerkennung als kategorischen Imperativ in einer intranszendent gewordenen Zeit.

Aber ist damit auch die Poesie als solche am Ende? Genau betrachtet musste der ,Meister' seine hochsinnigen ästhetischen ,Manöver' (IV b) deshalb verwerfen, damit seine ,Feder' auf ihren tiefsten Grund fallen konnte. Dort wird ihm eine letzte poetische Auffanglinie bedeutet, von der aus die Sprachkunst wieder aus ihrem ,Grab' auferstehen könnte. Abermals deutet sich an, dass der Traditionsbruch des CDD das christliche Resurrektionsnarrativ zitiert. Im Gedankenfluss des ,Meisters' tauchen schließlich als End- und Anfangsgrund von Poesie die „écumes originelles" auf. Mallarmé: die junge Generation überprüft den Schreibakt bis zu seinem Ursprung („scruta jusqu'en l'origine"; II 65). Es ist der Urschaum des Wassers („écumes"), aus dem einst das Leben kam

(„originelles"). Sein *Esprit* ist in Aphrodite mythische Gestalt geworden. Eine von diesem Jungbrunnen ausgehende Dichtung aber würde auf eine Genesis im Zeichen von Eros verpflichtet. Hieran wird die radikale Umwertung sichtbar, die Mallarmé dem ,Meister' und seiner Wortkunst zumutet, die erst durch das ,Begräbnis' seines ausgefeilten Logos hindurch musste. Doch nicht der Dichter ist ihr eigentlicher Schöpfer; er selbst geht ja seinerseits aus ihr hervor – so wie der ,Meister' unter dem gefallenen Segel des Dichtungsschiffs (III), wohin er auch wieder zurücktritt als Resultat seiner Anamnese (IX). Mallarmé: ,der Rhythmus ist es, der instinktiv den Dichter erwählt' (II 230), nicht umgekehrt. Eine avantgardistische Kampfansage an alle Hüter einer Produktions- und Darstellungsästhetik.

Diesen Bewusstseinswandel bringt der Text in einem ,Coup de Théâtre' zum Ausdruck. Abermals geht er vom vielfältig schillernden „RIEN" aus (X a). Die Schreibfeder war dem ,Meister' entfallen; die Sirene verstummt; die ,denkwürdige Krise' der Verskunst („la memorable crise") unabwendbar. Er hatte ,nichts' gemeistert. Nichts ist von ihm geblieben als seine Typographie, die jetzt allerdings – recte – seine ,Neigungen' von vorher korrigiert hat. Das „RIEN" des CDD greift damit Mallarmés grundlegende intellektuelle und poetische Initiation auf. Im Brief vom 28. April 1866, vierundzwanzigjährig, hatte er seinem Freund Cazalis die erschütternde Entdeckung mitgeteilt, dass wir ,nur nichtige Formen der Materie sind'; das Nichts („le Rien"), das ist die Wahrheit (I 696). Dieses sein Lebensaxiom jedoch im Untergang des ,Meisters' zu spiegeln, bedeutet nicht nur, dass es schließlich als Fiktion entkräftet wird, weil es an die Stelle des abgeworfenen Gottesbegriffs getreten war (I 715). Mit derselben Entschiedenheit wurde zugleich aber auch seine darauf gründende ,Ästhetik der Poesie' (I 712) verworfen, die glaubte, mit einem großen Werk („Le Livre") ,eine literarische Welt erschaffen' zu können, in der das Lügnerische („Mensonge; I 696) aller Geistesakte („l'Âme") als solches ,erklingt' und damit als Unwahrheit bewahrheitet würde. Im ,Meister' des CDD setzt sich mithin Mallarmé aus einem ,Wahn' frei, der ihn ein Leben lang dämonisiert hat – mit umwerfenden Konsequenzen.

Nicht wenige Interpreten verstehen das „RIEN" des CCD und seine begriffliche Entsprechung, das „Néant", als eine Einladung, es weltanschaulich zu verallgemeinern oder ihm eine negative Theologie zuzuschreiben: wo metaphysische Aussagen scheitern, gilt es, emphatisch darüber zu schweigen. Der Gedankenfluss des ,Meisters' gewinnt dieser Dialektik jedoch eine kapitale Umwertung von Poesie ab, die aus dem „RIEN" ein produktives ,Etwas' macht:[58] es projektiert, von der Sirene angestoßen, seinerseits einen Dichtungsbegriff, der *nach* dem des ,Meisters' kommt. Genau diesen Überschritt lässt der Mallarmé-Interpret Sartre nicht mehr zu. Im „RIEN" entäußere sich das – biographische – Motiv des Suizids als das des Menschen und der Poesie schlechthin, das Raum schaffe für eine Fülle, die sich selbst wieder aufhebt (1986, 163 f.). Das Selbstopfer des ,Meisters' hatte ihm jedoch gerade zu einem Ausbruch aus der Dialektik einer Poesie verholfen, die aus dem Zufall hervorgegangen ist und gegen ihn kämpft (165). Indem er hinter den Text zurücktritt, avanciert „RIEN" syntaktisch zum Subjekt einer weiterfüh-

---

[58] Zur Geltung gebracht im eindrucksvollen Kap. von Hugo Friedrich 1956, 95 ff. Vorausgegangen war etwa Walter Benjamin (vgl. *Walter Benjamin and Art*, ed. A. Benjamin, London / New York (Continuum) 2005, bes. Kap. VI (A. Merlberg, 100 ff.), wo Mallarmé im Kontext von Benjamin und seiner Zeit situiert wird.

renden Wortfolge. Es verübt damit einen unerhörten Angriff auf alle kulturellen Leitvorstellungen, die den Menschen als das Maß seiner selbst anerkennen: auf Anthropozentrismus, Subjektivismus, Individualismus.

Wie aber könnte eine Poesie im Lichte von „RIEN" aussehen? Da sie in die Perspektive des ‚Meisters' gelegt ist, hat sie von seinem ästhetischen ‚Interesse' (XI b) auszugehen, nicht von einem Nichts im prinzipiellen Sinne. Darauf läuft etwa Derridas Mallarmé-Auslegung hinaus; es sei ‚eine Referenz ohne Referenten', ein Simulakrum, oder bezeichnete ‚nichts als die Idee, die nichts ist'.[59] Doch der ‚Meister' denkt nicht als Philosoph. Er bleibt der Sprachkunst verpflichtet, nun aber jenseits der bisherigen, die sich zwar auf ‚etwas' (‚rien', lat. rem") bezieht, das jedoch nicht schon als Etwas bestimmt sein soll. Deshalb spielt die Freifläche um „RIEN" herum visuell auf die drei Verneinungen an, durch die der Meister hindurch musste: im umgebenden Weiß geht abstraktiv die schäumende Wasserwüste auf; im großen Leerraum darüber das aussichtslose Infinitum des ‚Meisters'; im Nichts-sagenden von „RIEN" das aggressive Schweigen der Sirene.

Und jetzt – kein Zögern und Zweifeln gewährt mehr Aufschub – der ‚vernichtende' Nachruf auf die denkwürdige *Verskrise*, auf die Mallarmés große dichtungsgeschichtliche Bilanz (II 204 ff.; dt. Fischer / Stabel, 1992, 277 ff.) reagiert. Nichts hat diese hochfliegende („élévation") Kunst üblicherweise („ordinaire") erbracht, als Abwesendes („l'absence") in ‚Verse zu gießen' („verse", Wortfeld des Wassers und des Verses). Als ob man mit deren ‚minderwertigem Geplätscher' („inférieur clapotis") einen inhaltsleeren Schreibakt („l'acte vide") würde aufwerten können. Nur durch Selbstbetrug („par son mensonge"), der sich seine Fiktionalität nicht eingesteht, hätte sich der Grund für einen ‚abrupten' Untergang („la perdition") in den leeren („vague") Wassern zerstreuen („disperser") lassen, in denen sich alle Realität auflöst („en quoi toute réalité se dissout"). Das Ereignis des ‚Meisters' („l'événement") hatte schon im Namen seine Vergeblichkeit angekündigt (‚et / vainement'). Jetzt ist es offenkundig geworden.

Damit kommt schließlich ein Motiv nach oben, das sich zur tiefsten Defiziterfahrung seiner Dichtung ausweiten sollte. Selbst wenn sein Wortwurf hätte ausgeführt werden können („accompli") – er würde, so die bittere Einsicht, nichts Humanes bewirkt haben: „tout résultat nul / humain". Wie hätte er dann noch einen Anspruch auf Führung in Menschendingen begründen können? Mit diesem ethischen Grundanliegen entzieht sich Mallarmé allen philosophischen Vereinnahmungen. Entwaffnet sieht sich dadurch zunächst ein Dichter-Ich, welches sich demütig einer ‚Logik des Ewigen' unterworfen hatte, die sich im Grunde nur seiner bedient hat („l'humble qu'une logique éternelle asservit"; II 158). Mallarmé setzt zu einem Attentat auf eine Poesie an, die im Rahmen der erkenntnistheoretischen Gewaltenteilung der Inspiration, dem Enthusiasmus, dem Genie einen authentischeren Zugang zu letzten Wahrheiten glaubte sichern zu können als philosophische und epistemologische Gedankenstrenge. Aufs Spiel gesetzt ist damit ein Menschenbild, das durch *Esprit* zur Sittlichkeit führt. Hier wird es endgültig exorziert.

Den Menschen auf ewige Ideen festzulegen, würde sein Leben letztlich wie eine Metapher für ein übermenschliches Sein behandeln. Dem beugt der CDD vor. Er verpflichtet Poesie stattdessen, kaum verhohlen, ganz („tout") auf seine gelebte, allseits bedingte ‚Realität' („réalité"); sie bestimmt in Wahrheit seine *conditio humana*. Mallarmé unterzieht damit die Poesie eben der anthropologischen Wende, welche die Lebensphiloso-

---

[59] Derrida 1972, 234; 236.

phie dem systematischen Denken verschreibt.[60] Die beiden Nachtwanderer vom 14. Juli 1897, die nach der Begehung des CDD euphorisch Kants moralisches Gesetz zurückwiesen: hier bahnt sich dessen Überwindung an.

Der Meister musste sein Purgatorium bis zum bitteren Ende im „RIEN" durchlaufen, um von diesem Nullpunkt aus auf den Grund einer kommenden Poesie zu stoßen.[61] Der Imperativ: ‚ein Würfelwurf wird niemals den Zufall zu Fall bringen', liegt – auch texträumlich – hinter ihm. Subtil kann nun ein anderer, auffällig vollständiger Satz seine Nachfolge aufnehmen. Mit sieben (!) verbalen Einheiten meldet er seinerseits einen eigenen, nur scheinbar nichtssagenden Anspruch an: „RIEN N'AURA EU LIEU QUE LE LIEU" – ‚Nichts wird stattgefunden haben als der Fund einer Stätte'. Mit ihm öffnet sich eine Zukunft („aura"; Fut. II) jenseits der ‚denkwürdigen Verskrise' des 19. Jh. Auch dahinter verbirgt sich ein schwerwiegender Widerruf. Ursprünglich, 1866, sollte das ‚Nichts' den Traum („Rêve") beglaubigen, dessen Echo in Hamlet nachhallt und im großen, weltstiftenden Oeuvre des *Livre* aufgehen (I 696). Die Desillusionierung des ‚Meisters' hat davon nichts übrig gelassen als eine leere Stätte („LIEU"). Von ihm her gesehen ist dieser Raum jedoch durch Räumung entstanden. Negativ wirkt in ihm dementsprechend ein Impuls nach, der auf erneute Anberaumungen aus ist. Als *tabula rasa* gibt er allerdings nur ein Schema vor, das einer „Anthropokratie" (Panovsky) vorbeugt. Aus dem Blickwinkel des ‚Meisters', der selbst als Metapher aus einer Metapher hervorgegangen ist, gleicht „RIEN / LIEU" daher einem Bilderrahmen ohne Bild; aus Sicht Mallarmés einem unbeschriebenen Schriftraum. Seine Leere markiert insofern ein Apriori des Denkens und Dichtens, dem keinerlei Ursprungsgewissheit, kein archimedischer Punkt, keine Substantialität, keine orphischen Urworte zusteht. Dennoch ist dieses „LIEU" mit Nihilismus nicht zu verrechnen. Das Vakuum, welches das Purgatorium des ‚Meisters' hinterlässt, ist vielmehr bewusst gewordene Abwesenheit und insofern die Umkehrfigur von ‚Etwas', dessen Anwesenheit fehlt. Es entspricht daher ganz dem, was Mallarmé als ‚Allegorie des Nichts' bezeichnet hat (I 704) – einer grundlegenden poetischen Figur also, deren Aufgabe darin besteht, anspielungsreich über sich hinauszuweisen auf etwas, das nur durch bewusst gemachte Abwesenheit Präsenz gewinnen kann.

Licht im Dunkel der Schrift

Als solches will „RIEN / LIEU" deshalb von innerhalb des CDD und aus der Perspektive des ‚Meisters' als Dichter eingelöst werden – es sind seine Lettern. Denn in seinen erlittenen Verneinungen wurden ihm negativ Hinweise zugespielt, wie er zum Anfangsgrund einer kommenden, intranszendenten, a-mimetischen Poesie vorzudringen vermag. Ansatz bot eben die letzte, entscheidende Ortsbestimmung, der Untergang des Schreibaktes („la plume") im Urschaum der Aphrodite („aux écumes originelles"; IX b). Welche poetologischen Weichenstellungen sind darin angelegt? Das aufgewühlte Meer war von Anfang an als weiße Fläche ins Bild gesetzt. Will es im übertragenen Sinne nicht besagen, der Schriftsteller habe sich an das Weiß zu halten, das seine Feder befährt: die leere Seite,

---

[60] Fellmann 1993, 84 ff.
[61] Der Ansatz von Maurice Blanchots (1982, 302 ff.) weithin wirksamem Konzept vom „Le Livre à venir".

den Raum des Buches? Mit einer Entschiedenheit ohnegleichen hat Mallarmé im Vorwort zur Erstausgabe des CDD auf einen Kopfsturz der Beschriftungskultur bestanden: das Schwarz, welches sich das Weiß unterwirft – folgt es nicht einem substantialistischen Reflex? Will es nicht die Hintergrundlosigkeit abwehren, die aus einer leeren Seite spricht, den Schrecken, dass sie sprachlich nie endgültig zu stellen ist? Nun aber soll gelten: ‚das Weiß übernimmt effektiv die Bedeutung‘ (I 391).[62] Als wollte Mallarmé ein visuelles Manifest an den Anfang des CDD stellen, lässt er die erste Seite (I a) weiß und leer. Offenbar hat das erniedrigende Geklapper der Literatur (X b), Echo des Lärms der Lebenswelt und der Überflutung durch die Zweck-, Wissenschafts- und Umgangssprachen so überhand genommen, dass eine zeitgemäße Poesie die Initiative ergreifen und im Weiß der Seite dafür plädieren muss, Orte („LIEU") des inszenierten Verstummens zu schaffen: ‚Der Dichter ist herausgefordert, Schweigen zu übersetzen‘ (II 290).[63] Sein Gegenstand ist die immer schon vereinnahmte Sprache, mit der wir die Lebenswelt bestreiten. Sie aber verfälscht ebenso wie die Begrifflichkeit der ‚intellektuellen Technologie‘ (I 506) gerade, was wesentlich wäre, weil sie ‚uns in tückischer Weise auf Stereotypen‘ festlegen kann (I 510). Mallarmé bezog sich dabei erkennbar auf den indogermanistischen Sprachtheoretiker Max Müller (I 504) und übertrug dessen ‚linguistic turn‘ auf die Dichtung. Dieser hatte erkenntniskritisch gefordert, die Philosophie – mithin auch ein Dienst am *Esprit pur* – müsse metaphysisch abrüsten und lernen, „dass die Sprache ihr Gegenstand ist", nicht Ideen und Dinge (70).[64] Wenn das Weiß aber die Regie übernimmt und die Fügung des Textes zerreißt, wie im CDD, dann zerstreut es den Eindruck, es sei nur um der schwarzen Schrift willen da. Insofern untergräbt diese Unfarbe das Vertrauen in die Zuverlässigkeit der Worte und bringt Licht ins Dunkel der Schrift. Je stärker sie dekontextualisiert wird, desto weiter öffnet sie sich dem Unverfügten, das ihr vorausliegt. „LIEU" in der Beleuchtung durch das Weiß lässt sich so als großen Horizont ahnen, der als solcher zwar uneinholbar ist, weil er nicht etwas („RIEN") darstellt, aber doch den Grund aller Sagbarkeit abgibt. Vermag eine gebrochene Sprache dann nicht das Verdrängte bemerkbarer zu machen, gegen das sich alles Gefügte und Geformte zur Wehr setzt? In dieser Absicht hat Mallarmé den stockenden Wortvortrag des ‚Meisters‘ eingesetzt. Das Weiß der Lücken, Spalten und Unbestimmtheitsstellen bringt den Diskurs des CDD dazu, das ‚unerlässliche Nichts an Geheimnis‘ zu berufen, das, wenn es – in der Absicht Mallarmés – zum Ausdruck gebracht wird, einigermaßen bestehen bleibt‘ (II 215).

Zwar betont das Vorwort zum CDD, dass es sich nur um ein neuartiges skripturales Raumordnungsverfahren im Hinblick auf das Leseverhalten handelt („le tout sans nouveauté qu'un espacement de la lecture"; I 391). Spätestens wenn der Mallarmé-Exeget Derrida dies jedoch als Motto über *Die Schrift und die Differenz* stellt (17),[65] wird klar, dass es im Grunde um einen höchst erkenntniskritischen Akt geht. Mallarmé hat sich

---

[62] Kaum eine Publikation zu Mallarmé hat auf diesen Umsturz der Schriftordnung (I 391) nicht reagiert. – Vgl. dazu bes. im größeren, literarischen und ästhetischen Kontext die Untersuchungen von Schmitz-Emans 1995 (zu Mallarmé 153–186); Schneider 2016 (zu Mallarmé bes. 257–290).

[63] Die geplante Ausgabe letzter Hand der *Poésies* sollte geradezu bekenntnishaft nicht mit „*Salut*", sondern einer leeren, weißen Seite beginnen. Effektiv realisiert hat es der CDD.

[64] Müller 1864 (dt. 1888, 502). Dazu B. Marchal, II 1363.

[65] Derrida 1972.

darin unausgesprochen als Ikonoglast einer der bedeutendsten Metaphern der abendländischen Metaphysik erwiesen. Weiß hat einen hohen symbolischen Grundwortschatz auf sich vereinigt. Es ist die Farbe des Geistprinzips schlechthin. So wird die christliche Schöpfung in die Existenz gerufen: ‚es werde Licht‘, geschieden von der Finsternis, ‚und Gott sah, dass das Licht gut war‘ (Gen 1, 2–5) – Genesis als Akt der Differenzierung. Ohne Dunkelheit wäre Licht nicht als etwas Eigenes und Anderes bedeutsam. Dadurch konnte Helligkeit zum Sinnbild für den Gottesbegriff selbst werden: „Ich bin das Licht der Welt" (Joh 8,12); für die Freude, den schönen Götterfunken; für Erleuchtung, Offenbarung, Klarheit, (moralische) Wahrheit.[66] Durch das mythische Patronat des Sonnengottes Apoll ließ es sich ebenso für den Ausgriff von Dichtung auf Letzthinniges in Anspruch nehmen. Hegel hat dann allerdings den romantisch-spekulativen Charakter des Lichts wegweisend zurückgenommen. Ihm fehle Selbstbewusstsein; insofern sei es vor allem „Manifestation des Anderen".[67]

Mallarmé bringt diese Symbolsprache von Licht und Weiß schließlich vollends zum Schweigen. Sein CDD inszeniert die „blancs", um Seite und Buch als die verschwiegene Grundlage aller Schreibakte erst eigentlich bewusst zu machen. Insofern bilden sie Lichtungen, die, mit einem Grundwort Heideggers zu sprechen, Licht in den Text bringen; aber eben nicht, um ihn offen zu halten für einfallendes Sein.[68] Ihnen liegt umgekehrt gerade daran, in der Textur Durchlässe zu schaffen, die hinausführen aus dem seiend Gebundenen, das die schwarzen Buchstaben weben. Der CCD setzt das Weiß methodisch, nicht substantiell ein.

Das Vorwort verdeutlicht es mit einer Anleihe bei einem neuartigen naturwissenschaftlichen Verfahren: seine gebrochene Sprache bringe sein gedankliches Anliegen ‚prismatisch zerteilt‘ zur Erscheinung („subdivisions prismatiques de l'idée"; I 391). Der Vergleich hat Gewicht. Er bezieht sich auf zeitgenössische Untersuchungen von Licht und Farbe. Eine führende Rolle spielte dabei der Chemiker Michel-Eugène Chevreul mit seiner einflussreichen Farbentheorie *De la loi du contraste simultané des couleurs* (mehrere Auflagen seit 1839, eine 1886 aus dem Todesjahr von Mallarmés Malerfreund Edouard Manet). Das im Weiß sichtbar werdende Licht selbst gilt als Nicht-Farbe. Im Prisma entfaltet es sich jedoch in seine Spektralfarben (Abb. 3).

Aus ihnen wiederum hat Chevreul auf dem Wege der ‚Dispersion‘ – wie der CDD (IX b) – einen Farbkreis von 72 Abstufungen entwickelt. Mallarmé nimmt diese wissenschaftliche Operation jedoch entschieden im Gegensinn, induktiv in Anspruch. Sein Grundstoff ist gerade die immer schon vielfältig, im Kreis ihrer Anwendungen zerstreute Sprache der Begriffe, Redeweisen, Klischees, Phrasen und Stereotypen, vor allem aber die in Gattungen, Stile und Diskurse herunter gebrochene Formensprache der Literatur. Sie

---

[66] Vgl. Blumenberg 1957, 432–447.
[67] Vgl. allgemein die Darstellung von Kreuzer, „Licht"; in: Konersmann 2007, 211–227.
[68] Oder „uns Menschen einen Durchgang zum Seienden" zu schenken, „das wir selbst nicht sind, und Zugang zu dem Seienden, das wir selbst sind"; Heidegger [7]1952, 41, 43. Wenn dieses Seiende auch nicht ergriffen werden kann, so vermag insbesondere das Kunstwerk durch sein Scheinen Schönheit zu fügen und diese wieder Wahrheit wesentlich zu machen (44; 68). Sie tritt zwar nicht mehr direkt als ein Letzthinniges auf, aber ihr alter ontologischer Glanz ist nur performativ verschoben auf ihr Sichereignen (67). Vgl. dazu Leonardo Amoroso 1983: „Heideggers ‚Lichtung‘ als ‚lucus a (non) lucendo‘."

Abbildung 3: Michel-Eugène Chevreul, Exposé d'un moyen de définir
et de nommer les couleurs, planche 3 (1861)

haben die Gedankenfreiheit ästhetischer Erkenntnis beschnitten, an die das Weiß hinter
der gestellten Schrift verschwiegen appelliert. Eigentliche Aufgabe von Poesie wäre es
deshalb, eine in zahllose Ziele und Zwecke bereits aufgefächerte Sprache an ihr disper-
sives Vermögen zu erinnern, indem sie ihrerseits deren Dispersionsvermögen poetisch
erfahrbar macht („la dissolution [...] du nombre officiel"; II 207) – so wie es das Schriftbild des CDD praktiziert und den Spatialismus von Pierre Garnier, Luigi Fontano oder
Eugen Gomringer ankündigt. Der Leser wird dazu gebracht, die verbalen Einzelheiten
des Poems ‚zusammenzulesen' und sich selbst einen Reim auf ein Ganzes zu machen. Da
ihm aber nichts Verbindliches („RIEN") vorgeschrieben wird, können die Weiß-Kaden-
zen des Textes nach und nach ein Bewusstsein dafür anstoßen, dass in letzter, utopischer
Konsequenz die weiße Seite das ideale Gedicht wäre („le poème tu, aux blancs"; II 211).

Damit ist für eine künftige Poesie eine zweite, grundlegende Vorgabe der „écumes
originelles" (IX) berührt. Ihrem Weiß haftet nichts Ursprüngliches, gar Ewiges an, wie
der *Esprit* es dem ‚Meister' suggerierte. Es geht, wie Aphrodite, die Schaumgeborene,
aus der Bewegung des Meeres erst hervor. Seiner Erscheinung lässt sich von daher wohl
eine Energieentfaltung, aber kein nennenswertes Ziel zuschreiben. Der ‚Meister' wird

dadurch mit einer unerhörten poetologischen Herausforderung konfrontiert. Den Worten und Syntagmen, hieße dies, würde, wenn sie in den Raum des Kunstwerkes aufgenommen werden, zwar medienbedingt eine feste Stelle angewiesen; es müsste aber doch so sein, dass ihr Neben- und Untereinander ein offenes Gefüge bleibt und die Wahrnehmung dazu anregt, Verbindungen herzustellen, die aber nichts allgemein Verbindliches haben. Im Grunde ein paradoxer Textbegriff: die Sprache so festzuhalten, dass sie mobil wird – so wie das Meer immer in Bewegung ist, doch an seinem Platz verbleibt und gleichwohl auf seiner Fläche Fortbewegung in alle Richtungen ermöglicht. Dahinter steht Mallarmés programmatische Aussage: ‚Das Buch, die vollständige Ausbreitung des Buchstabens, muss direkt aus ihm eine Beweglichkeit beziehen und räumlich, durch Korrespondenzen, zu einem Spiel anstiften, das die Fiktion bestätigt' (II 226).

Dafür demonstriert der CDD. Mallarmé greift in einer Weise in die Textur ein, die die Avantgarden faszinieren wird: durch Simultantechnik („la vision simultanée de la page"; I 391). So wie er sie allerdings umsetzt, scheint sie eng auf Chevreuls Gesetz vom Simultankontrast abgestimmt. Beispielhaft weicht der CDD vom syntaktischen Nacheinander und der Vers- und Zeilenordnung ab und legt die Sprachbausteine in einem Nebeneinander an. Nicht Kohärenz, Kontiguität soll vor allem Bedeutung stiften, indem die verbalen Zeichen sich nicht so sehr zusammenhängend folgen, sondern sich affizieren und ein semantisch schillerndes Farbenspektrum bilden. Je weiter sie dissoziiert werden, desto mehr assoziativen Aufwand verlangen sie von Seiten des Lesers. Es scheint, als habe Mallarmé die Grenzen der Mitteilbarkeit in seinem viel diskutierten „Sonnet nul" *Ses purs ongles* (I 36; 1189 ff.) erkundet. Solche Irrgärten der Sprache verordnen ihren Besuchern im Grunde einen Intensivkurs in metaphorischer Wahrnehmung. Lernziel ist, nicht normativ, sondern intuitiv auf Sprache einzugehen. Das aber gelingt nur, wenn das Gedicht begehrenswert („mignonne"), nicht eigentlich verständlich, sein Raum weiblich ist,[69] in Erwartung der Empfängnis durch die Leselust seiner Liebhaber.

Abermals erspürt Mallarmé eine Tendenz der Zeit, oder kennt sie, die die Psychologie als Kinästhesie wissenschaftlich vereinnahmt hat. Sie verdankt sich einer entschiedenen Frontstellung gegen rationalistische Wahrheitsansprüche. Grundlegend in Frage gestellt sieht sich die herrschende Auffassung von Raum – „LIEU". George Henry Lewis hatte sie mit *Problems of Life and Mind* (seit 1870) in Zweifel gezogen; Charlton Bastian sie psychophysiologisch entwickelt;[70] Bergson es in seinem *Essai sur les données immédiates de la conscience* weitergeführt; Ernst Mach unterlief diesen Logozentrismus von der Seite physischer Psychologie;[71] Georg Simmel gesellschaftstheoretisch;[72] Husserl phänomenologisch.[73] Auf die eine oder andere Weise korrigieren sie jeweils die Vorstellung, Raum sei objektiv und homogen gegeben. Er wird vielmehr erst im Verhältnis zum eigenen Körper

---

[69] J. Kristeva; ‚plurisemiotische Weiblichkeit'; allerdings kühn über ein ideologisches Anagramm hergeleitet, insofern sie „mer" mit „mère" korrespondieren lässt, der Dichter aber die soziale Funktion zugunsten eines symbolischen Genusses hintanstellt („la jouissance dans le symbolique"); 1974, 453.

[70] Frz. Übers. Bastian 1888: *Le cerveau – organe de la pensée chez l'homme et chez les animaux*; Bergson 1970, 951 u.ö.

[71] Mach 1903, 148–160.

[72] Simmel 1995, 132–183.

[73] Husserl 1973.

und seinen Reaktionen gebildet. In ihm sammelt sich mithin eine unmittelbare, psycho-physische Gegengottheit, die die ‚Seele' („âme"), den bisherigen Kernbegriff des Menschen ignoriert. Als erlebter Raum spricht er auf instinktive, unwillkürliche Reaktionen an und legt sie unterhalb unseres ‚konventionellen Ich' in einer eigenen, kreatürlichen Bibliothek mit einer eigenen Bewegungsintelligenz an.[74] Gelänge es, an sie zu appellieren, dann ließe sich unter Umgehung des Verstandes die kinästhetische Selbstverständigung in der Tiefe des Ich animieren, die auf die vitalen Interessen des Lebens hört. Selbst Bergson musste eingestehen, dass sich solche „images kinesthésiques"[75] in einem unwillkürlichen Bildfundus sammeln, der am besten von der Literatur aufgerufen werden kann: ‚Ein kühner Romancier möge nun den geschickt gewobenen Schleier unseres konventionellen Ich zerreißen und uns hinter dessen scheinbarer Logik eine tiefgründige Absurdität aufzeigen (...); dann loben wir ihn, dass er uns besser erkannt hat als wir uns selbst kennen" (*Essai*, 88).

Mallarmé hat es im CDD, Proust in der Eröffnungsszene seiner *Suche nach der verlorenen Zeit* realisiert. Im Bild des ‚Urschaums' („écumes originelles") ist es verschlüsselt entworfen. Der ‚polymorphe' (II 207), prismatisch gebrochene Textraum des ‚Würfelwurfs' zielt auf einen kinästhetisch aufzuwühlenden Akt der Lektüre. Er stößt gleichsam afferent Tiefenwahrnehmungen an, über die das Instinktvermögen verfügt.[76] Die Stätte („LIEU"), die das Gedicht einer kommenden Sprachkunst bereitet,[77] legt sie dabei auf zwei wesentliche Eigenschaften fest: auf einen Schriftraum der „obscurité",[78] unter dessen Schutz sich das Verschwiegene des Gesagten geheimnisvoll bekundet. Der Artikel *Das Mysterium in der Literatur* begründet es anthropologisch, weil uns allen etwas Dunkles – ein Tiefen-Ich – zugrunde liegt (II 230), zu dem nur das Triebverlangen Zugang hat. Andererseits allerdings nur, wenn die poetische Stätte („LIEU") Nichts als („RIEN") einen ‚höchst mobilen Spiel-Raum' vorgibt („Jeu suprême; I 42; v. 7), dem Hohlkörper einer Laute gleich (I 720)[79]. Nicht Orpheus, der Dichter, schlägt sie an; der Leser ist es, der dieses Nichts zum Tönen bringt („néant musicien"). Das Gedicht selbst ist nicht schon das Gedicht, nur das Dispositiv seines Ereignisses.[80] Der Mallarmé-Leser Foucault hat diesen Begriff kulturkritisch stark gemacht.[81] In dessen Verständnis hat es die Funktion, kulturelle Wissensordnungen zu stützen und diskursive Macht auszuüben. Deshalb gelte es, sie als disziplinierende, weil undurchschaute Fiktionen bloßzustellen. Auch Mallarmé hat solche Diskurskritik im Sinn. Sie soll, wie es im Sonett *Le vierge, le vivace et le bel* (‚Der unberührte, der lebendig schöne Tag') heißt, ‚den eiserstarrten See (...)

---

[74] Bergson 1970, 88.

[75] In seiner Schrift *L'Energie spirituelle*; Bergson 1979, 951.

[76] Vgl. dazu allg. Wernicke ²1906, Starobinski 1987, Berthoz 1997 (bes. Kap. II).

[77] Blanchot 1988, 302: „Das kommende Buch" („Le Livre à venir").

[78] Von Friedrich 1956, 118 ff. etwa dezidiert als systembildendes Schema zur Geltung gebracht. – Dazu Stempel 1966, 33–46, der über eine detaillierte sprachwissenschaftliche Untersuchung des Gedichts „A la nue accablante" die Wirkung von Dunkelheit so erklärt: „nur dadurch, dass syntaktische Beziehungen in der Schwebe bleiben, dass an ihre Stelle Beziehbarkeiten getreten sind, kann der ästhetische Ertrag ungeschmälert zur Geltung kommen" (hier 44).

[79] Marchal, I 1202 f.

[80] Auf diesen Begriff hat bereits Valéry 1967, 625 den spektakulären Eindruck des CDD als Vorgriff auf ein noch überraschenderes Oeuvre zurückgeführt: „Mallarmé (...) me fit enfin considérer le dispositif."

[81] Foucault 1978, 118–175.

aufreißen', der heimgesucht wird von abhanden gekommenen (poetischen) Aufflügen des Schwanengesangs.[82] Mallarmés destruktiver Einsatz gegen das ‚erniedrigende Geplapper' will die Poesie jedoch gerade ins Feld führen, um Dispositive einer erneuerten Denkkultur zu schaffen; Macht über den Leser zu gewinnen gewiss, aber damit er sich im Gedicht verdunkeln lässt, was ihm klar schien und er dadurch sich seiner unbewussten Entfremdung bemächtigt. Poesie bereitete ihm dann einen gelingenden Untergang im Wasser des Lebens.

[82] Dazu Marchal, I 1186.

IV

FIRMAMENTAL

Sternenschrift

Der Schauraum ist bereitet, um aus dem vereitelten Würfelwurf ein Sprachwunder hervorgehen zu lassen. Entsprechend visuell wird es hervorgehoben: ein Prosagedicht (XI) innerhalb des Prosagedichts bringt es zur Aufführung, wie es zuvor noch keines gab. Da es sich der – typographischen – Zeichen des ‚Meisters‘ bedient, ist von vornherein klargestellt, dass im Untergang seiner hochgemuten Verskunst selbst noch einmal ein Ursprung ihrer Möglichkeit angelegt war. Das Neue tritt damit als unergriffene Kehrseite des Alten in Erscheinung. Mallarmé vermittelt es der Öffentlichkeit zwar konservativ im Sinne einer Evolution. Im Interview von 1891 (II 697 ff.) benutzt er eine Wachstumsmetapher und bezieht sie auf eine im ständigen Wandel befindliche Gesellschaft, ein Argument etwa Victor Hugos. Effektiv fügt der CDD seiner poetischen Herkunft jedoch einen unwiderruflichen Bruch mir epochalen Nachwirkungen zu. Der schöngeistige Logos des ‚Meisters‘ muss Platz machen für das Gegenprinzip, den Eros der Sirene und deren kreatürliche Ausschläge.

Nichts könnte diesen Umschlag sinnfälliger machen als der Wechsel des Schauplatzes. Er verdankt sich einer kategorischen Blickumkehr. Der ‚Meister‘, der von der Höhe ewiger Prinzipien aus denken wollte, war gezwungen, seine Perspektive immer tiefer abzusenken. Bestand hatte schließlich nur noch „LE LIEU“, bildlich gesehen das grundlose Meer, psychophysisch der kontingente *Ennui*, das Lebensgefühl der Kontingenz.[1] Erst von diesem Tiefpunkt aus eröffnet sich ihm ein einmaliger, spektakulärer Blick nach oben, ans nächtliche Firmament. Dunkelheit bleibt also die Voraussetzung für poetische Erkenntnis. Die Sonne Apolls ist endgültig untergegangen. Versperrt sind damit alle Rückwege in romantische Anderwelten. An der exponiertesten Stelle des Textes, ganz links, ganz oben, wo die Schrift den Anfang eines Zusammenhanges vorsieht, werden ihm in einem tönenden Anagramm seine neuen Bedingungen diktiert: „EXCEPTÉ“ – mit sieben Buchstaben sagt es, dass nur außerhalb (‚ex‘) jeder idealisierenden Spekulation im Zeichen der Sieben (‚sept‘) ein Gedankenwurf (‚dé‘) stattfinden kann. Der Raum in der Höhe („à l'altitude“), bisher Hort ‚ewiger Gegebenheiten‘ („circonstances éternelles“; II b), ist damit radikal entgeistet (s. u. S. 88/89).

Ihn hat nun aber „PEUT-ÊTRE“ eingenommen, dasjenige, was ‚sein kann‘, ohne so oder anders sein zu müssen. Kontingenz, nicht Transzendenz soll nun definitiv den Anfangsgrund von Denken und Dichten bilden. Viel weiße Leere (XI a) untermalt diesen Aufbruch ins Virtuelle. ‚Ein Buch‘ in diesem Sinne, ergänzt Mallarmé, hätte heutzutage

---

[1] In diesem Sinne argumentierte Sagnes 1969, 286–309 über Mallarmé; mit der bemerkenswerten Einsicht, dass er daraus den Schluss gezogen habe, eine neue Welt und eine neue Sprache zu erschaffen (308).

EXCEPTÉ
à l'altitude
PEUT-ÊTRE
aussi loin qu'un endroit

fusionne avec au delà

                    hors l'intérêt
            quant à lui signalé
                                        en général
selon telle obliquité par telle déclivité
                                    de feux

        vers
            ce doit être
                le Septentrion aussi Nord

                        UNE CONSTELLATION

                froide d'oubli et de désuétude
                                    pas tant
                        qu'elle n'énumère
                sur quelque surface vacante et supérieure
                        le heurt successif
                                            sidéralement
                d'un compte total en formation

veillant
        doutant
                roulant
                        brillant et méditant

                            avant de s'arrêter
                à quelque point dernier qui le sacre

            Toute Pensée émet un Coup des Dés

wie Richard Wagners Opern zu versuchen, ‚die Bühne des Innern zu öffnen und von dessen Echos zu raunen‘ (II 195).

Soll sein Wurf unter diesen Bedingungen gelingen, hat sich der ‚Meister‘ dreifach zu distanzieren („loin"; „hors"; „froide"). Wenn er auf die Höhe seines neuen Dichtungswortes kommen will, muss er sich so weit wie möglich („aussi loin") von jener ‚Verortung‘ („endroit") entfernen, die mit dem Jenseits eine Verbindung eingeht – der ‚althergebrachten Übersee der Himmel‘ (*Catholicisme*; II 242). Er hätte überdies die gebrochenen und geneigten Blickwinkel („obliquité"; „déclivité") des ‚Interesses‘ auszuschließen („hors"). Die gefallenen Segel und Masten lösen hier ihren poetologischen Bildwert ein. Kalt zu bleiben („froide"), Absenz zu praktizieren („oubli"), ist gleichermaßen verlangt gegenüber allem, was Erinnerung und Überlieferung zu sagen haben. Abermals fasst es ein funkelndes Anagramm ineins: „désuétude".[2] Seine Geltung verloren hat spekulatives Denken (‚dé‘), Wissen (‚su‘) und Gelehrsamkeit (‚étude‘), also die ganze intellektuelle Vereinnahmung dessen, was das menschliche Leben von Natur aus bewegt. Denn hatte das jenseitige („au delà"), auf Nutzen bedachte („intérêt") und rückwärts gewandte Denken („oubli") je anderes im Sinn als um alles die engen Maschen der Denkgewohnheit zu legen?

Doch nicht um allgemeine Zivilisationsabwehr geht es. Das kritische Moment gilt vielmehr der Verskunst und ihrem Anteil an verfehlter sprachlicher Baukunst („faux manoir"; VIII b). Ein raffiniertes verbales Doppelspiel bringt es zum Ausdruck: „feux" / „vers". Das eine wehrt zwar die Erhellung ab („feux"), die von Voreingenommenheiten ausgeht; das andere hingegen hat eine Richtung („vers") im Sinn. Andererseits sind beide benachbart, zugleich aber weit auseinander liegend. Dadurch bekennen sie sichtbar, dass dies zugleich die Verskunst („vers") mit dem Alexandriner als ihrem jüngst ‚verschiedenen‘ Inbegriff meint („feux"). Mallarmé hatte sein Ende auf den Tod Victor Hugos 1885 festgelegt. Von ihm her gesehen vollzieht es der ‚Meister‘ *in effigie* nach. Das markante Weiß zwischen „feux" und „vers" zeigt überdies an, dass der Abschied von der Tradition einen unbeschriebenen Freiraum entstehen lässt, der zu neuer poetischer Beschriftung einlädt.

„vers", als Verskunst, leitet syntaktisch darüber hinaus eine noch viel weiter gehende Selbsterklärung ein: „vers" – „ce doit être / le Septentrion aussi Nord". Im Bilde des ‚Siebengestirns‘ und seiner Fixierung auf den ‚Polarstern‘ („Nord") bekennt das Gedicht sich schließlich zur Sieben, seinem verschwiegenen inneren Sammelpunkt. In seiner dunkelsten Stunde geht dem ‚Meister‘ auf, dass sein Leitstern unverrückbarer Gewissheiten erloschen („feux") und erkaltet ist („froide"). Das Siebengestirn steht insofern, wie es das kryptische Sonett *Ses purs ongles* (‚Die blanken Fingernägel aus Onyx‘; I 37 f.; 1189 ff.) vorweggenommen hatte, für Transzendenz als verlöschendes ‚Flimmern‘ der Sieben (v. 14; I 1191). Die Umwertung der symbolischen Chiffre war ja bereits schon durch die Wortverstrickung mit EX-*CEP*-TÉ anagrammatisch besiegelt, ehe sie als Name aus dem geheimnisvollen Dunkel der Andeutungen heraustreten durfte.

„Septentrion" hält dem ‚Meister‘ vor allem einen literarischen Spiegel vor. Sein belesener Autor hatte dabei zweifellos das humanistische Siebengestirn der Pléiade-Dich-

---

[2] Vgl. Mallarmés Selbstsituierung im Brief an Verlaine (I 789), wo er seine Poesie als eine sehr persönliche Lebenshaltung reflektiert und biographistische Deutungen wie etwa bei Sartre 1986 oder Richard 1961 nur scheinbar zu rechtfertigen scheint.

ter vor Augen. Deren Sprachreform nach antiken Vorbildern hatte eine erste ‚klassische‘ Wendung des Französischen eingeleitet; der Lyriker Ronsard seine Liebeslyrik als erster in den heroischen Alexandriner gekleidet. Der Artikel *La Littérature* (1893) erklärt ergänzend, ‚der Vers‘ sei ein System (!), handzuhaben wie ein geistiges Sternbild (I 624). Der ‚Meister‘ muss sich im Bilde dieser Siebenzahl nun eingestehen, mit einem noch so vollkommenen Sprachmaß aus der Zeit zu fallen.

Wird „vers" jedoch, wie das Vorwort des CDD verlangt, ‚prismatisch‘ losgelassen, geht es eine weitere, die entscheidende Beziehung ein. Dem ‚Meister‘ steht eine wahre Sternstunde der Poesie bevor: ihm enthüllt sich die Schöpfungsidee einer Sprachkunst nach ihm. Als einzig mögliche („PEUT-ÊTRE") Ausnahme („EXCEPTÉ") von allen Verwerfungen wurde ihm eine Dichtung der „CONSTELLATION" in Aussicht („vers") gestellt. Als ob Mallarmé ihm die Augen öffnen wollte, kommt er damit dem ‚Meister‘ in der vertrauten Sternensprache entgegen (‚con-*stella*-tion‘) (S. 92 u. Abb. 4a).

Aber nur, um gleichzeitig allen astrologischen Großbestimmungen vorzubeugen, die seit Urzeiten an den bestirnten Himmel projiziert wurden. Das Siebengestirn ist in Wahrheit nichts als eine zufällige Konstellation am – dunklen – Firmament, das seinerseits nichts ist als ein ‚lieu‘, das kosmologische Pendant zum leeren, alles ermöglichenden Weiß der Buchseite. Was dort oben geschrieben steht, sind Sinnbilder, die von unten mit dem Alphabet der Sterne verfasst wurden. Mallarmé hat sich ausdrücklich auf die Gegenbildlichkeit der beiden Schreibweisen berufen (II 215). Abermals verübt der CDD einen Anschlag auf menschheitsgeschichtliche Hochrechnungen: dass in die Zahlen und Systeme des Makrokosmos auch der Mikrokosmos Mensch mit einbegriffen ist. Er vollendet damit Diderots ironischen Ausruf seines Jacques le Fataliste: „C'était écrit là-haut". Mallarmés Kampagne gegen den 12-silbigen Alexandriner: zielt sie nicht auch auf dessen Konjunktion mit den zwölf Tierkreiszeichen?

Zwischen dem gedankenleeren Himmel von „EXCEPTÉ" und der erwiesenen Nichtigkeit eines „Coup de Dés", dem letzten Wort in der Sache, setzt der Seitenspiegel „CONSTELLATION" machtvoll als neue Mitte poetischer Bedeutungsstiftung ein; gleichweit entfernt von den Leerstellen, die bisheriges Denken und Dichten hinterlassen haben. Wie um alle Zweifel auszuräumen, inszeniert der CDD das Siebengestirn deshalb zunächst als ‚lyrisches Ideogramm‘ (Apollinaire),[3] das in der sinnfälligen Gestalt des *Kleinen Wagens* das Scheitern des Meisters gleichsam als ein astrologisches Ereignis verewigt (s. u. S. 92/93).

Mallarmés figurative Inszenierung der Idee (I 391, 1316) setzt Worte als Bilder frei und vermag dadurch ihre Bedeutung zu pluralisieren. Im gegebenen Fall öffnet sich das verbale Sternbild als visuelles Anagramm. Die Deichsel nimmt einmal das gefallene Segel des sinkenden Schiffs auf. Deren ‚Neigung‘ wiederum wird vom skripturalen Siebengestirn weiter ausgeführt. Dessen astrologische Vorgabe ist ganz auf den äußersten Punkt der Deichsel, den Polarstern ausgerichtet (Abb. 4a). Dem entspricht im Kleinen Wagen des CDD – „veillant", wachsam zu sein! Auf diese Entmachtung des Himmelsbildes hat es Mallarmé abgesehen. Als solches ist es als Leitstern der poetischen Fahrt durch das Lebensmeer entgeistet. Das Höchste, das die erkenntnistheoretische Nacht dem ‚Meister‘ noch zu gewähren vermag, ist Nachtwache zu halten. Ohne festen Anhaltspunkt hat er ‚acht zu geben‘ auf das, was sich im Schweigen seiner verbalen Gestirne bekundet.

---

[3] Pabst 1983. – Umfassend intermedial erweitert und illustriert bei Nickel 2015.

EXCEPTÉ

à l'altitude

PEUT-ÊTRE

aussi loin qu'un endroit

fusionne avec au delà

　　　　　　　hors l'intérêt
　　　　quant à lui signalé
　　　　　　　　　　en général
selon telle obliquité par telle déclivité
　　　　　　　　　　de feux

　　vers
　　　　ce doit être
　　　　　le Septentrion aussi Nord

　　　　　　　　UNE CONSTELLATION

　　　　froide d'oubli et de désuétude
　　　　　　　　pas tant
　　　　　　　qu'elle n'énumère
　　　　sur quelque surface vacante et supérieure
　　　　　　le heurt successif
　　　　　　　　　　sidéralement
　　　　d'un compte total en formation

veillant
　　　　doutant
　　　　　　roulant
　　　　　　　brillant et méditant

　　　　　　　　　avant de s'arrêter
　　　　　　à quelque point dernier qui le sacre

　　　　　　Toute Pensée émet un Coup des Dés

Abbildung 4a+b: Sternbild Kleiner Wagen (a) und Sternbild Großer Wagen (b)
jeweils mit dem Polarstern (Markierung)

Die Kleinbuchstaben der Deichsel sagen im Übrigen, dass es nicht mehr um das große Ganze gehen kann. Dieses hatten die Majuskeln dem „HASARD" zugeschrieben – der inzwischen jedoch im Kleingedruckten untergegangen ist; nichts Substantielles eignet ihm mehr. Bedeutung kommt vielmehr den Partizipien, der Verlaufsform des Verbums zu: Dichtung hat die Dinge, die sie meint, in Bewegung zu halten. Welche Gewissheit der ‚Meister' bisher am Firmament seiner „circonstances éternelles" (II b) auch gesucht haben mag: das Schlussbild des CDD gibt ihm zu verstehen, dass der Polarstern selbst keine Absicht auf den Menschen hat. Sie ist ihm zugedacht von denen, die gedanklich und metaphorisch die gefahrvollen Meere befahren.

Denn ein Blick über das „veillant" hinaus (Linie) verliert sich im stellaren Niemands-land, über dem das EXCEPTÉ herrscht und alle Zuschreibungen des *Esprit* (‚sept', ‚dé') ins Leere laufen lässt. Mit dem Kleinen Wagen des CDD entzaubert Mallarmé damit jede kosmologische Letztbegründung des Lebens – und Dichtens insgesamt. Die Sterne lügen nicht; der ‚Meister' muss einsehen, dass sie nur die Sprache der Sterndeuter sprechen.

Gegenblick

Gleichzeitig geht von „CONSTELLATION" jedoch eine faszinierende Ersatzverzaube-rung der Dichtung als einer eigenen Denkweise aus. Der CDD hat das Bild des Sieben-gestirns noch um eine weitere, krönende Dimension vertieft. Sie maximiert damit Mal-larmés Forderung nach „Transposition" (II 211). Allerdings will sie erst erschlossen sein. Der zweite Blick auf das verbale Sternbild folgt ebenfalls der Astrologie. Sie spürt den Polarstern durch die vierfach verlängerte Rückseite des Großen Wagens auf (Abb. 4b).

Mallarmé hat ein Kunststück vollbracht: er hat diesen Großen Wagen zugleich in die Konstellation des Kleinen eingetragen (Abb. 4a u. S. 96/97). Die vier Schritte bedeuten dem ‚Meister', dass der Leitstern direkt niemals einzuholen ist; man kann sich nur auf den Weg dahin machen. Wer es tut, hat gleichsam die Wette Pascals anzunehmen: auf-zubrechen, als ob es die absolute Sieben gäbe.[4] Mehr als sich danach auszurichten – dies legt auch „veillant" nahe – steht ihm nicht zu.

Wie realisiert der Große Wagen des Textes sein astrologisches Ebenbild? Die vier hinführenden Sprachetappen seiner Rückfront – von „Dés"; „sacre"; „sidéralement" zu

---

[4]   Pascal 1960, 206 ff.; pensée 446.

„supérieure" – bilden eine verbale Himmelsleiter, die das neue Denk- und Schreibprinzip des CDD sanktioniert („sacre"). Es ist – „CONSTELLATION"! Wie bewusst Mallarmé der astrologischen Leseanleitung folgt, bestätigen etwa handschriftliche Korrekturen auf den Druckfahnen zur zweiten, nicht mehr ausgeführten Version.[5] Mit zahlreichen, offensichtlichen und versteckten Textaktionen setzt der CDD es an die Stelle des zerstörten „palais central" (II 217) der Ideenwelt, aus dem der ‚Meister' vertrieben wurde. Nun hat er sich einem neuen geistigen Raumordnungsverfahren zu stellen. Die bildliche Wortfolge hin zum Großen Wagens gibt eine invertierte Leseart von unten nach oben vor. Der kontingente Ausgangspunkt im letzten ‚Vers', „Un Coup de Dés", vermag diese ‚Konstellation' in einem höheren Sinne („supérieure") nur unter der Bedingung zu heiligen („sacre"), dass sie in der Art eines Sternbildes („sidéralement") zu verstehen ist. Die Zahlen im Wort sprechen es im Übrigen auf ihre Weise aus: „CONSTELLATION" hat 13 Lettern. Es verleugnet damit nicht nur den Alexandriner. Als Summe von 6 und 7 verknüpft es die erreichbare 6 des Würfels, sein Denotat, mit der unerreichbaren 7, die nur als ungreifbares Konnotat vorgehalten wird. Mit dem poetischen Polarstern ‚Konstellation' geht der CDD daher unübersehbar auf Distanz zu allem, wofür die Siebenzahl bürgen sollte: der letzte ‚Vers' („Toute Pensée émet un Coup de Dés") besagt formal, mit sieben Worten (!), dass jede inhaltliche Aussicht auf eine ideale Sieben illusorisch ist. Eine Poesie im Bilde von „CONSTELLATION" erschließt sich deshalb erst, wenn sie sich gegen diese einzige Zahl abzusetzen vermag. Der ‚Meister' hat begriffen: mit noch so vollkommener Verskunst ist dem Geistprinzip keine feste Bleibe in der Sprache zu verschaffen. Die Typographie sagt es so: wenn die Sieben angesprochen wird, muss sie sich den Kleinbuchstaben beugen. Die Zwölf, das Prestige des klassischen Alexandriners, geht jetzt auf das demonstrativ offene ‚Konstellation' über. Dies zumindest besagt deren nähere Bestimmung durch die zwölf (!) Buchstaben von „sidéralement".

Sind solche Texterschließungen überzogen? Mallarmé hat etwa im Brief an André Gide (14.5.1897) eindringlich auf dieser visuellen Leseanleitung bestanden: ‚Die Konstellation (der Gedichtseite) nimmt entsprechend präziser Gesetzmäßigkeiten, und, soweit es einem gedruckten Text möglich ist, das Aussehen einer [astrologischen] Konstellation an' (I 816)! Das Vorwort des CDD unterlegte ihr schließlich eine poetische Vision, die die avantgardistische Kunst des 20. Jahrhunderts faszinieren wird: das simultane Kunstwerk („une vision simultanée de la Page"; I 391). Als solches vermag es die Schrift aus ihrem Gehorsam gegenüber der Linearität zu befreien (s. u. S. 96/96).

Welchem Sinn aber könnte es so noch Raum geben? Die Frage berührt elementar seine künftige Existenzberechtigung. Soviel steht fest: Bedeutung lässt sich fortan nur noch den sprachlichen Gegebenheiten abgewinnen – und auch das nur noch im Bewusstsein, dass alles erdichtet ist (I 391). Folglich kann es nicht länger mehr nur auf das ankommen, *was* es mitzuteilen gibt, sondern vor allem *wie*. Mnemosyne, die Mutter der Musen, tritt hinter Prometheus, das rastlos schaffende Prinzip zurück. „CONSTELLATION" meint

---

[5] Vgl. Mallarmé 2007; ebenso der Fortschritt der Varianten in den Druckfahnen, wie sie im Katalog *De la bibliothèque de Stéphane Mallarmé* 2015 (147–149) dokumentiert sind. Verschiedene Ausgaben haben diesem abschließenden Arrangement des Textes Rechnung getragen, nicht zuletzt die Version Bonniot von 1914, die die Imprimérie Nationale nachgedruckt hat. Die Bildachse des Textes wird durch die Schrittfolge der Wortleiter bestätigt und damit eine Interpretation im Sinne des Großen Wagens.

EXCEPTÉ

    à l'altitude

           PEUT-ÊTRE

                aussi loin qu'un endroit

fusionne avec au delà

hors l'intérêt
quant à lui signalé
en général
selon telle obliquité par telle déclivité
de feux

vers
ce doit être
le Septentrion aussi Nord

UNE CONSTELLATION

froide d'oubli et de désuétude
pas tant
qu'elle n'énumère
sur quelque surface vacante et supérieure
le heurt successif
sidéralement
d'un compte total en formation

veillant
doutant
roulant
brillant et méditant

avant de s'arrêter
à quelque point dernier qui le sacre

Toute Pensée émet un Coup des Dés

97

deshalb eine poetische Sprachhandlung, die nicht eigentlich auf einen abschließenden Sinn aus ist, vielmehr ein Sinnbildungsverfahren in Gang setzen will. Es soll auf etwas schließen lassen, das als solches, einer Metapher gleich, nicht ausdrücklich gemacht wird. Der poetische ‚Discours‘, den das Gedicht Mallarmés führt, hat am Ende seine ‚Methode‘ gefunden.

Der Rhythmus des Seins

Was fehlt, sind allerdings die Ausführungsbestimmungen. Der CDD enttäuscht auch in dieser Hinsicht nicht. Er hat sie gleichfalls ins Bild gesetzt und vervollständigt damit eine literarische Sternstunde, die der Autor in einem langen Klärungsprozess vorbereitet hat. Wie dem ‚Meister‘, dem Double von Mallarmé als Dichter, ist es ihm nicht leicht gefallen, sein poetisches Hab und Gut hinter sich zu lassen. Entsprechend kommt sein Werkbegriff von weit her. Bereits 1876 hatte er sich verdeutlicht, dass Tradition und Wissen, die sich über die Worte gelegt haben, nach dem Beispiel Manets ‚kalt‘ gestellt werden müssen („froide“; II 448), aber nicht völlig („pas tant“). ‚Implizit oder latent‘ darf eine wirkungsvolle und subtile Architektur allerdings nicht fehlen (I 623). Wie der Maler über Motive und Farben seine Wahrnehmung zum Ausdruck bringt, so der Dichter, wenn er die Materialität der Worte (II 213) bildlich überzieht.[6] Poetischer Mehrwert entsteht gerade erst durch diese vorsätzliche Abweichung und Überschreitung. Selbst die Existenz des Dichters („L'existence littéraire“) hatte sich dieser Transposition (II 211) zu fügen und er sich in Unpersönlichkeit, Anonymität zurückzuziehen, um die Stimme rein und unverfälscht erheben zu können (II 258). Diese kontrollierte Selbstenthaltung soll ihn vor verbalen Ausschweifungen zurückhalten, wie sie sich dann etwa in Marinettis futuristischem *Zang tum tum* oder Tristan Tzaras ironischer Poetik (mit einer Anspielung auf Mallarmé) *Um ein dadaistisches Gedicht zu machen*, entladen.[7] Mit „pas tant“ verpflichtet der CDD die Dichtung zwar auf das Zufallsprinzip; aber es ist letztlich die ‚Anordnung des Buches (...), die den Zufall eliminiert‘ (II 211) – indem es ihn inszeniert. Dessen Inbegriff ist Dis-position, die Kunst des Auseinanderfügens. Sie widersetzt sich damit unmittelbar dem Einheitsdenken von Kom-position. ‚Konstellation‘ ‚disponiert‘ insofern Poesie als verbales Planetarium, das die Sprache von ihrer Erdenschwere befreit.

Doch wie wäre die Schrift zu stellen, um solche Re-Visionen zu erzeugen? Dem ‚Meister‘ wird es abermals etymologisch bedeutet. Sein untergegangenes Projekt wollte sich vergeblich im Namen von „NOMBRE“ verewigen (IV). Seine Stelle hat jetzt demonstrativ „énumérer“ eingenommen: das Zählen ist an die Stelle der Zahl getreten. Dem Infinitiv steht es wahrhaft zu, dem Infinitum Rechnung zu tragen; statt des Begriffs herrscht nun das Verbum. Kunst soll Sprache nicht messen, sondern sich in das Ermessen ihres Ereignisses stellen. „énumérer“ meint dasselbe, was die Buchstaben des Alphabets ermöglichen: es gestattet ‚unbegrenzte, vielfältige Fusionierungen‘ (II 624). Das heißt: mit den Mitteln des Gegebenen die Abmachungen des Gegebenen zu überschreiten; ein Machen zu ermöglichen, das sehen will, was sich machen lässt. Solange Sprache im Fluss bleibt,

---

[6] Diese urpoetische Intention muss der ‚rationalen‘ und sprachmateriellen Erschließung von G. Davies 1953 allerdings entgehen.

[7] Tzara 1975, 382: „Pour faire un poème dadaïste.“

verhindert sie, dass Begriffe vorgeben können, Realität zu sein. Verse wie der ‚Meister' sie fortan in die Hand nehmen soll, haben gerade ihre Versiertheit auszuspielen. Wo sie dann nichts mehr zu bestätigen haben, können sie sich desto besser bespiegeln und paaren (II 709). ‚Konstellation' macht den Weg frei für semantische Polygamie.

Wenn also alle poetische Wirksamkeit von der Sprache ausgeht – wie müsste sie angegangen werden, um ein mentales Theater aufzuführen? Das Gedicht äußert sich dazu vielsagend: durch „le heurt successif" (XI b) – von einem stoßweisen Wortvortrag soll sie ausgehen. Mit Bergson lässt sich damit nichts Geringeres benennen als das ‚motorische Dispositiv'[8] der neuen Dichtkunst. Dieser Horizont erhellt sich dem ‚Meister' schließlich am Ende seiner poetischen Umerziehung. Nun geht ihm das Bewegende hinter dem Bild seiner fallenden Denkbahn auf. Der Wellengang des aufgebrachten Meeres hatte sein Gedankenschiff von einer auf die andere Seite gestoßen; die Sirene wiederholt es mit den Schlägen ihrer Schwanzflosse. Beides geht auf den gleichen Ursprung zurück: es ist die Erotik, das Seelenleben der Instinktnatur. Wer Poesie in ihrem Medium denken will, muss mithin konvertieren. „heurt successif" verlangt gerade, das semantische Triebvermögen der Worte zu aktivieren. Mit immer neuen Wendungen hat sich Mallarmé diesen Umzug des Dichtens unter das Obdach des Begehrungsvermögens klar gemacht. Aus seiner Quelle nur könne sich der ‚fundamentale Rhythmus' eines Gesangs speisen, der die Welt erhellt (I 75). In letzter Hinsicht geht das ansprechende Wort, wie es im unvollendeten, unvollendbaren Gesamtkunstwerk Le Livre heißt, aus dem ‚Ereignis der sexuellen Differenz' hervor.[9] Wenn mithin nicht der Geist, sondern das Begehren den Menschen im Innersten zusammenhält, muss die Kunst sich an diejenige Sprache wenden, die die kreatürliche Natur auch versteht. Der Text hat dementsprechend den „heurt successif" nachzubilden, indem er ihn in eine Folge („successif") von syntaktischen Kopulationen („heurt") verwandelt.

Doch wie die starren Buchstaben in Fluss bringen („successive stagnance"; II 231)? Was der Autor formuliert, hat sein CDD umgesetzt: die Schrift hält zwar das Wort fest; die weißen ‚Brechungen' der Seite aber lassen es disseminierend frei (II 234). Für den Mallarmé-Leser Derrida der Anknüpfungspunkt schlechthin, um den CDD in seine Strategie der Dissemination einzubinden. Geradezu ‚eindimensional' führt er dessen moderne Textualität auf Sexualität zurück. Das verschafft ihm die Lizenz, die letzte Doppelseite des CDD in atemberaubende anagrammatische Liaisons zu verwickeln.[10] „heurt successif", Herzrhythmus von ‚constellation', fällt dadurch ganz seiner disseminalen Texttheorie zum Opfer.[11] Die ‚fragmentarische Anordnung' des Gedichts mit seinen Wechselwirkungen will jedoch gerade im ‚totalen Rhythmus' aufgehen. Das erst wäre das Gedicht, das sich auf seine Weise verschweigt (II 211). Aus einem solchen Untergang der Eindeutigkeit erst kann eine neue, lebensspendende Empfängnis der Sprache ausgehen (II 506). ‚Der Dichter überlässt die Initiative den Worten, die durch den Anprall („heurt"!) ihrer Ungleichheit mobilisiert werden' (II 211). ‚Im gegenseitigen Wider-

---

[8] Fellmann 1993, 73 ff; hier 82.

[9] Cf. Schérer 1977, 305.

[10] Derrida 1972, 358 f. identifiziert es, nach dem Vorgang bei Sartre 1986, einschlägig sexuell. Auf die Sterne bezogen sind Worte Samen, die sich der männlichen und weiblichen Milch annähern und sich mit der Milchstraße verbinden. Kristeva 1978 wird genderspezifisch weiterführen.

[11] Vgl. Derrida 1972, 357 f. Dazu Roger 2010, 880 ff.

schein entzünden sie sich wie ein virtuelles Gleiten von Feuer über Edelsteine' (ebda.).[12] Denn der poetische Gesang entspringt einer ‚eingeborenen' Quelle („jaillit d'une source innée"), die jedem verstandesgemäßen ‚Konzept vorausliegt' (II 659). So wird er dem ‚Instinktvermögen' gerecht, das sich in heftigen Gebärden selbst gefällt (II 215). Wenn Poesie auf dieses essentielle Hin-und-Her zurückgeführt wird, dann regt sie den Geist zu einer vitalen Systole und Diastole an.

Diese intermittierende Denkweise steht dabei mit der Imagination im Bunde. Bergson wird es später lebensphilosophisch erhärten. Eine selbstständige Wissensform sei damit ergriffen, primär gegenüber der des Intellekts, der nie die unmittelbare Erfahrung respektiert.[13] Leben als solches kann nur im Erleben selbst wahrgenommen werden. Um es sich aber verfügbar zu machen, muss es, so Mallarmé, sprachlich aufgenommen werden. Dabei genügt es gerade nicht, es im verbalen Kleingeld des Bedürfnislebens (II 677 f.), ‚realistisch' also, zu beziffern. Dessen Wirklichkeitsbild bezieht sich wesentlich auf das Verwirklichte; für Mallarmé ist es das Verwirkte. ‚Die Dinge sind da', erläutert er im Blick auf den Naturalisten Zola; ‚wir haben sie [literarisch] nicht noch einmal zu erschaffen' (II 702). Kunst hat sich vielmehr über die Sprache hinwegzusetzen, in die wir eingelebt sind. Darauf zielt im Kern Mallarmés Skizze „La Littérature" von 1893 (I 624). Auch von dieser Seite fällt damit jedes Nachahmungsgebot der Kunst in sich zusammen. Eine objektivistisch wiedergegebene Welt ist nicht minder eine Fiktion wie eine idealistische und taugt nicht als Schule der ‚dignitas hominis'. Entheiligt sieht sich damit eine „universelle analogie" (Baudelaire),[14] die den Mikrokosmos Mensch im Makrokosmos des Universums aufgehoben wissen wollte. Dem Menschen im Widerstreit seiner ‚heurts successifs' haben sich dadurch nicht nur alle idealen Fluchtwege versperrt. Er musste zugleich das Diesseits als das unhintergehbare Jenseits akzeptieren.[15] Nur wer sich der enteignenden Sprache der Poesie aussetzt, kann sich noch als eigentlich inne werden.

Mallarmé bezog in die ‚Reversibilität' des „heurt successif" auch das Gesellschaftspolitische mit ein (II 266 ff.). Aristokratie und Demokratie erscheinen ihm in eine unverzichtbare Wechselwirkung verstrickt. Die beiden Zustände stoßen zwar zusammen („ils se heurtent"!). Würde aber einer verkümmern, ginge der Gesellschaft das Leben verloren. Über allem aber liegt die symbolische Bildparallele: ‚Es wäre besser, über das Meer zu schweigen, wenn nicht zugleich das Firmament in das außerordentliche Drama einbezogen würde' (II 254). „Heurt successif" ist weltbewegend.

Proust, eifersüchtiger Leser Mallarmés, nannte die Urfassung seines Romans *Les Intermittences du cœur*. Stefan Zweifel übersetzt *Das Flimmern des Herzens*.[16] Es wäre ein Versäumnis, das Wechselspiel in der Tiefe der ‚inneren Organe' von Instinkt und Intellekt, die Intervalle von Anhalten und Wiederaufnahme („s'arrêter et reprendre par intervalles") nicht auf Mallarmé zu beziehen. Ein Einfluss von Prousts entferntem Verwandten Henri Bergson legt sich überdies nahe.[17] Es sind Zeichen einer geistigen Zeiten-

---

[12] Übersetzung mit Fischer / Stabel 1992, 285.
[13] *Evolution créatrice*. Vgl. Fellmann 1993, 73 ff.
[14] „Reflexions sur quelques-uns de mes contemporains"; in: Baudelaire II 1976, 133.
[15] Exemplarisch im Namen einer „équivocité de l'être" diskutiert von Roger 2006, 3–27. – Ebenso Benoit 2007, 113–126.
[16] Proust 2017.
[17] Vgl. Wehle 2013, 38 ff.

wende: es geht um den Führungswechsel im Erkenntnisprinzip. Der Verstand und seine Anwältinnen Philosophie und Epistemologie haben dem pulsierenden Begehrungsvermögen den Vortritt zu geben, das Erkenntnis zuallererst zu einem Bedürfnis macht.[18] Mallarmé: ‚der Vers' ist es, der auf philosophische Weise den Mangel der Sprachen als ‚ihr höheres Kompliment entschädigt' (II 208)!

Eine Sprachkunst im Rhythmus des „heurt successif" hat allerdings eine Paradoxie aufzulösen. Wie soll sie das Standbild der Schrift so arrangieren, dass es geistig mobil macht (II 391)? Der CDD gibt darauf eine hoch dotierte Antwort in dem mehrfach eingebundenen „sidéralement". Seine poetologische Perspektive teilt sich seinerseits etymologisch (‚sidus') mit: ‚sternengleich' sind die Worte auf dem Firmament der Seite zu verstreuen. In diesem Sinne gibt sich der CDD als Umsetzung des „HASARD" in ein Schriftbild zu erkennen. So kann er dafür sorgen, dass sich Poesie in ein belebendes Element verwandelt. Deshalb ist dem ‚Meister' die Hand mit den Würfeln erstarrt, mit der er die Unberechenbarkeit des Zufalls auf einen Nenner – „LE NOMBRE" – bringen wollte. Dies gilt nicht minder für die Sechs plus Sechs des Alexandriners. Dessen Wortwürfe können sich noch so oft wiederholen; sie dringen niemals zu einer Sieben, den orphischen Urworten vor. Seine Verse drehen sich wie das Rad der Fortuna lediglich im Kreise. Poetische ‚Konstellation' hingegen setzt den beschränkten schwarzen Augen des Würfels die ‚zahllosen' hellen Augen der Nacht entgegen. Dadurch bleibt die Uneindeutigkeit des Vielen gerade bestehen, denn ‚den Sternen, dem Alphabet der Nacht', mangelt es an einem Zusammenhang und damit an einer ‚erhabenen Bedeutung' (II 170). Sternengleiche Poesie aber vermag diesem Mangel eine Tugend abzugewinnen, indem sie ihre Worte vieldeutig macht.

„Sidéralement" verlangt mithin eine alternative Wahrnehmung. Die lexikalischen Leuchtpunkte wollen, bevor sie verbunden werden, zunächst ‚auf den ersten Blick, in der Totale' aufgenommen sein. Mit der Bestirnung der Seite verwandelt sich das Gedicht in ein Planetarium. Es überlässt seine Deutung zu einem Gutteil der Astrologie des Lesers. Was es bedeuten kann, wird dadurch wesentlich eine Sache der Anschauung des Anschauenden.

Wie „sidéralement" dies bewirken soll, hat Mallarmé abermals einem bildlich vertieften Begriff anvertraut. Mit einem „isolement de la parole" (II 213), mit der Einzelstellung der Sprachelemente soll die Verskunst aus der Krise kommen. Dadurch würde die Leseerwartung verstört, dass auf ‚die ersten Worte des Gedichts weitere folgen und bis zu den letzten fortführen' (II 391). Der CDD ist bereits diese angewandte Verinselung selbst mit der Folge, dass das Auseinanderschreiben die Lektüre in ein ‚Zusammenlesen' verwandelt. Die Rhetorik kannte diese Stilpraxis als Diaphora. Genau darin sieht Mallarmé die geistigen Gewinnaussichten seines Gedichts und unterzieht es einer gezielten semantischen Spektroskopie. Eine Lektüre ohne feste Zeilenordnung muss sich dadurch einen Parcours durch die ‚Konstellation' suchen. Dahinter steht eine sorgfältig bedachte Tiefenstrategie des CDD: durch Umwege zum Umdenken.

---

[18] Programmatisch angesetzt von Proust 1954, „Préface", 55 ff.: „l'instinct doit occuper la première (place dans la hiérarchie des valeurs)" (63).

Abermals lässt Mallarmé durchblicken, dass er dabei anknüpfend-abwendend einen Dialog mit einer großen, abendländischen Gedankenfigur führt, dem Labyrinth.[19] In seinem Grundsatzartikel *Das Mysterium in der Literatur* (1896) hat er für einen kostbaren Moment einen Einblick in seine Werkstatt gewährt, aus der der CDD hervorgegangen ist. Schreiben, um ‚unverfroren Banalitäten wiederzukäuen‘ („ressasseurs") – wozu (II 231)? Muße („loisir"), die Lebensform der Kunst, ist verlockend, weil sie vom ‚Druck des Augenblicks‘ entlastet. Ihr Zeichengebrauch versetzt in einen schwebenden Zustand („nuage"), der den Irrungen im ‚Labyrinth‘ gleicht, d. h. dazu verführt, vom geraden Weg abzukommen. Im abgegrenzten Raum – des Gedichts – kann dann das schmückende Bildersprechen der *flores rhetorici* zur Blüte kommen („labyrinthe illuminé par des fleurs"; II 231). Deren Abweichung vom Ariadne-Faden der Eindeutigkeit eröffnet unbegangene Lesewege.

Mallarmé folgt darüber hinaus jedoch, wie es scheint, vor allem seiner Devise, dass die Schrift nur einer ‚Bespiegelung von unterhalb‘ ihrer Oberfläche („miroitement en dessous"; II 229) gehorchen soll. Als das weithin ausstrahlende Leitbild darf das Kirchenlabyrinth der Krönungskathedrale von Chartres gelten (Abb. 5).

Abbildung 5: Schematische Darstellung des Labyrinths der Cathédrale
Notre-Dame de Chartres

Die Parallelen zum CDD sind so frappierend, dass man es dem Gedicht geradezu als Krypta unterstellen darf. Eine biographische Nähe ist nicht ausgeschlossen. Bis zum Jahr von Mallarmés Geburt 1842 war der Vater Finanzverwalter in Chartres. Ab 1853 wurde Sens bis 1863 zum Lebensmittelpunkt. In dessen Kathedrale war der Familie eine eigene Bank reserviert. Der hochgotische Kirchenbau besaß früher ein vergleichbares Labyrinth von annähernd 10 m Durchmesser. Es wird dem religiös sozialisierten Schüler nicht unbekannt geblieben sein. Kathedralen wurden überdies im 19. Jahrhundert fester

---

[19] Vgl. Hocke 1987 und Bouix 2014.

Bestandteil der nationalen Mythenbildung,[20] von Hugos *Notre-Dame de Paris* bis *La Cathédrale* von Huysmans (1898), mit dem Mallarmé in engen Beziehungen stand (I 781 f.). Auf das Labyrinth selbst geht er in seiner ,pädagogischen' Schrift zum Broterwerb über die antiken Gottheiten ein (*Les Dieux antiques*, 1879; II 1445 ff.).[21]

Die christliche Deutung seiner Gestalt nimmt vor allem auf die elf Umläufe Bezug; elf Doppelseiten hat auch der CDD! Diese Zahl kodiert sein Denkbild moralisch: Elf ist das ,Wappenzeichen der Sünde' (Huysmans), die verfehlte Zwölf; zugleich Bild für die Überschreitung der zehn Gebote (,,transgression de la loi, armoirie du péché").[22] In lyrischer Hinsicht bezieht sich Elf zugleich auf einen Vers, dem die Erfüllung des zwölfsilbigen Alexandriners versagt geblieben ist.[23] Der CDD bekennt damit, dass er sich bewusst gegen poetische Vollkommenheitserwartungen versündigt. Dafür spricht vor allem, dass, wer sich in ein Labyrinth begibt, seinen verschlungenen Weg zweimal zu begehen hat – ganz so, wie die verworfene Geschichte des CDD einen doppelten Durchgang nahelegt: einen Hinweg, der dem ursprünglichen Dichten als Denken des Meisters gilt; der ihn auf seinen Irrtum hinführt, dass er ihn spekulativ begehen wollte. Und ineins damit der Rücklauf zum Ausgangspunkt, der Schritt um Schritt zum Bewusstsein bringt, dass Denken sich wahrhaft nur entlang der blumigen Wendungen der Dichtung vollziehen kann. Mallarmé hat selbst, mit Verweis auf die Schreibweise von Symphonien, sich auf dieses zweifache, intellektuelle Verfahren (II 232) bezogen. Dem ist zugleich seine sprachtheoretische Überzeugung unterlegt, dass Worte mehrere – gegenläufige – Sinne haben (I 508).

Das Ereignis der labyrinthischen Unwegsamkeit schlechthin ist aber die Peripetie in der Mitte, vergleichbar dem Schlussstein eines Gewölbes. Nichts könnte die historische Raumdeutung besser veranschaulichen als *Chartres*. Sein Innerstes, den elften Kreis, bilden wiederum sechs Kreise, die einen siebten umschließen! Es ist in mehr als einer Hinsicht die Konstellation des Würfels, in der Mallarmé das Bewusstseinsdrama des ,Meisters' versinnbildlicht. Bis zur Französischen Revolution nahm in Chartres ein großes Medaillon aus Metall die Mitte ein. Es zitierte den mythischen Kampf zwischen Theseus und Minotaurus, christlich überschrieben als Seelenkampf zwischen Gut und Böse. Der siebte Kreis verkörperte mithin einen Ort höchster Gefährdung; er formuliert ikonisch den Imperativ, sich zurück zu wenden zum Eingang ins rettende Kirchenschiff. Gilt dies nicht auch für die Mitte von Mallarmés Gedicht? Denn auffällig genug wurde die sechste Doppelseite (VI) als Mitte der insgesamt elf markiert (5–1–5): ein identischer ,Reim' (,,COMME SI" / ,,COMME SI") markiert sie als inneren Kreis. Die Reimwörter haben sieben Buchstaben und zitieren das Projekt des ,Meisters'. Von ihrer Aussage her – ,als ob' – wird es jedoch gerade als illusionär, als Mitte seiner Verfehlung abqualifiziert. Dem Labyrinth entspricht hier der Lebenskampf des ,Meisters' um die letzten Geheimnisse (,,mystère") des Geistes. Das Zentrum der Doppelseite (,,tourbillon") aber zeigt, warum

---

[20] Vgl. dazu den Katalog zu den Ausstellungen in Rouen und Köln (Wallraf-Richartz-Museum): *Cathédrales* 2014.

[21] Besondere Aufmerksamkeit liegt auf Orpheus (Widmungsgedicht; II 1446) und Theseus, der im Labyrinth den abnormen Minotaurus niederrang (II 1519 ff.).

[22] Huysman*s* 1998 u. ö., 129; sowie Huysmans 2017.

[23] Vgl. Mallarmés ,poème critique' ,,Le Démon de l'analogie" (II 86–88), wo die Elf in Gestalt der Penultima ausdrücklich zum Drama wird. Vgl. Kap. V.

er nicht zu gewinnen ist: alles dreht sich um einen unabsehbaren Abgrund („autour du gouffre"). Auch im Textlabyrinth des CDD gibt es deshalb nur einen Ausweg: umzukehren, die verkehrte Sieben zu überwinden. Ein Sieg von Intellekt und Glaube über die Unnatur, wie ihn Theseus / Christus in Aussicht stellen, wird dem ‚Meister' allerdings demonstrativ versagt. Die Gewissenserforschung des CDD als Durchgang durch einen poetischen Irrgarten endet gerade nicht in einer Konversion. Rettung ist nicht von einem Außerhalb, lediglich von innerhalb des Dichtungsschiffs selbst möglich: es gibt keinen Ausgang aus dem Labyrinth; nur die Möglichkeit, es in einer labyrinthischen Sprachbewegung abzubilden, zum Ausgangspunkt zurückzukehren und sich auf einen Neuanfang zu besinnen.

Dem dient auch die da-capo-Struktur des CDD im Ganzen. Der *circulus viciosus* der elf Umläufe nimmt am Ende im letzten Wort, „Un Coup de Dés", das erste, „UN COUP DE DÉS" wieder auf. Am steinernen Vorbild der Kathedrale lässt sich der tiefere Sinn ablesen. Hat sich zwischen Eingang und Ausgang eine innere Umkehr, eine *mutatio animi*, ereignet? Es ist das labyrinthische Moment der Erkenntnis schlechthin. Subtil hält sich der CDD an dieses Schema. „HASARD", der Minotaurus des Denkens, wird in der Schlusswendung doppelt poetisch gestellt: ursprünglich Subjekt des Anfangssatzes, ist er am Ende zum Satzobjekt distanziert. Das letzte Wort des CDD ruft den ‚Meister' zur Besinnung und macht ihm klar, dass die herrischen Buchstaben des Anfangs lediglich allegorische Bedeutung haben. Dichten hat sich in Wahrheit nicht dem Weltgeist, sondern der Arbeit an der Sprache zuzuwenden. Die Einsichten in diese labyrinthische Schreibweise mögen ihn schließlich bewogen haben, den Satz des Autors zu akzeptieren, dass nur ein disseminierter Text wie der CDD in der Lage wäre, ‚den Zufall Wort für Wort zu besiegen' („le hasard vaincu mot par mot") – weil die Kunst sein wahres Gesicht zeigt.

Im „isolement de la parole" sind die Ausführungsbestimmungen für eine solche Textur zusammengefasst. Sie lösen die ‚alten Versberechnungen des ‚Meisters' und deren ‚Handhabung' (IV b) ab. Mallarmé bedenkt es auch in diesem Fall etymologisch. Die ‚isolierende' Darbietung der Sprachbausteine leitet sich von lat. ‚insula' her. In diesem Sinne verstreut der CDD exemplarisch seine Worte wie Inseln auf dem Meer der weißen Seite. Sie verleihen seinem Text das Aussehen eines verbalen Archipels. Dank dieser ‚Verinselung' wird der Kontext verdünnt; die Einzelheiten gewinnen an Unabhängigkeit; werden dadurch paarungsbereiter für Vorstellungen, die in Reichweite ihrer semantischen Neigungen liegen: Mallarmés „subdivisions prismatiques" (I 391). Dem hat sich auch der Poet als „isolateur" (II 220) unterzuordnen. Entsprechend kann er ‚Philosophie in der Poesie' in der Weise ausüben, dass er den Sog im Fortgang der Schrift von vorne nach hinten, von oben nach unten nutzt, um ihn gezielt zu durchbrechen. Die weißen Leerstellen provozieren erwünschte Aufschübe, um sich im Text zu verlaufen und den Gang der Lektüre auf die Suche nach dem rechten Weg durch die Textlandschaft zu schicken. Es sind für Mallarmé eben die ‚erlösenden Momente' (II 231), in denen sich mehr ‚Klarheit' entbindet als in einem kontinuierlichen Vortrag („à jet contenu"; II 231). Deshalb bilden sie das eigentliche ‚intellektuelle Gerüst' des Gedichts (II 659).

Bildlich nimmt „isolement" darüber hinaus einen verbreiteten zeitgenössischen Dialog mit dem Sternenmeer auf. Es konnte wie ein kosmisches Simultangedicht in den Blick kommen und bis heute astrologische Deutungsenergie entfalten. Wie ernsthaft, geradezu wissenschaftlich diese Bildmacht zu Rate gezogen wurde, mag Antoine-Augustin Cournot bezeugen, hoch angesehener Mathematiker und Philosoph der Zeit. Seine *Considérations sur la marche des idées et des événements dans les temps modernes* (1875)[24] widmeten dem Prinzip des Zufalls besondere Aufmerksamkeit. Um seine Un- hintergehbarkeit zu betonen, greift der Wissenschaftler zum Sinnbild: ‚Sterne und Sternhaufen, Milchstraße und Sternennebel – übersähen sie nicht den Himmelsraum wie Inseln und Archipele an der Oberfläche der Meere, ohne Gesetzmäßigkeit, ohne offensichtliche Ordnung (…); bieten sie sich uns nicht im Ganzen mit den Merkmalen der Kontingenz oder Akzidenz dar?‘ (43). Die Übereinstimmungen mit Mallarmé sind bedeutend. Albert Thibaudet hatte bereits 1911/12 den CDD mit Cournot in Verbindung gebracht.[25]

Malkunst (Manet)

Den wohl entscheidenden Anstoß für eine labyrinthische Textbildkunst des „isolement" ging jedoch von der außergewöhnlichen Wahlverwandtschaft mit einer anderen ästheti- schen ‚Revolution‘ der Epoche aus, die namentlich Mallarmés Artikel *The Impressionists and Edouard Manet* von 1876 umrissen hat. In ihm spiegeln sich jahrelange Atelierge- spräche wider. Er gehört zum Besten, was über diese Kunstrichtung und Manet als ihrem „Maître" (!) gesagt werden konnte (II 444 ff.).[26] Der eine hat sich im anderen erkannt. Quelle, auch hier, ist das Instinktvermögen. Um es zur Erscheinung zu bringen, müssen die Motive – poetisch: die Worte – von ihren Vorbedeutungen abgebracht werden („ab- straction"). Das gilt gleichermaßen auch für den Künstler: er habe ‚absolut außerhalb seines Selbst zu malen‘ (II 448/460). Mallarmés eigene Version lautet: ‚das reine Werk impliziert, dass der Dichter in seinem Vortrag nicht in Erscheinung tritt‘ (II 211). Aber wie? Durch den Willen zu vorsätzlichem „isolement" (!) – zwanzig Jahre vor dem CDD (II 448/458). In der ‚plein-air‘-Malerei hat diese Kunst ihre Theorie gefunden (II 452). Sie beruft sich zwar auf die Natur, ist jedoch vor allem daran interessiert, *wie* sie die Dinge auf ihre Weise natürlich erscheinen lassen kann. Ihr Geheimnis: sie ‚flutet‘ die Darstellung mit Licht und Luft (II 456), poetisch vergleichbar den intermittierenden Weiß-Einschlüssen. Sie erreicht diesen Effekt, indem sie alle Konturen auflöst und die Realien entformt (II 455). Manet hat deshalb dem Rahmen die Aufgabe zugewiesen, das Bild nicht zu begrenzen, sondern es nur zu unterbrechen (II 458). Die sichtbar gesetzten Pinselstriche – die gebrochenen Worte des Poeten – machen Schluss mit einer Ästhetik des ‚trompe-l'œil‘. Stattdessen suggerieren sie eine ‚fortwährende Metamorphose‘, die das ‚Unsichtbare sichtbar mache‘ (II 455). Nehmen sie damit aber nicht die Aufgabe wahr, die Mallarmé den ‚blancs‘ seines Sprachgemäldes zuweist, damit ‚nichts definitiv fixiert werden kann‘ (II 456)? Die Farben, ‚vereinfacht‘ aufgetragen (II 459), verselbstständigen sich, erzeugen jene Lichtbrechung, die Mallarmé der Semantik seiner Worte verordnete

---

[24] Cournot 1973 (‚Betrachtungen über den Gang der Ideen und Ereignisse in moderner Zeit‘).

[25] Thibaudet 1912, 341.

[26] Erschienen in der englischen Zeitschrift *The Art Monthly Review*; Abdruck in französischer Übersetzung von Bertrand Marchal: II 444–470; hier II 447. Hinzuweisen ist zugleich auf Mal- larmés Übersetzung des kunsttheoretischen Vortrags von James Whistler „Le ‚Ten O'Clock'" (II 837 ff.) – Vgl. Durand 1998, gewissermaßen der Gegenblick zu Bataille 1953.

(„prismatique"; I 391) und schaffen jene flimmernde ‚Omnipräsenz' (II 456), die er als Simultaneität in seinem Gedicht nachbildet. Manets Theorie des ‚plein-air' hat Mallarmé auf seine ‚stellare' Sprachmalkunst angewandt, sie jedoch in die äußerste Konsequenz getrieben. Insofern darf der CDD auch als eine Widmung an den 1883 verstorbenen Freund Manet verstanden und von daher als radikaler Sprachimpressionismus gewürdigt werden.

Es gibt ein vorzügliches Dokument ihres gemeinsamen diskursiven Aufbruchs, Manets Gemälde *Évasion de Rochefort* von 1880/81 (Abb. 6).[27]

Abbildung 6: Édouard Manet, *L'évasion de Rochefort* (1881)

Mallarmé war unmittelbar an der Erarbeitung beteiligt. Rochefort, der gescheiterte Kommunarde, wird im Titel genannt, im Bild dagegen so gut wie entpersönlicht („disparition"). Die Bootsinsassen nehmen zwar die Mitte ein, sind aber einem enteignenden

---

27 Paris, Musée d'Orsay.

„isolement", der Leere uferlosen Wassers ausgesetzt, wie der ‚Meister' Mallarmés. Das Festland, die Welt der Signifikate, mussten sie verlassen, ein Schiffbruch an Land, und Rettung auf dem Meer suchen, Ort besonderer Gefährdung für symbolträchtige Schiffe. Ein verdunkelter, grenzenloser Horizont liefert sie einem abgründigen Non-Finitum aus. Ihnen bleibt nichts als das Hin-und-Her der Ruder in den Wellen der Kontingenz. Die ‚luftigen' Konturen wehren ein nachahmendes Interesse ab; sie machen das Gemalte vielmehr als gemalt sichtbar. Manet liegt nicht daran, ein Sujet auszustellen, sondern dessen Wahrnehmung zu verlebendigen. Über seine impressionistischen Unbestimmtheitsstellen lässt sich eine Brücke schlagen zum intermittierenden Kunstwerk, das Mallarmé im CDD ausführt. Es weist Eindeutigkeit und Klarheit als verfehltes, philosophisches Ziel von sich und verschreibt sich einer ästhetischen Erkenntnis, die durch Abweichungen und Umwege Mehrdeutigkeit erzielt.

Kehrwerte

Die letzte, umfassende Bestimmung von „CONSTELLATION" kleidet der CDD in die paradox anmutende Formel von einem „compte total / en formation" (XI b). Welche Erkenntnisgewinne ließen sich mit einer Sieben, der ‚allumfassenden Endsumme' („compte total") verbinden, die jedoch im Zustand ihres ‚Werdens' („en formation") verbleiben soll? Damit ist gewissermaßen der Maschinenraum einer Sprachkunst bezeichnet, die ohne Polarstern zu navigieren hat. Zurück bleiben sieben entstirnte Vers-Zeichen des Kleinen / Großen Wagens. Ist es Zufall, dass das astrologische und poetische Sternzeichen sie im Verhältnis von drei und vier darbietet: vier Elemente des Wagenkörpers, die auf die drei der Deichsel hinauslaufen? Nun, da sie ziellos geworden sind, wird das Interesse jedoch vom Ganzen auf die Teile zurückgelenkt. Sie kommen dadurch als Werkzeuge in Betracht, mit denen sich Sinnbilder wie das Siebengestirn erzeugen lassen, ohne zugleich eine abschließende Aussage treffen zu können.

Grammatikalisch durchbricht die zentrale 4. Zeile, „brillant et méditant", diese Verteilung jedoch und kehrt sie um. Die drei unteren Sternzeilen (von „avant" bis „Dés") werden dadurch spiegelbildlich gegenüber der Deichsel zusammengefasst. Tatsächlich erscheinen dann auch sie grammatisch wie semantisch als eine eigene (gegenläufige) Einheit: sie betonen einerseits ihre Verbalität („arrêter"; „sacre"; „émet"), treten aber gerade für Stillstand ein („arrêter"). Sie wollen das Denken auf Dauer gestellt wissen; dem stellt sich „formation" entgegen und entheiligt ihre Illusion von einem Infinitum und verpflichtet sie auf ein Ideal der Unabschließbarkeit. Deshalb stehen die Partizipien *über* den anderen. Nicht der Dämon der Endlösungen („compte total") soll das letzte Wort haben. Er ist ‚Nichts' ohne geistiges Bewegungsmoment („formation"), das seine verhärteten Begriffe wieder in die Freiheit entlässt, um die unterdrückten semantischen Liebschaften sich ausleben zu lassen.

Das umgedeutete Siebengestirn hat jedoch noch mehr im Sinn. An anderer Stelle hatte Mallarmé ein wohlbedachtes System zu verstehen gegeben, dessen Wirkmoment er ungewohnt begrifflich als ‚reziproke Kontamination' (II 216) bezeichnete. Seine Bedeutung kann kaum überschätzt werden. Es ist dies Mallarmés so gut wie kaum gewürdigte Grundformel, die er gegen alle philosophischen und epistemologischen Ansätze aufbietet, welche Sinn und Wahrheit auf dialektischem, differentiellem oder analogischem Weg sichern zu können glauben (vgl. Kap. V).[28] Im konkreten Fall legt sie die Aufforderung nahe, im Verhältnis von drei und vier eine Reihe von langlebigen Zuschnitten des Menschenbildes aufzurufen – und ihre Ordnung einer kritischen Prüfung zu unterziehen. Kaum anzunehmen, dass eine Anspielung auf die 7 *artes liberales* nicht gemeint sein könnte. Dem Trivium, den 3 unteren diskursiven Fächern Grammatik, Rhetorik und Dialektik (als ‚disputatio‘) stehen die 4 höheren wissenschaftlichen Fächer Arithmetik, Geometrie, Astronomie und Musik gegenüber. Die einen leiten zu einem gezielten, an Vorbildern geschulten Einsatz von Sprache an, die anderen von Zahlen. Werden sie im Sternbild des CDD gespiegelt, müssen sie sich jedoch gerade Mallarmés poetischer Inversion beugen: die vier höheren Disziplinen haben sich nun den unteren zu fügen. Ohne – schriftliche – Sprache keine Erkenntnis, gibt der Dichter auch auf diese Weise zu verstehen. Wie weit ihr Führungsanspruch gehen kann, hat der Untergang des ‚Meisters‘ gezeigt. Er musste seinerseits durch eine Gegeninversion vor seinen absoluten artistischen Sprachneigungen bewahrt werden („avant de s'arrêter“): als Vorbild stellte ihm Mallarmé die Musik vor Augen. ‚Ich mache Musik‘, heißt es grundsätzlich in seinem Aufsatz *La Musique et les Lettres*. Doch nicht eigentlich auf den Klangwert („rapprochement euphonique des mots“), auf die ‚materielle Disposition‘ der Worte kommt es an (I 807). Das Aufschreibsystem der Musik macht es vor. Die einzelnen Noten gehorchen unverkennbar dem „isolement“ der Partitur; lassen zwischen sich jedoch systematisch Raum für bedeutungsstiftende „blancs“, bleiben aber sichtbar im Rahmen der Notenlinien und des Notenblatts. Obwohl sie beziehungsreich getrennt stehen, halten sie untereinander doch rhythmisch Verbindung („rythme entre des rapports“; I 807), die in der Aufführung – poetisch in der Lektüre – orchestriert werden (II 205). Der CDD interpretiert insofern das Bildungskonzept der *artes* im Zeichen der Sieben, macht aber offenbar, dass es zwar über die Mittel verfügt, nicht jedoch menschlicher Gedankentätigkeit untergeordnet werden kann.

Noch unmittelbarer berührt dieses symbolträchtige Zahlenverhältnis das ethische Projekt des CDD, sein „résultat humain“ (X b). Darin berührt es sich mit der Lehre von den drei theologalen bzw. göttlichen Tugenden, die zusammen mit den vier kardinalen oder philosophischen Richtwerte für sittliches Handeln formulieren: Glaube, Hoffnung, Liebe bereiten Wege zu ewigem Leben, himmlischem Glück; Klugheit, Gerechtigkeit, Besonnenheit, Tapferkeit zu irdischem Wohlergehen. Zusammen geben sie mithin ein zielführendes Versprechen ab: wenn, dann. Sie haben propädeutischen Charakter. Der Zweck ihres Sein-sollens, ihr höchstes Gut, liegt ihnen voraus, hat den Rang eines Ideals – und ist doch andererseits nur kulturell gestiftet durch Mythen, Religionen, Sitten, Brauchtum, Erziehung. Sie kommen also nicht natürlich vor. Insofern sind sie Teil einer Wissensord-

---

[28] Davies 1963 hat wohl die ‚Dialektik des Gegensätzlichen‘ hervorgehoben, aber mit Rücksicht auf seinen Ansatz einer ‚rationalen‘, ‚objektiven Erklärung‘ des CDD auf diesem Wege geschlossen, Mallarmé habe sie im Hinblick auf das Absolute aber gerade überschreiten und damit aufheben wollen (158). – Unter dem Einfluss von Psychoanalyse, Marxismus und Strukturalismus urteilte ihrem Ansatz gemäß auch so die Mallarmé-Leserin Kristeva 1978. Seine Bedeutung beschränke sich darauf, „den Mechanismus des Verwerfens wiederzugeben“. Dadurch wird er lediglich „zur notwendigen Ergänzung philosophischer Spekulation“ und der „Erfahrung des heterogenen Widerspruchs“ (190). Das Eröffnende seiner Sprachkunst bleibt unberücksichtigt. Zur Kritik vgl. Lund 1976.

nung, die sich auf langfristige Erfahrungen beruft und entsprechend die Verbindlichkeit von Traditionen beansprucht. ‚Tugenden‘, hatte jedoch schon Descartes in seiner Schrift *Les passions de l'âme* festgehalten, sind nichts als ‚Gewohnheiten der Seele‘ (Art. 161). Sie werden eingefordert, sind damit nicht frei von Selbst- und Fremdzensur, zumal sie mit Drohgebärden korrespondieren, die in Lasterkatalogen vorgehalten werden.

Gleichwohl hatte Mallarmé der Literatur einen sittlichen Bildungsauftrag vorgesehen: ‚Es braucht ihn, implizit und latent‘ (II 659). Wie aber wäre er ohne eine vorformulierte Ethik möglich? Auch hier gibt das Siebengestirn des Gedichts eine strukturelle Antwort. Der theologale Königsweg – Glaube, Hoffnung, Liebe, die moralische Deichsel, die den Lebenswagen lenkt – wird von den Partizipien, die auf „EXCEPTÉ“ hinauslaufen, als Unweg profaniert. Nietzsche hatte der traditionellen Tugendordnung „Wort-Prunk“ vorgeworfen[29]. Für Mallarmé baut sie auf ‚Begriffe‘, die sich sprachkritisch gesehen als Fiktionen entlarven lassen. Deshalb entzieht ihnen der CDD die Autorität von Hauptwörtern. Ethisch handelt nicht, wer Weisungen befolgt, sondern seine Gedanken kontrolliert, wachsam („veillant“) und kritisch („doutant“) ist und Ansprüche auf ein ‚summum bonum‘ („compte total“) sich zwar durch den Kopf gehen lässt („roulant“), aber abwägt („méditant“), ob sie auch einleuchten („brillant“). Poetische Ethik im Verständnis Mallarmés hat sich reflexiv, nicht imperativ zu bewähren.

Wenn noch mit ‚humanen Resultaten‘ (X b) zu rechnen ist, dann liegen sie bestenfalls im Bereich des Menschenmöglichen. Auch diese anthropologische Wende lässt sich am CDD ablesen. Grundlage bildet eine lange Vorgeschichte, die ihrerseits die menschliche Natur im Verhältnis von drei und vier vermaß. Drei Seelenvermögen, das Geistprinzip, kreuzten sich mit vier Temperamenten, dem Leibprinzip, die sich aus den Elementen Feuer, Wasser, Luft und Erde aufbauten und sich in den zwölf Tierkreiszeichen zu einem kosmophysiologischen Alexandriner vermählten. Über Jahrhunderte galt, der Mensch habe seine *anima rationalis* auszuarbeiten. Schöpfungsmythen hatten ihn in die Mitte der Welt und an die Spitze der Lebenspyramide gestellt. „Es ist der Geist, der sich den Körper baut“, ließ Schiller noch seinen *Wallenstein* sagen. Was aber geschieht, wenn, wie bei Mallarmé, dieses hohe Patronat als ‚alter Plunder‘ entsorgt wird? Die Hierarchie der menschlichen Vermögen sieht sich eingeebnet; sie stehen dann gleichwertig und damit gegenläufig zueinander. Novalis hatte es in den *Blütenstaub-Fragmenten* auf den Begriff des „Dividuums“ gebracht, einem In-dividuum, dem das In-, der innere Zusammenhalt abhandengekommen ist. Seinem Wesen steht es in Wahrheit nurmehr zu, sich im Hin-und-Her zwischen Sein und Werden einzurichten, dem Verhältnis von intellektiven und instinktiven Ansprüchen seiner Natur ohne Vorgaben gerecht zu werden. Für diese Auseinandersetzung beraumt die Sprache der Dichtung einen angemessenen Schauplatz („LIEU“) an. Im Bild der Sternensprache des CDD verhalten sich Leib und Seele zwar im traditionellen Verhältnis von vier zu drei und damit im Zeichen der Sieben zueinander. Ein endgültiges Lebensziel, der Traum des *Esprit*, einen „point dernier“, einen „nombre unique“ zu erreichen, hat sich verflüchtigt. Die sieben menschlichen Vermögen lassen eine Identität nicht zur Ruhe eines stabilen Ich kommen. Das ist dessen wahres Infinitum. Viel von der Nervosität und dem apokalyptischen Lebensgefühl des Fin-de-siècle rührt von daher.

---

[29] Vgl. Höffe / Rapp 1998, Sp. 1532–1570.

Unausgesprochen stärkt Mallarmés poetisches Sternbild damit die Front gegen den epistemologischen Vormarsch des Differenzierens. Wo es besonders sinnenfällig wurde, in der ‚Industrie‘, hat es im entscheidenden Punkt versagt, der ‚Fabrikation von Glück‘ (II 67), ihrem ethischen Projekt. Unvoreingenommen betrachtet, sagt der CDD, bilden die Tugenden keine festen Größen. Ihr Verhältnis von drei und vier bringt vielmehr das gänzlich andere anthropologische Betriebssystem („le moteur"; II 67) der Permutation ins Spiel. Die hierarchische Systemgestalt des Menschen ist mithin keine Naturgegebenheit, sondern eine Sache des Aushandelns. Deshalb bedarf es der Wendemöglichkeit der poetischen Sprache, um die Kehrseite aller ‚absoluten Formeln‘ („formule absolue", II 67) aufzudecken. Aus diesem Grund hat Mallarmé dem *Esprit* des Meisters die Kunst der „*réversibilité*" verordnet – eine raffinierte Art zugleich, den CDD sich selbst reflektieren zu lassen.

Picassos Würfelspiele

Wie sehr seine ‚reziproke Kontamination‘ den Nerv einer modernistischen Denkweise traf, mag wenigstens eine unerwartete Geistesverwandtschaft erhellen: Picassos Serie kubistischer Stillleben. Sein ikonischer Dialog mit Georges Braque[30] griff diese alte Gattung auf, um desto nachdrücklicher den Bruch mit ihrer Tradition zu exekutieren. Ihnen lag auf ihre Weise daran, die Wahrnehmung vom Sichtbaren auf die Sichtweise umzulenken. 1912 entstand Picassos „papier collé" *Journal UN COUP DE THÉ*. Es schuf damit Raum für poetische Paronomasien: ‚Une coupe de thé – Un coup de dé‘. Man darf annehmen, dass Apollinaire, den eine lebenslange Kunstbruderschaft mit Picasso verband, die Verbindung zu Mallarmés CDD herzustellen wusste.[31] Er und Albert Thibaudets große Studie über Mallarmé hatten ihn wohl unter den Künstlern ins Gespräch gebracht. 1912 nahm Braque den Würfel in das Motiv-Repertoire auf.[32] 1914 machte Picasso u. a. mit „Pipe, bouteille de Bass, dé" den Würfelwurf zum zentralen Ereignis (Abb. 7).

Seine ‚Konstellation‘ erfüllt alle wesentlichen Kriterien Mallarmés. Rahmen werden gesetzt und wieder durchbrochen; perspektivische Ordnungslinien zitiert, jedoch durchkreuzt und durch die Schraffuren noch einmal entvereindeutigt, sodass sich jede Sichtlogik verwirrt. Das beherrschende Ereignis aber kommt dem Würfel zu.

Er macht das Bild zum kubistischen Schaustück. Die vier weißen Augen auf schwarzem Grund betonen, dass sie ohne die zugehörige Kehrseite, den schwarzen Augen auf weißem Grund, keinen Unterscheidungswert hätten. Nimmt dies nicht die weiße Seite und schwarze Typographie auf, die Mallarmé im Sternenalphabet der nächtlichen Schreibfläche als ihrem Negativ gespiegelt hatte (II 215)? Alle Augen in den Würfeln Picassos zusammen ergeben kaum zufällig Zwölf, einen visuellen Alexandriner. Doch was in der Perspektive der Würfel als Maximum erscheint – zweimal die Sechs – wird hier als zufällig bloßgestellt. Um die Dissimilation zu steigern, setzt Picasso noch ein weiteres, verstörendes Zeichen: neben der Vier und der Eins hat er auffällig die Zwei asymmetrisch und deplatziert zu einer falschen Drei erweitert. Die reguläre Anordnung des Würfels wird dadurch entstellt. Rationale Berechnungen kommen zustande, heißt dies,

---

[30] Vgl. Rubin 1990; dazu Krauss 1999; Goddard 2012, 163 ff.
[31] Vgl. die subtilen Nachweise von Roger 2010, 122–140.
[32] Rubin 1990, 208.

Abbildung 7: Pablo Picasso, „Pipe, Bouteille de Bass, dé" (1914),
Privatsammlung © akg-images/Pablo Picasso/VG Bild-Kunst

wenn sie gezielt Vielansichtigkeit ausschließen. Es entspricht Mallarmés ‚prismatischem'
und ‚polymorphem' Textbegriff (II 207).

Vor allem aber knüpft Picasso an die kulturelle Zahlensymbolik der Vier und der
Drei an. Auch das kann kein Zufall sein. Wie in Mallarmés Sternbild werden sie so in
Szene gesetzt, dass sie nach der Ordnung des Würfels gerade die Unerreichbarkeit der
Sieben betonen: ist der Würfel gefallen, sind die vier und die Drei nie zusammen so
sichtbar. Allenfalls solange er im Fallen ist (die schraffierten Schlieren) – eben als *„coup
de dés"* – befindet sich die Sieben, das Absolute, im Zustand ihrer Möglichkeit („PEUT-
ÊTRE"), ohne je endgültig sein zu können. Es ist als ob Picasso Mallarmés Poetik der
Kontingenz hätte kommentieren wollen: ‚Alles gerät in einen Schwebezustand' (II 211).

Die Avantgarden insgesamt sind sich mit Mallarmé und Picasso einig auch in der
Bedingung, dass nur Kunst den unvoreingenommenen Spielraum hat („LIEU"), um
sich von mentalen Fixpunkten der Lebenswelt als undurchschauten Fiktionen zu lösen.
Apollinaire hat Mallarmé besser verstanden als er immer zugibt. Er resümiert 1908 in
seinem und im Sinne der beginnenden kubistischen Revolte: Kunst verlange ‚das Entzücken über eine Verfälschung (der Wirklichkeit). Nichts was uns ähnlich, alles was bildhaft ist',[33] das gilt als – ethisches – Kriterium für ‚Wahrheit' im Ausland der Kontingenz.
Nicht nur seine *Calligrammes* haben Mallarmés Beatrice zur Patronin erkoren (Abb. 8).

---

[33] Apollinaire, *Œuvres en prose complètes*, Bd. II, éd. P. Caizergues / M. Décaudin, Paris 1991
(Pléiade), 1006; im Weiteren heißt es: „triomphe de la fausseté, de l'erreur, de l'imagination,
Dieu et le poète créent à l'envie."

Abbildung 8: Porträt Mallarmés von Picasso (1943);
© Succession Picasso / VG Bild-Kunst

Im metaphorischen Himmel

Wie aber soll dem eine Kunst des ‚poetischen Obskurantismus‘ (II 717) gerecht werden? Es ist dies die offene Flanke von Mallarmés ‚konstellarem‘ Dichtungsverständnis. Doch gegen alle Widrigkeiten hält er am *Mysterium in der Literatur* (II 229 ff.) fest. Dafür gibt es einen guten Grund: es wird getragen von einer kühnen Theorie. Die Schwierigkeit: Mallarmé theoretisiert nicht. Sie muss aus zahlreichen Bruchstücken und Splittern zu einem Mosaik gefügt werden. Er vertraut dabei der ‚Authentizität einzelner Fragmente‘ (II 244) mehr als einer systematischen ‚Ausbreitung‘ für die Öffentlichkeit (II 260). Im Zentrum steht die poetische Figur schlechthin, die *Metapher* – über die er sich wiederum überwiegend metaphorisch äußert.[34] Baudelaire hatte ihr bereits als der Ursprache der Imagination ge-

---

[34] Am Beispiel der *Hérodiade* hat Szondi (1975, 31–138) das ‚metaphorische Prinzip‘ Mallarmés eindrucksvoll interpretatorisch als Kaleidoskop und Metamorphose (82) gewürdigt. Im Grun-

huldigt (II 115). Ihm erschien sie geradezu als Gottesprädikat in entgötterter Zeit (II 624). Zwar spricht sie nicht aus, worauf sie verweist; immerhin aber bringt sie den Trübsinn des Finiten auf den Weg hin zum leuchtend blauen Infinitum (II 621) eines ‚metaphorischen Himmels‘ (II 201 f.). In ihm wird endgültig besiegelt, dass Metaphysik pure Metaphorik ist. Ihr uneigentliches Sprechen ist es, das der originären Denkweise des Menschen wahrhaft entgegenkommt. Wie Mallarmés geplante sprachwissenschaftliche Studie zeigt („Notes sur le langage“; I 501 ff.; 1359 ff.), hat er im Grunde nichts weniger als dem ‚linguistic turn‘ des 20. Jahrhunderts vorgegriffen. Seine Notizen korrespondieren dabei auffällig etwa mit Ernst Renans *Über den Ursprung der Sprache* (1873).[35] Nachweislich hat er sich mit dem indogermanistischen Sprachhistoriker Max Müller auseinandergesetzt. Dessen *Wissenschaft von der Sprache* (ursprünglich englisch) wurde 1864 ins Französische übersetzt[36]. Dort hieß es, ganz im Sinne von Mallarmés Fiktionsbegriff: „Worte sind Zeichen für Begriffe, nicht für Dinge“ (45) – mit der erkenntniskritischen Konsequenz, dass Bezeichnungen „wie Seele, Geist, Gedächtnis, Intellekt Verstand und Vernunft“ nicht auf deren Gewissheit schließen lassen (62), sondern nur auf die Fähigkeit des menschlichen Geistes, sie zu bilden. Mallarmés Auffassung von Fiktion fand hierin ihre wissenschaftliche Verankerung. Wenn Literatur ihre fiktionalisierende Tätigkeit deshalb bewusst ausübt, ‚existiert sie, wenn man so will, allein, ausschließlich von allem (anderen)‘ (II 66).

Mallarmés Metapher ist ungleich mehr als eine rhetorische Figur: ein eigener, nichtrationaler sprachlicher Weltzugriff. Sie übt das ‚Verbum‘ aus (I 505), das einen vergleichbaren Rang wie ‚langage‘ im linguistischen Sprachaufbau einnimmt und die ‚langue‘ der Gattungen und Diskurse sowie die ‚parole‘ der Einzelwerke überwölbt. Mallarmé lässt sich zu einem geradezu enthusiastischen Glaubensbekenntnis hinreißen: eine Dichtung unterm ‚metaphorischen Himmel‘ sei der Kunstakt par excellence (II 201). Er gibt Gelegenheit („à l'occasion“), das reinste Selbst, das wir stets in uns tragen – seinen geist- und sprachvoll zu erhellenden ekstatischen Grund – hervortreten zu lassen („jaillir“), der sich im gelebten Leben („dans l'existence“) oder außerhalb der Kunst („hors l'art“) nur als Mangel („fait toujours défaut“) bemerkbar macht. ‚Das Großartige einer hohen Dichtung dieser Art‘, fährt Mallarmé fort, ‚ersetzt bei Bedarf das Ganze, weil es eben kein Ganzes gibt‘ („ne remplace tout que faute de tout“; II 202). Dennoch, ihr metaphorischer Funkenschlag („la foudre du vers“) vermag es gleichwohl zu ‚simulieren‘ (II 201).

Kunst kann diese quasi existentielle Mission übernehmen, weil Mallarmé entdeckte, dass seine Anthropologie der Doppelnatur mit dem Doppelcharakter der Sprache übereinstimmt („double état de la parole“; II 212). So wie sich dort Intellekt und Instinkt zueinander verhalten, so hier die babylonische der zweiten Natur zu einer paradiesischen – orphischen – unserer ersten, unverfälschten, die im zivilisatorischen Sündenfall verschüttet wurde, an die aber poetisch erinnert werden soll.

Eine große kulturgeschichtliche Anstrengung seit der Aufklärung, mit Giambattista Vico, Condorcet, Herder, Rousseau, Victor Hugo, Leopardi bis zu Ernest Renan (1867)

---

de ist sie das eigentliche Geschehen in einem Drama, in dem nichts geschieht und nimmt damit einen wesentlichen Aspekt des CDD vorweg. – Eindringlich von Agostini 2016, 218–235 als Ausführungsorgan des ‚Nicht-Wissens‘ herausgestellt, das alles Erfahrbare umgibt.

[35] Renan 1958, Bd. VIII.

[36] Müller 1864. Sie ergänzt Mallarmés Descartes-Lektüren. Später zusammengefasst unter dem Titel *Das Denken im Lichte der Sprache*, Leipzig 1888.

hatte versucht, auf den unbefleckten Ursprung der Sprache zurückzukommen[37]. Mallarmé hat auch mit diesem Historismus Schluss gemacht. Dem liegt die ebenso skeptische, wie realistische Einsicht zugrunde, dass ein Rückgang hinter den Fortschritt, auch den sprachlichen, ausgeschlossen ist. Deswegen ging er nicht historisch, sondern systematisch vor. Was Sprache vermag, lässt sich daher streng genommen nur hier und jetzt, in der Reflexion auf die Sprache selbst ermitteln („Le langage se réfléchissant"; I 504). Auf diesem Wege kommt ihre doppelte Bedeutungsleistung zum Vorschein: roh bzw. direkt („brut ou immédiat"), andererseits wesentlich („essentiel"; ebda.). Diese ihre Eigenschaft gilt prinzipiell, also zu jeder Zeit. Die Gebrauchsrede („l'emploi élémentaire du discours"; II 212) hat ihre Ursprünglichkeit allerdings verkümmern lassen. Sie wieder aufleben zu lassen und kulturell zu befestigen, dies ist Aufgabe des ‚Dichters', wie Mallarmé sie versteht. Er hat diesem Erfordernis („par nécessité") mit einer Kunst zu entsprechen, die ihre Fiktionalität ausarbeitet und damit ihre Virtualität freisetzt („un art consacré aux fictions, sa virtualité"; II 213).

Den Schlüssel dazu aber reicht die Metapher; sie ist der Anker aller literarischen Erkenntnis. Es gibt zwar keine andere Sprache als die, die wir haben; aber Dichtung vermag mit dieser prinzipiell anders zu sprechen („la possibilité d'autre chose"; II 67). Auf dieses ‚meta-', auf ihr Moment ‚über hinaus' gründet Mallarmé seine radikale Poesie. Deshalb will sie nicht eigentlich in einen Sinn übersetzt werden, sondern stattfinden. Im Schaum des Meeres und des Champagners wurde ihre Wirkung selbst metaphorisch anschaulich.[38] Mehr als alles andere wird sie als Verwandlungskünstlerin tätig: alles kann Metapher werden und Beziehungen zwischen allem herstellen („groupé ... dans des relations entre tout"; II 224). Insofern steht ihr ein eigenes Weltbildungsgesetz zu: *Transposition* (II 211). Was der *Esprit* für den Akt des Denkens, ist sie fürs Dichten. Gegenüber dem klassischen und wissenschaftlichen Prestige von Klarheit („le renom de clairvoyance"; II 227) verlangt sie eine Aufmerksamkeit wie für einen ‚weißen Schmetterling, der gleichzeitig überall, nirgendwo ist und sich verflüchtigt' („quelque papillon blanc, celui-ci à la fois partout nulle part, il s'évanouit"; II 228).

Ihre eindringlichste ästhetische Würdigung hat sie in den Essays über das Ballett gefunden (II 170–178).[39] Seit Ende der achtziger Jahre besuchte Mallarmé die zauberischen Gesamtkunstwerke der Amerikanerin Loïe Fuller mit ihren meterweit ausfliegenden Tanzkleidern, die ihn zu einem ‚Axiom' (I 171) über die Kunst der Metapher inspirierten. Die Ballerina ‚ist keine Frau', weil sie sich ganz in die getanzten Motive auflöst; ‚sie tanzt auch nicht', sondern schreibt ‚mit ihrer Körperschrift' („écriture corporelle"; II 171) hieroglyphische (II 178) Figuren auf den jungfräulichen Bühnenboden (II 175). Ihre Bewegungen sind so gesehen Metaphern für den ‚Rhythmus, von dem alles abhängt und hinter dem sie verschwindet' (II 177), ja das Ballett insgesamt ist eine Metapher für ‚die theatralische Form der Poesie par excellence' (I 175). Dichtung erlangt unterm metaphorischen Himmel mithin ihr ‚reinstes Resultat' („le très pur résultat"; II 176).

Was sie bewegt (II 177), hat kein Endziel, entfaltet gerade dadurch aber ihre eigenen Bewegungsmomente. Das ‚eigenwillige rhythmische Sichaufschwingen der Tänzerin'

---

[37] Vgl. Gessinger / v. Rahden 1989. – Eder 2001.

[38] Vgl. dazu die subtile Interpretationen von Frey 1986 und seine exemplarischen Auslegungen von „A la nue accablante" und des „Après-Midi d'un Faune" (13–50).

[39] Übersetzung Goebel 1998, 168 ff; 353 ff.

(„le caprice à l'essor rythmique") kann dennoch nicht über sie – das ästhetische Gefüge – hinausgelangen. Es bleibt bei einer anschaulichen Verkörperung der Idee (i. e. der Beweglichkeit; II 173). Eine Poesie in ihrem Bilde hat daher nicht länger transzendent, sondern transitiv zu agieren. Das Gedicht muss dazu die Schritte seiner Wortfolge in den Zustand einer ‚mobilen Synthese' versetzen, sodass sie beständig ihre Positionen im Raum durchbrechen („incessante ubiquité; II 172). Die (fast) entblößte Tänzerin – die nackte Sprache – zaubert erst durch ihre metaphorischen Figuren hindurch ‚die Umgebung herbei, zieht sie aus sich hervor und staut sie wieder in sich zurück' (II 176). So entsteht eine nach allen Seiten hin sich ausdehnende Raumweite („dégagement multiple"; II 171). Sie lässt den Schmetterling der Imagination auffliegen, ohne ihn an einen Gedankenort zu binden. Das ist das dem verbalen Tanz der Poesie wahrhaft zustehende ‚Infinitum' (II 175). Der CDD ist direkt in diese Metaphorologie aufgenommen und bestätigt damit seine eigene metapoetische Veranlagung. Die Ballerina des Tanztheaters gleicht, so führt Mallarmé weiter aus, ‚dem in höchstem Maße aufgewühlten Schaum' (des Meeres) („écume suprême"; II 189), der auch das Dichtungsschiff des Meisters erfasst hat („écumes originelles"; IX b) und aus dem die Sirene hervorgegangen ist. Am Ende wird er begreifen, wie eine Poesie nach ihm gelingen könnte: im Wellengang der Worte, die ihm zufallen („heurt successif"; XI b). Denn alles in diesem Sprachballett ‚gehorcht einem schnell wechselnden, impulsiven Wirbel' („tout obéit à une impulsion fugace en tourbillon"; II 176). Hatte der CDD „tourbillon" aber nicht mitten in die Mitte der Doppelseite VI a/b und damit ins Zentrum des CDD gestellt und den ‚Meister' von ferne auf einen dynamischen Dichtungsbegriff vorbereitet?

Das hin- und her geworfene Schiff (III b), der Schlag der Wogen (IV b), das ins Schwanken geratene Projekt des Meisters („chancellera"; V a), das seine Illusion ‚wiegte' („berce"; VI b); die auf dem Wasser wirbelnde Feder (VII); die wild um sich wütende Sirene (VIII); der Flügelschlag der Verskunst (IX b): in dieser durchgehenden Bewegtheit äußert sich der erotisch animierte Grundrhythmus des Lebens, der unterm metaphorischen Himmel poetisch sanktioniert wird. Das Bildersprechen des Gedichts lässt so die ‚monströse Mittelmäßigkeit' („monstre ou Médiocrité"; II 179) der Sprache auffliegen („vols"), bleibt sich aber ihrer Rückbezüglichkeit bewusst („réciproque contamination"; II 216). Auf diese Weise beugt es einer puristischen Geisteskultur wie der des ‚Meisters' vor. Bereits 1866 war Mallarmé auf das leitende Prinzip gestoßen: ‚in der Dichtung (...) bespiegeln sich die Worte gegenseitig, bis es scheint, als hätten sie keine eigene Färbung mehr, sondern wären untereinander eine Abfolge von Übergängen' („transitions d'une gamme"; I 709). Dadurch gehen sie in ‚absichtsvoll changierende Inversionen' über („balancement prévu d'inversion"; II 233). Die Sprache beginnt, ihr Eigenleben aufzuführen und in den Worten aufzudecken, was verschwiegen mitschwingt. Ihr eigentliches Zentrum („centre de suspens vibratoire"; II 233) liegt mithin in ihrer Unterstimme („l'air ou chant sous le texte"; II 234). Eine Poesie, die auf sie hört, hat so gesehen gleichsam hypophorisch vorzugehen. Mit ihr ist damit jeder ‚repräsentative' Gestus, die Macht der Hauptwörter und der Fachbegriffe, alles Subjektzentrierte, alle Seinsgewissheiten in die Schranken ihrer Unschärfe und Unentschiedenheit verwiesen. Diese Sprachkritik machte Mallarmé für die Rationalismuskritiker des 20. Jahrhunderts so attraktiv. Thierry Roger hat sie systematisch porträtiert.[40]

---

[40] Roger 2010, 339 ff.

Mallarmés metaphorische Strategie selbst hält sich jedoch gerade nicht bei sprach-kritischen Grenzaufhebungen auf; sie versteht sich vielmehr als Anleitung zu einer eige-nen, indefiniten Denkweise. Die Lücken, Spalten, Freiräume der ‚blancs‘ („écart"; II 68), die den Sprachgang des CDD vielfältig aufhalten („emploi d'incidents multiple"; II 233), schaffen Atempausen, die Momente des Bedeuten*könnens* einräumen. Sie wurden im „PEUT-ÊTRE" großgeschrieben. Metaphorisches Sprachhandeln vermag so die seman-tische Biographie der Worte zu öffnen. Auf diese Weise ‚mobilisieren sie‘, wie Mallarmé 1896 erklärte, ‚um eine Idee herum – ihren denotativen Eintrag – die diversen gedank-lichen Belichtungen‘ (II 277), die im Laufe ihrer Geschichte auf sie gefallen sind. ‚Der poetische Akt des Auseinanderfügens verlangt darüber hinaus zugleich, die freigesetzten Motive neu zu gruppieren‘ (II 209). Wer verstehen will, muss daher Verbindungen her-stellen; ihre Bedeutungsmöglichkeiten abfragen; Anspielungen nachgehen; die Identität der Worte aufs Spiel setzen. Wer sich dennoch in dieses kunstvolle poetische Labyrinth begibt, wird belohnt. Wiederholt beteuert Mallarmé, dass nur ‚eine Dichtung‘ – wie der CDD – ‚tatsächlich und hochfliegender als jeder Musikvortrag unmittelbar ans Seelen-vermögen rührt‘ (II 236).

Ein metaphorischer Akt bewirkt also ungleich mehr als nur einen Ausgang aus selbst-verschuldeten Vereindeutigungen. Er bringt das ganze anthropologische Wechselver-hältnis von Intellekt und Instinkt, von ‚Meister‘ und Sirene im Medium der Sprache ins Spiel. Ein unbewusster, verdunkelter ‚Fiktionsakt‘ stellt sich dadurch einem ‚virtuellen, freigeistigen‘ (II 213). Kein Wunder, dass sich der Mallarmé-Leser Foucault angesprochen fühlte.[41] Ihm dient absolute Dichtung allerdings als Argumentationshilfe im Kampf gegen Subjektphilosophie. Es gelte, hinter die Frage Nietzsches zu kommen – ‚Wer spricht?‘-, die er mit Mallarmés ‚poésie pure‘ beantwortet, indem sie das ‚rätselhafte und prekäre Sein‘ – das Sein! – ‚der Sprache selbst zum Sprechen bringe‘.[42] Mallarmé selbst wollte jedoch im Bild seines metaphorischen Himmels auch das Sein der Sprache als letztes on-tologisches Reservat ausgeschlossen haben. Seine Sprachbildkunst mit ihren zahlreichen Analogien, Anagrammen, Assonanzen, Homophonien, Paronomasien, Inversionen, die das Rückgrat des CDD bilden, zielen auf eine ‚exzessive Mobilität‘ (II 173) der Wortfolge. Hinzu kommt ‚die köstliche Unfähigkeit zu enden‘ (II 69). Alles zusammen läuft diese Inszenierung auf ‚ein Spiel‘ hinaus (II 67; II 226), das alle Einheitsprojekte des *Esprit* ins Leere laufen lässt – aber gerade dadurch das Denken am Laufen hält. Das Sonett „*Une dentelle s'abolit*" (I 42 f.) hatte bereits vor dem CDD dessen quasi religiöse Tragweite als „Jeu suprême" (v. 2) ausgelegt.[43] Das Gewebe aus Spitze („dentelle"; vgl. II 215), Bild für das Geflecht des Gedichts, macht das Verhüllte als geheimnisvoll Abwesendes bewusst. Es regt zu einer Zeugung ohne abschließendes Erzeugnis an. Hätte etwas geboren wer-den können („aurait pu naître", 14), dann allenfalls als Musik eines ‚tönenden Nichts‘ („creux néant musicien"; v. 11). Das ist der ‚höchste Spieleinsatz‘ der Dichtung: sich aus sich selbst zu ermöglichen, sich gewissermaßen ‚mit sich selbst zu komponieren‘, wie es im totalen Buch *Le Livre* in weitaus grundsätzlicherer Art geheißen haben würde (I 589;

---

[41] Foucault 1994, 430.
[42] Foucault 1971, 367 f. im Kap. „Die Wiederkehr der Sprache". – Vgl. Geisenhanslüke 1997, 145 ff. („Mallarmé und das Sein der Sprache" mit einer intensiven Interpretation von „A la nue acca-blante").
[43] Vgl. Kommentar Goebel 1993, 381 f.

Schérer 77). Dann kann das Wort ‚etwas‘ sein, das nicht schon ‚Etwas‘ im Sinne des *Esprit* ist: das „RIEN" des CDD.

Um dieses Spiel, eine sich aus sich selbst erzeugende und in eins damit wieder sich selbst zurücknehmende Sprache einzurichten, dazu bedarf es Spielregeln. Mallarmé bleibt sich auch darin treu: wenn Regeln, dann solche, die verhindern, dass etwas endgültig geregelt wird. Sie würden sonst der Quintessenz des CDD nicht gerecht, dem „compte total – en formation". Dessen ‚literarische Doktrin‘ (I 624) hat das Alphabet als Vorbild erwählt. Mit seinen lediglich 24 Buchstaben lässt sich jedes nur denkbare – und undenkbare Wort bilden. Ihnen ist von daher eine eigene, ‚wunderbare‘ Idee von – lettristischer – Unendlichkeit eigen („miracle de l'infinité"; II 66/225). Vor allem: sie liegt ganz in der Hand des menschlichen Vorstellungsvermögens, und der Poet ist ihr erster Anwalt. Für ihn illustrieren die 24 Schriftzeichen daher das eigentliche, göttliche („divins") Schöpfungsprinzip einer hintergrundlosen Lebenswelt, weil es von einer ‚Sprachfrömmigkeit‘ getragen wird („une piété aux vingt-quatre lettres"; II 66), die seinen Gebrauch, nicht seine Schöpfung heiligt („sacrer"; II 225).

In diesem Sinne hat Poesie die Worte zu ‚Sätzen‘, diese zu ‚Versen‘ zu verschmelzen („multiples fusions"), die sich dann ‚zur Gestalt eines geistigen Tierkreiszeichens („un spirituel Zodiaque") systematisieren‘ lassen – die ‚Konstellation‘ des CDD. Insgesamt baut sich so eine ‚eigene, abstrakte, esoterische‘ (I 624) ‚Sprache‘ auf, die ihre Worte unendlich („doué d'infinité"; II 225) durchspielt („instituer un jeu"; II 226) und lustvoll dazu befähigt, nicht enden zu müssen. Das alles steht in der Macht der Metaphorik.

Ars combinatoria

Aufgehen aber kann ihr Kalkül erst, wenn der Schlussstein dieses metaphorischen Himmelsgewölbes gesetzt und alles gefügt ist: im ‚Buch, das den Buchstaben totalisiert‘ („le livre, expansion totale de la lettre"; II 226). Es wäre der Inbegriff aller Literatur (I 624). Mit ihm ließe sich der geheimen Offenbarung der Sprache – dem „Mystère dans les lettres" – nachspüren. Dieses Buch der Bücher der Moderne sollte das *Livre* Mallarmés sein.[44] Die 1957 von Jacques Scherer herausgegebenen Notizen[45] vermitteln davon einen ebenso faustischen wie schwindelerregenden Effekt, zumal Mallarmé erklärt haben soll, dass sich an dieser ‚Quelle der Durst der ganzen Menschheit nach Wahrheit löschen‘ lasse.[46]

Kann man sich ein solch weltumarmendes Gesamtkunstwerk ohne einen Bauplan vornehmen wollen? Es gibt keinen Zweifel, dass Mallarmé sich dabei von einer jahrhundertealten poetischen Geheimlehre hat inspirieren lassen, der *ars combinatoria*. Zahlreiche Spielarten dieser außerlogischen Wahrheitssuche haben sich der *Ars generalis ultima* von Raimundus Lullus angeschlossen: Astrologie, Magie, Alchemie, Kabbalistik, Mysterienkulte, Okkultismen aller Art. Mallarmé musste über seinen literarischen Freund Villiers de l'Isle-Adam mit den überaus erfolgreichen Büchern *Dogme de la Haute Magie*

---

[44] Dazu und zum weiteren Kontext der Traditionsüberwindung und der magisch-kabbalistischen Bezüge vgl. Schmitz-Emans 1995, 183 ff. – Die lange Tradition des Buches als Symbol hat Curtius detailreich nachvollzogen (1984, 306 ff.).
[45] Scherer 1977. Dazu die prägnante Erschließung von B. Marchal, I 1372–1384.
[46] Mallarmé *Correspondance* 1973, 87.

(1854) und *Rituel de la Haute Magie* (1856)[47] von Éliphas Lévi (Pseudonym des Abbé Louis Constant) in Kontakt gekommen sein. Im Brief vom 18. Juli 1868 bestätigt er seinem Jugendfreund Cazalis, sein berühmt gewordenes „Sonnet en x, allégorique de lui-même" (I 37) würde – und sollte – einen ‚kabbalistischen Eindruck' machen (I 731). In den 1880er Jahren verkehrte er in der *Librairie du Merveilleux* von Edmond Bailly, die der *Ecole herméneutique* und mehreren Geheimgesellschaften nahestand. Dort konnte er Débussy treffen, der seinen *Après-Midi d'un Faune* vertonte; den Komponisten Eric Satie; Joris-Karl Huysmans, der ihm in des Esseintes, dem Helden seines Romans *À Rebours,* ein literarisches Denkmal gesetzt hatte; Odilon Redon, der den CDD illustrieren sollte; und eben Villiers, dem er eine Laudatio widmete (I 113 ff.). Persönlich bekannt war er mit einem der populärsten Vulgarisatoren der Zeit, Papus, einem Schüler Lévis, sehr erfolgreich etwa mit *L'Occultisme contemporain* (1887) und anderen Schriften[48].

Entscheidend sind seine verstreuten Selbstverweise, die alle stets unmittelbar auf Poesie bezogen werden. Kann jemand mit 22 Jahren behaupten, er habe ‚eine Sprache erfunden, die notwendig aus einer völlig neuen Poetik hervorgeht' (I 663), ohne dafür ein Konzept zu haben? Und auf dieser Grundlage einen lebenslangen Pakt mit der Poesie schließen (I 650), die keine andere ideelle Grundlage haben kann als das Nichts (I 696) und bereits 1867 ein Lebensprojekt begründen soll für ‚das Opus schlechthin' („l'Oeuvre"), ‚das Große Werk' („le Grand Œuvre"; I 715)? Der Dichter dieses ‚einen, einzigartigen Buches' habe die ‚alleinige Aufgabe, orphisch die Welt zu erklären' (I 788), weil er ‚die innige Korrelation der Poesie mit dem Universum begriffen' hatte (I 724).

War das aber nicht der romantische Traum (I 723 f.), der den ‚Meister' in Bann geschlagen hatte? Früh deutete Mallarmé an, dass dieser Traum (I 723 f.) mit der Geheimwissenschaft der *ars combinatoria* verwirklicht werden sollte. Am 14. Mai 1867 brachte er sein Weltbuch unmittelbar mit den ‚Alchimisten, unseren Vorfahren' in Verbindung (I 715). Eine erste, Staunen und Unverständnis erregende Probe dieser Kunst hatte 1868 eben das „Sonnet en x" (I 98) gegeben.[49] ‚Sein Sinn, wenn es denn einen hat (...), wird immanent, durch eine Spiegelung der Worte selbst evoziert' (I 731). Seine Leere („vide") erfüllt sich dadurch mit Traumgebilden („Rêve"). Da sie zu ‚Nichts' führen, schreibt er in seinem Bekenntnisbrief an Verlaine (I 786 ff.), bleibt dem Poeten nur, einen universellen Weltzugriff stattdessen ‚mit der Geduld eines Alchimisten' in ein literarisches Spiel par excellence zu überführen. Um seine Kombinatorik in Gang zu setzen, hatte er bereits 1864 gefordert, ‚stets den Anfang und das Ende dessen zu kappen, was man schreibt' (I 657) – Vorgriff auf die Forderung nach einer ‚Mobilität, die nicht zur Ruhe kommen darf' (I 171). Der Text würde dadurch ‚anonym und von sich aus sprechend' (I 789). Die Worte wollen so gesetzt werden, dass sie sich gegenseitig zu rufen scheinen („reflets réciproques"; II 211). Der dunkle Stil Mallarmés hat darin seine tiefere Begründung. Der Okkultismus ‚sei ein Kommentar der reinen Zeichen, dem mehr als alles andere die Literatur gehorcht' (I 803)! Noch 1893 bestätigt er: ‚Ich behaupte, zwischen den alten Verfahren (der Magie) und der Verzauberung, die die Poesie bleiben wird, besteht eine verborgene Parität' (II 251). ‚Darin liegt alles' („Tout est là"). Die verbalen Gestirne am metaphori-

---

[47] *Geschichte der Magie* (1926) 1997.
[48] Cf. Mercier 1969; zu Mallarmé Bd. I, 125 u. ö. – Dazu ebenso Marchal 1988, 481 ff.
[49] Dessen umwerfende Konsequenzen etwa hat Alfred Jarry 1980 im Kap. XIX: „De l'île de Ptyx" hervorgetrieben.

schen Himmel fordern zu einer – kabbalistischen – Initiation auf, die einem subtilen Anschlag (am Klavier) gleicht (II 220). Damit geht Mallarmé gegen die herkömmlichen Erwartungen an eine Transzendenz oder Evidenz vor. ‚Ich bin nicht dunkel‘; es gehört vielmehr zur ‚Offenbarung einer Kunst, die sich der Sprache *inzident* („incidemment") bedient‘ (I 807). Ihre Vokabeln sollen nicht koinzidieren und damit vorgeben, ‚etwas‘ sei der Fall. Ein inzidenter Wortlaut lässt zwar zu, dass etwas ständig ‚vorfällt‘, ohne dass jedoch damit auch schon etwas auf ‚eine – platonische – Höhlenwand‘ fällt („en parois de la grotte"; II 233). Verhindert werden kann dies durch die Geheimwissenschaft der *ars combinatoria* mit ihrem dunklen Gesetz der Permutation („balancement d'inversions"; II 233). ‚Die großen, die magischen Schriftsteller stimmen in dieser Überzeugung überein‘ (II 69).

Um wie viel mehr ist dann ein Autor auf eine kabbalistische Wort-Alchemie angewiesen, der, wie Mallarmé, ein poetisches Weltbuch erschaffen will. Im Anschluss an Bemerkungen von Jacques Schérer hat Gustav René Hocke seinerseits das *Livre* in die Tradition der *ars combinatoria* eingelassen.[50] Eine Verbindung legen etwa die Notizen fol. 244 ff. (I 616 ff.) nahe. Schérer hat die Permutation von zehn lose miteinander vertauschbaren Blättern und die Umgruppierung ihrer Worte nachvollzogen. Erreicht werden damit 3.628.800 mögliche Kombinationen (87). Hocke konnte dieser Zahl nachweisen, dass sie mit der aus der kabbalistischen *Ars Magna Sciendi* (1669) des Athanasius Kircher übereinstimmt (319). Den Anhängern okkulter Literatur des 19. Jh. dürfte im Übrigen das *Cannochiale aristotelico* (1654) des Emanuele Tesauro[51] nicht unbekannt geblieben sein, das durch Reversibilität (!) der Metapher eine unerschöpfliche Quelle öffnete. Auch von dieser Seite erscheint diese poetische Figur als Motivationskünstlerin der Imagination schlechthin und ihrem Sinn für das Unerschöpfliche, das geheimnisvoll alles umgreift, was die Sprache als Wirklichkeit vereinnahmt.

Das *theatrum mundi* der Schrift, das Mallarmés *Livre* aufführen sollte – hätte es überhaupt gelingen können? Im Brief an Verlaine (16.10.1885) hat er es als unvollendbar bezeichnet (I 788). Es scheint, als ob im Untergang des ‚Meisters‘ es sich als ästhetische Utopie zu erkennen geben sollte. Mit poetischer Sprachmagie zur ‚Idee des Universums gelangen‘ zu können („arriver à l'idée de l'Univers"; I 724) – wäre es nicht noch einmal die idealistische Vision schlechthin gewesen? Was aber bleibt am Ende? Statt des großen Werks das poetische Werkzeug. Mallarmé ist dem geheimen Versprechen der *ars combinatoria* auf den Grund gegangen und musste sich von seiner kritischen Sprachtheorie sagen lassen, dass das dunkle Weltwissen, auch wenn es sprachmagisch beschworen wird, in letzter Konsequenz doch Fiktion bleibt. In der metaphorisierenden Sprache des CDD: die ‚einzige Zahl‘ („Nombre unique"), die Sieben, hat sich verflüchtigt. Erhalten geblieben ist jedoch die Kombinatorik, das „énumérer", das Aufzählen, bzw. der poetische Würfelwurf als solcher, der den mysteriösen Sinnraum der Sieben bespielt, ohne ihn je zu erfüllen.[52] Auch die *ars combinatoria* hatte sich in diesem Zahlensymbol gespiegelt.[53]

---

[50] Hocke 1987, 316 ff.

[51] Tesauro 1968.

[52] Eine (selbstkommentierte) Demonstration dieses unabsehbaren Textgeschehens hat Ingold 2016 mit *Fortschrift. Ein Gedicht in fünfzehn Würfen* vorgelegt, eine kunstvolle Paraphrase des CDD.

[53] Künzel / Bexte 1993, 102 ff.

Entsprechend liegt dem CDD nicht am Erzeugnis, sondern am Erzeugen von Zeichenkombinationen, die offen für unabschließbare („en formation") Deutungsoperationen sind. Alles Mögliche zuzulassen – „PEUT-ÊTRE" –, das ist die prosaische Weihehandlung („sacre") unterm metaphorischen Himmel. Dadurch wenden sich die Wortzeichen nach innen und kommentieren rein ihren eigenen Bedeutungsvorrat („le commentaire des signes purs"; I 803). Valéry hat bestätigt, Mallarmé habe einige seiner Gedichte begonnen, indem er einzelne Worte da und dort aufs Papier geworfen hat – um erst dann ein Beziehungsgeflecht zwischen den Elementen zu knüpfen (Schérer 128). Ist auch der CDD so entstanden? Entwurfsskizzen (I 404 ff.) und Korrekturbögen der geplanten endgültigen Fassung sprechen nicht dagegen.

Mallarmés Poetik der Permutation hat eine anschwellende Aufbruchstendenz der Zeit erspürt – und sie geprägt. Die historischen Avantgarden werden sie bis zur Inkohärenz weitertreiben und zur Hauptsache ihrer Wahrnehmungsrevolution machen.[54] Jarrys Enthirnungsphantasien, die kubistische Zerlegung des Gegenstandes, Collagen- und Montagetechnik, das Simultangedicht, die ,befreiten Worte' der Futuristen, Dadas anarchistische Strafexpeditionen[55], seine optophonetischen Spielarten, die *papiers pliés* der Surrealisten; Bretons Plädoyer für den ,hasard objectif' – sie alle haben die Verwandlung der Worte in Dinge radikalisiert und die Entgrenzung ihres Spielraums bis hin zum Nonsense ausgereizt. Die *Hunderttausend Milliarden Gedichte* (dt. Frankfurt a. M. 1984) des Mallarmé-Lesers Raymond Queneau haben ebenso wie der Lettrismus, Spatialismus, die Gruppe Oulipo[56] oder Eugen Gomringer mit seinem Aufruf *Vom Vers zur Konstellation* (1954)[57] intensiv auf Mallarmés Vorspiel reagiert.[58] In Max Ernsts Rückschau erscheint es gewissermaßen als ein modernistisch gewordener Grundsatz Mallarmés: die „systematische Ausbreitung des Zufälligen oder künstlich provozierten Zusammentreffens von zwei oder mehr wesensfremden Elementen auf einer augenscheinlich dazu ungeeigneten Ebene".[59]

[54] Eine ganz außerordentliche Inspiration war Mallarmés CDD und seine Poetik der Isolation und der ,ars combinatoria' für Marcel Duchamps unmögliches Kunstwerk *Boîte verte* (1934), das seit 1914 94 Elemente in einer Schachtel zu einer unabsehbar flexiblen Struktur vereinigte (Duchamps 1980).

[55] Vgl. Forster 2005.

[56] Vgl. Schleypen 2004.

[57] Gomringer 1972, 153–158.

[58] Vgl. dazu auch den Katalog zur Ausstellung in Wien, *Un Coup de Dés. Bild gewordene Schrift* (Folie 2008) mit Mallarmé als Referenzzentrum. Dazu die Arbeiten von Reinhard Döhl, etwa „Von Stéphane Mallarmés ,Coup de dés' zu Paul Pörtners ,Alea'" (vgl. http://doehl.netzliteratur. net/mirror/poertner3.htm, letzter Aufruf 1.3.21).

[59] Ernst 1963, 65, in dem zugleich Lautréamonts berühmter Satz aus seinen *Gesängen des Maldoror* nachhallt, Schönheit sei ,wie die zufällige Begegnung eines Regenschirms mit einer Nähmaschine auf dem Seziertisch'.

V

WORTGOTTESDIENST

Suggestion

Avantgardistische Kunst als „systematische Ausbreitung des Zufälligen" – die Formel
wäre im Blick auf den CDD jedoch bestenfalls nur halb zutreffend. Bei aller hermetischen
Unnahbarkeit will sich seine Poesie nach wie vor mit dem Leser verständigen. Sie schlägt
ihm eine Verabredung im Namen von „Mystère" vor. Das vor allem musste ihn zunächst
in den Augen der jungen Wilden in der nachfolgenden Generation als Haupt des Symbolismus und damit als antiquiert erscheinen lassen. Wer wie sie Kunst auf das Ideal einer
Anti-Kunst verpflichtet, will vor den Kopf stoßen. Mit Schocks, Provokationen, Skanda-
len, Ohrfeigen, Verweigerungen, Obszönitäten agiert sie gegen das rückständige Publikum. Im weiteren Sinne handelt es sich um einen Frontalangriff auf den alteuropäischen
Anthropozentrismus, der das Ende der (bürgerlichen) Innerlichkeit und Angepasstheit
besiegeln will. Er nutzt seine schroffe Gegnerschaft allen Traditionalismen gegenüber,
um sie experimentell, konstruktivistisch, anarchistisch zu materialisieren und ihnen den
Geist auszutreiben. Ihre Stoßrichtung gipfelt in Tristan Tzaras Aufruf zur Selbstaufhebung: ‚die wahren Dadaisten sind gegen Dada'.[1] Dichten schließt sich dem Gedanken
der Mechanik an. „Machiner la poésie", lautete die doppelsinnige Losung in Apollinaires
Manifest *L'Esprit nouveau et les poètes* von 1917 (‚Der Zeitgeist und die Dichter'),[2] so als
ob der Maschinenmensch erst zum wahren Menschsein finden würde.

   Diesem Anti-Humanismus beugt Mallarmé mit „Mystère" vor. Damit soll keineswegs
das Loch im Gedankenhimmel geschlossen werden. Ihm liegt vielmehr eine Textstrate-
gie zugrunde, die über Jahre in vielen Einzelschriften entfaltet wurde und den ganzen
Kommunikationsakt ‚Kunst' bedacht hat. Eine Passage im bedeutenden Essay *Verskrise*
von 1896 (II 204–213) legt ihn kompakt auseinander. Das Mysterium ist Statthalterin des
Ungesagten hinter dem Gesagten. Das ihm gemäße sprachliche Abbild ist der dunkle
Stil, der geradezu zum Event-Charakter von Mallarmés Lyrik geworden ist.[3] Gleichwohl
geht davon eine explosive Energie aus („Quelque explosion du Mystère"), wie sie eine
prächtige, von allem Persönlichen unabhängige Himmelserscheinung ausstrahlt („son
impersonnelle magnificence à tous les cieux"; II 209). Ganz dementsprechend ordnet
Mallarmé ihm ein unmittelbar darauf abgestimmtes Wirkungs- und Wahrnehmungskonzept zu. Etwas Geheimnisvolles lässt sich nicht nach Anleitung der Rhetorik ver-

---

[1]   Tzara 1975, 381.
[2]   Dazu Wagner 1996.
[3]   Zur Analyse seiner Funktion vgl. Stempel 1966 (anhand von „A la nue accablante"). – Um-
    fassend Regn 1978. – Ausgangspunkt in beiden Fällen ist ‚Obscuritas' als Stimulans der zahl-
    reichen, von Regn diskutierten Interpretationen und ihren methodischen Voraussetzungen, die
    texttheoretisch an ausgewählten Gedichten reflektiert und kritisiert werden.

mitteln. Sie greift die ‚natürlichen Sprachmaterialien‘ auf und ‚ordnet sie zu genauen Gedankengängen an‘ (II 210). Ihre Sprachführung wollte ‚etwas‘ erreichen. Das „RIEN“ des Meisters zielt jedoch darauf, alles gegenständliche Benennen gerade zum Schweigen zu bringen („objet tu“; II 251); seine Redeweise soll ‚nichts‘ bewirken, nur wirken. Die Sprachtheorie hat dieser Grundeigenschaft ihrerseits mit dem Begriff der phatischen Kommunikation (Roman Jakobson) Rechnung getragen. Er besagt, dass Worte von ihrer Grundeigenschaft her ‚beziehend‘ sind, bevor sie vereindeutigt werden. Dies macht sich Kunst in dem Maße zu eigen, wie sie den eingespielten Wortlaut übergeht und Durchlässe zu Unausgesprochenem freigibt, in dem das Mysterium sich bekundet. Die Vorleistung auf Seiten des Textes hat eine auf ihre emphatische Wirkung hin stilisierte Sprache zu erbringen. Suggestion, Evokation, Allusion (II 65), das sind die Werkzeuge, mit denen sie sich ihrem Publikum nahebringen will, ‚niemals direkt‘ (II 251). Was die Worte als Wirklichkeit ausgeben, hat nicht mehr zu bedeuten als eine Handvoll Staub (II 210; II 65). ‚Etwas beim Namen zu nennen heißt, Dreiviertel des Vergnügens an einem Gedicht zu unterdrücken; es zu suggerieren, das ist der Traum‘. Das literarische Spiel zielt mithin auf Anspielung; es gibt kein anderes (II 700). Dadurch kann sich das Wort in geheimnisvolles Dunkel zurückziehen, gewinnt dafür aber symbolische Aussagekraft („qui constitue le symbole“; ebda.). Ein Brief verdeutlicht: die ‚materielle‘ – verbale – Vorgabe der Poesie gleiche in dieser Hinsicht ‚den Tasten eines Pianos‘ im Verhältnis zur Musik, die sich damit erzeugen lässt (I 807).

Diese Poetik der Suggestion steht in direktem Gegensatz zur Begriffskultur der Wissenschaften. ‚Alles, was vom Verstand ausgeht, fügt sich in ein Ganzes ein‘ („tout ce qui émane de l'esprit, se réintègre“; I 66). Alles was von Poesie ausgehen soll, will dagegen auf seine Fülle („plénitude“; II 211) anspielen. Mallarmé übt Rationalismuskritik, ohne jedoch in einen Irrationalismus des absoluten Zufalls zu flüchten, wie ihn Futuristen und Surrealisten predigen werden. Sein Werk möchte vielmehr imaginativ verstanden werden („imaginative compréhension“; II 68), also die Phantasie der Sprache wecken. Er schreibt damit an einer markanten Signatur der Zeit mit, die hohe philosophische Aufmerksamkeit gefunden hat.

Paul Souriau etwa hatte maßgeblich zur Debatte über diese ‚zweite Denk-Strömung‘ mit *L'Esthétique du mouvement* (1889) und *La suggestion dans l'art* (1893) beigetragen. ‚Ist nicht jedes Ding nur eine Projektion unseres Bewusstseins?‘ fragt er, d. h. Fiktion im Sinne Mallarmés? Mit ihr kann allein die bewegliche, abgelöste Sprache der Bilder („tableaux imaginaires“) auf dem Wege von Suggestion und Assoziation ins Gespräch kommen.[4] Dennoch scheut er sich, ihre Leinen loszulassen. Er hat wohl eine Vorstellung, wie Bild-Künstler, Dichter vor allem, ihrer ‚moralischen Verantwortung‘ gerecht werden können, aber nur, wenn sie ‚edle Empfindungen‘ wecken und die Seele ‚zum Ideal‘ erheben (336).

---

[4] Souriau 1889, 203. Hier entwickelt er die für seine Theorie der Metapher so bedeutsame Einsicht, dass ihre Erkenntnisleistung wesentlich darin besteht, geistige ‚Beweglichkeit‘ auszulösen. Nicht nur, dass dies uns gefällt (187); sie gleicht auch ‚einer Feder, die auf der Oberfläche des Wassers treibt‘ (188)! Das Bild könnte von Mallarmé sein. – In der späteren Studie (*La Suggestion* 1893), die sich (Kap. III) der Lektüre widmet, eine Auffassung, die sich eng mit der Funktion der ‚blancs‘ Mallarmés berührt: „dans les intervalles qui l'ont [i. e. la lecture] coupée, nous avons eu le temps de jeter (...) un coup d'œil furtif dans le monde imaginaire“ (203).

Oder Wilhelm Diltheys Kritik an der historischen Vernunft in der Einleitung in die Geisteswissenschaften (1883), erweitert im *Aufbau der geschichtlichen Welt in den Geisteswissenschaften* (1910).[5] Erleben, nicht Denken wird, auch hier, als „elementare Verständigungsleistung" anerkannt (261), und sie findet gleichfalls „nur in der Sprache" statt (267). Der eigentliche Anstoß dazu verlangt ein „Sichhineinversetzen", „Einfühlung" (263 f.). Diese Freiheit verschafft uns die Kunst. Ihre „Transposition" (!) besteht, wie bei Mallarmé darin, dass, selbst wenn die „Folge der Worte" festgelegt ist, dennoch „jedes dieser Worte bestimmt-unbestimmt" ist – wie Mallarmés Doppelcharakter des Wortes („double état de la parole"; II 212). „Es enthält in sich eine Variabilität seiner Bedeutung", die sich nur einer „Einfühlung" erschließt (263 f.). Zuletzt dann aber doch der Rückzug aufs „Ganze", das „das Unbestimmte durch die Konstruktion bestimmt" (272).

Mallarmé am nächsten steht Friedrich Nietzsche. Auch seine Schrift über *Wahrheit und Lüge im außermoralischen Sinne* (1872)[6] liebt entschiedene Frontbildung. Nicht „das Ding an sich" können wir besitzen, sondern „nichts als Metaphern der Dinge" (879). Der Intellekt verdankt seine Erkenntnis einem „Würfelspiel der Begriffe" (882). Was er deshalb wahrheitsgemäß tun kann, gleicht der Beatrice Mallarmés: er soll sich „das Zertrümmern und Verhöhnen der alten Begriffsschranken" vornehmen (889). Dann können sich die Sprachdinge „unzusammenhängend reizvoll und ewig neu" (887) ausleben, sodass sich „das Fremdeste paart" und „Nächste trennt" (888). So ist es dem ‚Meister' Mallarmés widerfahren, den die erotische Beweglichkeit der Metapher dazu gebracht hat, den Dämon des *Esprit* auszutreiben. Nietzsche philosophiert zwar nach Art der Poesie; Mallarmé aber setzt metaphorisches Denken in die Tat um. Dazu bindet er es ein in ein nach oben hin offenes Wirkungskonzept.

Divination

Um der Poesie dennoch einen ethischen Effekt zu sichern, bot er ein erstaunliches Wahrnehmungskonzept auf. Der offene Parcours durch die labyrinthische Sprache kann sich erst in der Lektüre schließen.[7] Suggestion, Evokation, Allusion sollen verhindern, dass die Wortgestalten die formvollendete Skulptur eines Sinns annehmen. Seine Poetik hat sie gleichsam im Zustand des Werdens erstarren zu lassen. Deshalb bedarf es des Lesers, um ihr Bedeutenkönnen – das „PEUT-ÊTRE" des CDD – zum Leben zu erwecken. Der Wahrnehmende wird dadurch zu einem Aktivisten des Textes aufgewertet; ihm kommt letztlich das Schlusswort zu. Entsprechend hochachtungsvoll hat Mallarmé den Akt der Lektüre angesetzt: er hat sich als „Divination" zu ereignen (II 234). Der Doppelsinn des Wortes ist wohlbedacht. Es bekennt sich einerseits zu einem Unbekannten, zu dem sich

---

[5] Dilthey 1970.

[6] Nietzsche 1980, Bd. 1.

[7] Konsequent formuliert, wenn auch nicht praktiziert von Barthes 1984, 64 f.: „toute la poétique de Mallarmé consiste (...) à rendre sa place au lecteur", das der Autor selbst in sehr subjektiver Weise für seine Auffassungen nutzt. – Der Mallarmé-Leser Proust: ‚die Leser (seines Romans) sind die Leser ihrer selbst' („les propres lecteurs d'eux-mêmes"); Proust IV 1994, 610 – ein Echo?

andererseits ,ahnend' ein Kontakt herstellen lässt[8], der an Mallarmés ,Mysterium' rührt. Auf dieses ,Wunder der Divination' hin ist das Kunstwerk einzurichten (I 807), weil es etwas ,Göttlichem Gestalt verleiht' („pour façonner de la divinité"; II 180), indem es dem ,Leser eine Stimmung und Einstellung suggeriert, die im Text selbst nicht erwähnt wird' (II 180). Divination schafft Übergänge von einem Hier zu einem Da („divination d'ici là"; II 234), die die Zeichen in ein verschwiegenes Zeigen überführen. Es ist eben der poetische Königsweg, den nur die Bildersprache der Metaphorik beherrscht (II 210). Sie lässt ahnen („devinée"), dass es von Bedeutung ist, worauf sie anspielt, ohne die Bedeutung selbst zu benennen. Darin besteht das ,magische Konzept des Kunstwerks' („le magique concept de l'œuvre"; II 211). Seine ,Transposition' (ebda.) des Normalen ins Zauberhafte („trait incantatoire"; II 251) appelliert an das zivilisatorisch verschüttete Vermögen des Lesers, unter Umgehung des Verstandes etwas intuitiv (II 207), einfühlend, eben divinatorisch aufnehmen zu können.[9]

Wer so aufs Wort achtet wie Mallarmé, kann in Divination eine der kühnsten Bestimmungen seiner Kunst nicht überhören: dass in zweiter Hinsicht etwas Göttliches („divin") bei diesem Kommunikationsakt im Spiel ist. Bricht hier zuletzt nicht noch einmal das verleugnete romantische Erbe durch, wenn er den Dichter beauftragt, ,göttlich wahrzunehmen' („chargé de voir divinement"; II 224)? Dass ein Gott ihm nach wie vor den ersten Vers schenkt; ihn inspiriert, das ,hoheitsvolle Mysterium ins Auge zu fassen, weswegen man auf der Welt ist' (II 181)? Wie so oft hat Mallarmés Aussage einen doppelten Boden. Kann ein Dichter, kann sein Gedicht einen Götterfunken vermitteln wollen, obwohl der Autor, der ,Meister', ihn als nichtig verworfen hat? Das alte Wort („divin") hat sich einer neuen Deutung zu stellen. Ein Anklang von etwas Göttlichem in den Ahnungen, die die Poesie suggeriert – er kann sich nur im Leser einstellen. Will dies nicht auch der CDD sagen wenn er behauptet, ,Nichts' habe von woanders her stattgefunden, als das, was sich rein am Ort der Wahrnehmung selbst dem ,Meister' eröffnet („RIEN AURA EU LIEU QUE LE LIEU"; X)?

Mallarmé besiegelt diese Auffassung mit einer erstaunlichen Aussage: nicht die Maßgabe des Verstandes („Esprit"), – die poetisch angeregten Anmutungen sind es, ,die zu verwirklichen der Mensch lebt' („l'accomplissement de quoi existe l'homme"; II 144)! Wer noch einen Hauch des Göttlichen verspüren will, hat sich in Lyrik zu vertiefen. Was aber hätte der Leser, was das ganze Universum nicht hat? Welches wäre die ,Idee', d. h. die Gottheit, ,die in seinem Geiste anwesend ist' (II 160)? Mit dem ,Meister' zu sprechen: auf sie kann lediglich als vorenthaltenes Moment, als negative Spur in der Sprache angespielt werden, die wir sind. Nicht wer ich bin ist daher die – cartesianische – Frage, sondern *wie* ich zu mir komme. Immer also, wenn ich die Divination sprechen lasse, bin ich wahrhafter in der Idee meiner selbst als wenn ich mich bedenke.

---

[8] Mallarmé, der sich intensiv mit den großen Wörterbüchern, dem zeitgenössischen *Littré, Dictionnaire de la langue française* und dem *Larousse* (bis 1972) auseinandergesetzt hat, konnte dies letzterem entnehmen (Bd. 2, 973, Sp. 2).

[9] Apollinaires frühes Manifest zur Modernität, *Méditations poétiques. Les Peintres cubistes* von 1913 hat auf identische Weise dieses Konzept bis in Details aufgenommen. Es ist kaum vorstellbar, dass er sich dabei nicht auf Mallarmé bezogen hat, obwohl er ihn nicht nennt (*Œuvres en proses* II, éd. Caizergues / Décaudin, Paris 1991, 5 ff.)

Ist dies aber nicht auch der beschließende Horizont des CDD? Sein Bild einer konstellaren Poesie sieht Sprache als Bewegungsraum vor („énumérer"; „compte total / en formation"), der ausdrücklich auf kein ‚letztes Ziel' („point dernier") hin verpflichtet wird und sich dadurch der Leselust anheimstellt. Dafür sprechen sich die fünf Partizipien grammatisch und visuell aus, indem sie eine Einstellung vorgeben, die performativ, auf Vollzug („avant de s'arrêter"), nicht auf Erfüllung des Textes aus ist. Sie halten eine nächtliche Gedankentätigkeit in Bewegung, die die Gewissheiten des Tages verdunkelt und damit suggeriert, dass sie insgeheim mit ganz ungeahnten Konstellationen in Verbindung stehen. Kein geringes Echo findet sich in der sprachkritischen Philosophie des 20. Jahrhunderts, etwa bei Wittgenstein: „Philosophie dürfte man eigentlich nur dichten" (*Über Gewissheit*).[10]

Ein besonders herausgestelltes Bild-Wort des CDD führt es weiter aus: „sidéralement". ‚sid-' von lat. sidus, Stern, lässt ‚stella' in „con*stella*tion" als erotischen Wunsch (de*side*rare) nach einem Stern aufblitzen („brillant"; XI b), der fehlt (lat. de*side*re)[11]. Divinationen sind die lichten Momente („suggéreer la splendeur"; II 180), in denen wir wahrhaft identisch mit uns sind.

Bewusstseinstheater

Der Text als Prätext führt zu einer Theatralisierung der Schrift in der Lektüre. Mallarmé hat ihr deshalb beträchtliche Aufmerksamkeit gewidmet. Von seinem Großprojekt, dem *Livre* her gesehen, steht sie sogar im Mittelpunkt seiner Überlegungen zur ästhetischen Kommunikation.[12] Von ihr hängt entscheidend ein ‚humanes Resultat' ab. ‚Das Theater ist höchst wesentlich' – für Poesie, schreibt er im Essay *Das Genre oder über die Modernen* (II 179 ff.). Der Grund: ‚es vergegenständlicht die Spiele, die die Seele' veranstaltet. Dann öffnet sich eine ‚innere Bühne' im Bewusstsein des Lesers („scène intérieure"; II 195). Was zur Aufführung gelangt, veranschaulicht Mallarmé am Beispiel des Mimen, an dem dann der Mallarmé-Interpret Derrida u.a. sein Konzept des *Dissemination* entwickeln wird. Wer dessen pantomimisches ‚Spiel' der unablässigen Anspielungen („allusion perpétuelle") in diesem Sinne auf Dichtung überträgt, lässt das ‚Monster, die Mittelmäßigkeit' (ebda.) hinter sich und ‚richtet sich in einer Mitte ein, die rein nur Fiktion ist'. Erst unter diesen Bedingungen kann man Mallarmés Sprachtheorie zufolge ‚sich selbst' gegenübertreten („se trouve vis-à-vis") bzw. nahe bei sich selbst sein („près de soi-même"; II 210)! Dichtung, Literatur allgemein, vermag so ein Bewusstseinstheater anzustoßen, das die mitgebrachte Identität des Lesers aufs Spiel setzt. Dafür genügt ein Blatt Papier: ‚jeder kann dieses Stück nach seinen Vorstellungen aufführen', weil er dabei von seiner ‚multiplen Persönlichkeit unterstützt wird' („aidé de sa personalité multiple"; II 182) und seine Vielfalt als Feier begeht („fêtes en chacun").

Der CDD bietet dabei nur ein Probestück im Hinblick auf die vollkommene Dynamisierung der Sprache im *Livre*, das geradezu einer ‚Metaphysik des Theaters" (Schérer,

---

[10]   *Werkausgabe,* Bd. 8, Frankfurt a.M. 1990, 483.

[11]   Dazu Onfray 2000; eines von inzwischen 13 Büchern im Rahmen seiner hedonistischen Philosophie, die sich intensiv der Metapher bedient, u.a. der Sirene; hier 68.

[12]   Vgl. Scherer 1978, 25 ff. – Finter 1990, Kap. I, 33 ff.

26 ff.) huldigt. Im Vorwort des CDD präzisiert Mallarmé die ‚genaue Inszenierung' („mise en scène exacte"), wie solche ‚Verse' dies mental („spirituellement") bewirken wollen (I 391): indem der Denkvorgang („l'emploi ... de la pensée") als verbale Partitur abgebildet wird. Die Musik im Allgemeinen, die Symphonie im Besonderen ist eines der großen Modelle für eine Orchestrierung seiner Wortkunst (I 392).[13] Folgt die Lektüre ihren Notationen, hebt im Wahrnehmenden ein individuelles, verschwiegenes Konzert' an („un solitaire tacite concert"; II 226). Noch weiter geht Mallarmés Erneuerung der Sprachkunst in seiner rivalisierenden Auseinandersetzung mit dem Gesamtkunstwerk Richard Wagners (II 195).[14] Poesie avanciert dann zum ‚Kunstwerk par excellence' der Zukunft (II 196), wenn sie die Bühne ins Bewusstsein ihres lesenden Publikums verlegt und damit ein ungleich direkteres, intensiveres Ansprechverhalten als das passiv genossene Musiktheater erzeugt. Mallarmé scheut sich nicht, seine Kunst mit einem unbescheidenen Superlativ auszuzeichnen: sie sei eine „Opéra parlé" (II 195).

Hinter dem hoch gegriffenen Wort steht jedoch ein anspruchsvolles poetologisches Programm. Ihm gehorcht die spektakuläre Typographie mit einer dreifachen Orchestrierung. Ihre unterschiedlichen Lettern legen verschiedene Notenlinien durch den Text und intonieren eine pralle Mehrstimmigkeit; ihre Größe verleiht ihnen laut oder leise Nachdruck; die Abstände in Weiß zwischen den sprachlichen Notierungen legen die Tempi des Vortrags fest („accélérer tantôt et de ralentir le mouvement"; I 391). Deren freie Verteilung im Raum der Seite („à des places variables"; ebda.) lässt sie metaphorisch zusammenspielen. Selbst der ‚Meister' muss sich diesem Theater der Schrift unterwerfen. Nicht eigentlich er ist es, der den CDD wiedergibt; die Sprache ereignet sich vielmehr in ihm; seine dramatische Untergangsperspektive ließ keine Besinnung auf einen eloquenten Vortrag mehr zu. Mallarmé ließ ihn deshalb im Stil eines Inneren Monologs reden. Seine *Notizen über die Sprache* sehen ihre Hauptbedeutung („leur principal sens"; I 508) in ‚den Worten, die von der inneren Stimme unseres Geistes ausgesprochen werden'. Sein literarischer Freund Edouard Dujardin hatte in seinem Roman *Les lauriers sont coupés* (1887; dt. *Geschnittener Lorbeer*) damit experimentiert; ihm ein Exemplar gewidmet; er sich dafür mündlich bedankt. Der Mallarmé-Leser James Joyce hatte sich mit seinem *Ulysses* auf beide bezogen.[15]

Eine solcherart unwillkürliche Verssprache gilt als ‚ideale Darstellungsform' („idéale représentation"; II 195) der Poesie. Sie totalisiert ihr Medium. Ihre verbale Notenschrift erzeugt ‚Simultaneität' (I 391) auf Seiten des Textes; auf Seiten der Wahrnehmung „polyphonie". Der Text wird darüber zum Resonanzraum – das Äquivalent zum „LIEU " des CDD – und es liegt am Leser, sich die Stimmenvielfalt zurecht zu legen, indem er ihr Beziehung und Anklang verleiht (II 195), d. h. eine „musique mentale" aufführt (II 474). Seine doppelte Teilhabe deckt sich auffällig mit dem Wirkungsideal des *Livre*, für das der „Organisateur" von dessen Texttheater eine ‚doppelte Séance' vorsieht (I 619).[16] Im einen

---

[13] Vgl. Eckel 2015, 263–328, wo mit Mallarmé Musik, Oper, Tanz, Ballet und ihre Suggestions-Poetik als ‚Figuration du divin' entwickelt werden.

[14] Vgl. dazu die intensive, textnahe Interpretation im historischen Zusammenhang von Zimmermann 1981 mit der dt. Übers. (136–140) des Artikels „Richard Wagner. Rêverie d'un poète français" (II 153–159).

[15] Vgl. Hayman II 1956: „Les éléments mallarméns dans l'œuvre de Joyce."

[16] Vgl. Landi 2017, bes. Abschnitt 8, „l'Hésitation d'Hamlet", 37 ff., mit Rücksicht auf Derrida 1972, Kap. „La double séance", 199–318.

wie im anderen Fall kommt eine der kapitalen Inversionen Mallarmés zur Anwendung: nicht eigentlich der Text teilt sich dem Leser mit, vielmehr er sich ihm. In dem Maße, wie er die sprachlichen Noten komponiert, wird er selbst als Kompositeur tätig. Er beginnt zu ahnen, dass seine Identität in der Verunähnlichung mit den Geschichten besteht, in die er/man verstrickt ist. Darauf zielt Mallarmés *maniera*: ‚das Theater, die Bühne‘, Modell seines Schreibens, ‚bietet sich als Ort („lieu“!), einer Selbstdarstellung an („spectacle de Soi“), weil es Lebensbegriffe zugleich aufgreift und sie in seinem Spiegel wieder liquidiert („liquéfaction des miroirs“; II 370) – die Funktion der Metapher. Dahinter steht die erkenntniskritische Einsicht in die ‚Unmöglichkeit zu denken, worin das Denken besteht‘, wie Maurice Blanchot mit Rücksicht auf Mallarmé schreibt[17]. Ist dies nicht auch so dem ‚Meister‘ und seinem Schreibprojekt („plume“) widerfahren, das der CDD aufgriff, um es platzen zu lassen, da er es seinem beschränkten („contenu“) männlichen Verstand („sa petite raison virile“; VII b) anvertraut haben wollte?

Logomachie

Seit dem Fin-de-siècle dauert eine nicht mehr enden wollende Krise des Subjekts an. So war es einst vom sog. *Älteste Systemprogramm des deutschen Idealismus* (um 1799) in die Mitte der Welt gesetzt worden: „die erste Idee ist natürlich die Vorstellung von mir selbst als einem absolut freien Wesen“[18]. Seitdem ist es kaum mehr möglich, unbeschadet noch eines zu haben. Die Schatten über seinem freien Wesen aufzuhellen wurde zu einem großen Problemvorrat der Wissenschaften und Künste. Es wurde theoretisch, systematisch und fiktional bedrängt, die Differenzen mit sich selbst auszutragen und am Bewusstsein seiner selbst zu gesunden. Psychiatrie, Philosophie, Soziologie, Biologie, Medienlehre halten diesem modernen Ich den Spiegel seiner Wandelbarkeit vor. Künste lieben es, seine ästhetisch gestalteten Selbstbildnisse zu verfremden, sei es kritisch, sei es emanzipatorisch. Für Mallarmé waren es allesamt Appelle an seine Geisteskultur, in immer neuen Anläufen Klarheit zu schaffen („une clarté, à jet continu“; II 232) und Kontingenz in die Evidenz eines festen Selbst zu überführen. In seinen Augen behandeln sie das lebendige Subjekt als ob es sich nach einem ewigen Begriff („notion“) sehnte. In seinen Augen verkennen sie, dass auch er reine Fiktion des *Esprit* bleiben muss. Dagegen richtet sich der Feldzug seiner Poesie. Für ihn ist das Ich ein Handlungsschema. Im ‚Stück‘, das sie aufführt, werden, stellvertretend im ‚Meister‘, die Verschleierungen unseres Selbst („des voiles feints … quant à nous-mêmes“) kunstvoll aufgelöst („dissoute avec art“; II 231). Als Konstellation schafft sie den Spielraum, in dem der Leser die Sprache, in die er sich eingelebt hat, aufs Spiel setzen kann, aber keine sozialen Sanktionen befürchten muss. Er vermag sich selbst gegenüberzutreten, ohne zu analysieren oder zu reflektieren. Nicht aus einer Beziehung auf erste Ideen, Götter, Illusionen, letzte Prinzipien leitet sich mithin sein Dasein oder Selbst ab – es wären die Dämonen des ‚Meisters‘ (und des Autors). Das Gedicht legt ihn vielmehr auf das Verhältnis zu seiner Sprache fest. Wort um Wort prallt („heurt successif“; XI b) das vertraute Verständnis ihres Sinns auf den unvertrauten, den der Text ihnen abgewinnt. Das Ich verwandelt sich dadurch in die

[17] Blanchot 1982, 54.
[18] Bubner 1969, 261 f.

Bühne eines Sprachenstreits, einer Logomachie. Die eine Seite verfolgt das Interesse, die Worte identifikatorisch zu binden („s'y nouent entre eux"); die andere, die poetische, sie gezielt zu entbinden („se détachent"); die eine ‚neigt dazu', die Denkweise ‚rhythmisch in Bewegung' zu versetzen („incline dans un rythme ou mouvement de pensée"), während die andere mit einem festen Entwurf dagegen hält („contradictoire dessin"; II 195). Wem es nicht mehr möglich ist, das ‚sehr einfache Ding, Seele genannt', zum Schwingen zu bringen, dem bleibt nichts als ‚sich das Unvermeidliche und das Unverbindliche oder das Alltägliche und Abgegriffene als seinen Zustand anzueignen', gleichbedeutend mit einem ‚eklatanten Unverständnis des Humanen' (II 221).

Darauf setzt Mallarmés literarisches Worttheater. Zwar ist Sprache, sein ‚Vokabular', gegeben wie Grund und Boden eines Landes („sol national"), das Einzige, das Dichter und alle anderen gemeinsam haben (II 474). Der Menge dient sie jedoch lediglich als „parole", annähernd so wie bei Saussure. Sie steht im Dienst des schwankenden Bedürfnislebens („la vie"), gleicht dem mündlichen Austausch („orale"; „haut"; verlautend) und ist nach außen gerichtet („extérieur"). Die Worte beziehen sich wohl auf Dinge, haben mit den ‚Sachen' selbst, auf die sie verweisen, jedoch nichts zu tun (I 506). ‚parole' ist verbales Grundnahrungsmittel, um zurechtzukommen.

Der Dichter hingegen macht dieses Sprachregister in allen seinen Spielarten gerade zu seinem Gegenstand und verordnet ihm einen ‚Durchgang' durch Vers und Schrift (II 474). Mallarmé sieht es so: poetisch gebunden, tritt der Zeichencharakter in den Vordergrund; die gebrauchte Sprache wird unabhängiger von einer bedürftigen Sprechsituation, kann dadurch die Sichtbarkeit, den Klang – und den Mehrwert der Worte steigern, die dadurch über das hinausweisen, was sie gemeinhin („en commun") sagen. In der poetischen Schriftform nehmen sie gestischen Charakter an (I 506), der einer ‚hohen, reinen Wahrnehmung' („vision suprême et pure") zugute kommt (I 474). Die Dinge beim Namen zu nennen, würde etwas Definitives, Ewiges, unendlich Seiendes oder faktische Härte vorspiegeln, das mit dem ‚Meister' untergegangen ist. Was Poesie in seinem geläuterten Sinne in die ‚Hand' nimmt, geht daher nicht den Verstand, sondern unser Empfinden etwas an („notre sens subtil") oder was wir erträumen („de rêve"; I 474). Es ist Mallarmés sprachtheoretischer Unterbau seines Wirkungs- und Wahrnehmungskonzepts, von Suggestion und Divination.

Wie aber soll der Wahrnehmende dadurch zugleich ethisch bewegt werden? Der Sprachenstreit ist unaufhebbar. Weder dem bodenlosen Meer, noch dem verschlossenen Himmel lässt sich ein Ideal zuschreiben, das ihm eine bindende Identität hätte gewähren können (IX b). Würde es dann aber einer ‚Theologie der Sprachkunst' („Théologie des Lettres"; II 475) noch gelingen können?

Diesseits der Analogie

Mallarmé hat dafür ebenso kühne wie bildhaft umschriebene Voraussetzungen geschaffen. Wenn ein Text seinen Kontext so weit herabsetzt wie der CDD, könnte dann im Prinzip aber nicht jeder herauslesen, was ihm einfällt? Jede Lesart wäre – im Prinzip – zulässig, aber willkürlich[19]. Die Kontingenz, die das Gedicht Wort für Wort getilgt haben

---

[19] Ein berühmt gewordenes Echo bei Paul Valéry 1957, 1509: „mes vers ont le sens qu'on leur prête."

wollte (II 23) – würde dadurch nicht rückwärtig wieder die Tür zur Beliebigkeit geöffnet? Jeder bliebe im Übrigen mit seiner Version allein. Wie soll davon noch ein ethischer Impuls ausgehen (I 623)?

Mallarmé greift zu einer Vision: ‚Das Wunder eines großen Gedichts‘ – unterm metaphorischen Himmel – ‚ersetzt je nach Bedarf ganz unbefangen alles, weil es an einem Allumfassenden mangelt‘ (II 202)! Die Kunst also ist es, die nun an die Stelle eines verworfenen großen Ganzen („tout"; II 202) getreten ist, aber selbst für kein Ideal steht und damit dem Leser kein „niemals wechselndes Ich" (Schiller) vorschreibt[20]. Das aber heißt, er kann sich selbst nurmehr im Kompetenzstreit von Denk- und Begehrungsvermögen wie ein *tertium comparationis* inne werden und auch das nur, wenn er von einem Sinnbildungsverfahren absieht, das geradezu naturgegeben scheint: dem Analogieschluss. Um dahin zu gelangen, bedarf es einer Antwort, wie es überhaupt dazu hatte kommen können, dass das Geschöpf von sich auf einen Schöpfer schließen konnte, dass das Diesseits einen Vorschein auf ein Jenseits enthielte; der Mikrokosmos Mensch aufgehoben ist in einer Ähnlichkeit mit dem Makrokosmos; dass ein Einzelnes für den Teil eines Ganzen gehalten wird; dass alles miteinander in einem Zusammenhang steht. Mallarmé hat die Frage in einem seiner bedeutendsten ‚Poèmes critiques‘, *Der Dämon der Analogie* (II 86 ff.) geklärt. Man darf darin geradezu eine Vorgeschichte des CDD sehen. Es legt bildkräftig auseinander, warum der *Esprit*, der unvordenkliche Dämon des ‚Meisters‘, damit scheitern musste, mit einem *Esprit absolu* eine rettende Ähnlichkeitsbeziehung mit einem großen Ganzen („conjonction") herstellen zu können. Dieser Wahn („folie") wird im CDD noch einmal nachvollzogen, aber jetzt um ihn zur Einsicht zu bringen, wie dem Sog analogischen Denkens zu entgehen wäre, mit dem die Welt in Ordnung gebracht werden könnte. Analogien stellen unablässig Verwandtschaftsbeziehungen her – die „Fiançailles" des ‚Meisters‘ – führen Unbekanntes auf Bekanntes, Befremdliches auf Vertrautes zurück[21]; machen Vergleiche, die nach Gleichem suchen. Sie sind insofern identitätsgläubig. Auf diese Weise schaffen sie Gattungen, Klassen, Gruppen, Präzedenzien, Gewohnheiten, Bräuche und bilden damit das Gegenspiel zur kritischen Arbeit des Unterscheidens und Differenzierens. Ihnen liegt daran, etwas von Außerhalb des verfügbaren Wissens in einen gesicherten Deutungsrahmen hereinzuholen. Solche Verbindungen kommen jedoch nicht natürlich vor. Sie entspringen dem Verlangen des menschlichen Verstandesvermögens nach einem Polarstern der Erkenntnis.

Darauf reagiert das poetische Kleinod aus der Sammlung der *Divagations* (‚Ausschweifungen‘) von 1874/1893. Konkret dürfte Mallarmé sich damit von Baudelaire oder Hugo absetzen. Alles ist prinzipiell ‚korrespondierend‘ (II 133), heißt es im gleichnamigen Gedicht Baudelaires, weil sich dank einer ‚universellen Analogie‘ anspielend auf alles Bezug nehmen lässt (II 624). Getragen wird sie von der großen kulturellen Argumentationsfigur, der Gottesebenbildlichkeit. Baudelaire nahm sie mit den Worten in Anspruch: im Menschen hatte sich von Ferne ein Bezug („rapport"; Leitbegriff auch Mallarmés) zu jenem erhabenen Vermögen – der Imagination – erhalten, mit dem der Schöpfer sich sein Universum zurechtlegt und erhält (ebda.). Mit dieser biblischen Analogie ließ sich selbst ein Dichter des 19. Jh. noch einmal auf eine Gedankenreise schicken. Wenn er auch die Idee vom Menschen nicht mehr auf einen extensiven Begriff bringen kann, so rettet er

[20] Schiller 1992, 594.
[21] Vgl. Historisches Wörterbuch der Rhetorik 1992, Sp. 498–514.

zumindest das analogische Denken als Tätigkeit, die unabhängig von allem in die Hand des Menschen gelegt ist.

Dissimilation

Die Versprosa *Der Dämon der Analogie*[22] setzt Mallarmés Göttersturz der sechziger Jahre voraus. Religiöse, mythische oder philosophische Urstiftungen sind verhältnislos geworden. Was wäre mit Denken und Dichten noch zu erreichen? Dies untersucht das Prosagedicht.

Es ist wie am Beginn des CDD, als ob eine namenlose Stimme aus dem Off zu sprechen beginnt: ‚verfluchte' – dämonisierte („maudits") - ‚Fetzen eines absurden Satzes' ‚sangen unbekannte Worte'. Wer steht der Sprache so nahe, dass er ihnen sofort nachgeht? So kann nur ein lyrisches Ich reagieren („Je") und sie ‚einer Feder' zuschreiben, die über die Saiten eines Instruments gleitet[23]. Erst jetzt tritt gleichsam aus der Wirkung des Satzes sein Wortlaut („une voix") hervor: „*La Pénultième est morte*" – ‚die vorletzte Silbe' des Verses schlechthin („le vers"), des Alexandriners, ‚ist tot' und mit ihm die klassische Dichtungstradition Frankreichs. Insofern reflektiert das Gedicht in Prosa über die Dichtung in Versen. ‚Nobel' galt sie, weil sie, wie bei Vigny oder Hugo, sich in Analogie zu einem universellen *Esprit* zu wissen glaubte.

Die poetischen Sprechweisen der Tradition vermochten zwar die Worte schön und erhaben erklingen zu lassen („chantèrent"), konnten ihnen aber keine glorreiche („glorieux") Bedeutung verleihen („le vide de signification"): zwischen dem poetisch hochgeformten Vers und einem erhabenen Gedanken besteht keine Analogie. Signifikat und Signifikant bilden keine Gesinnungsgemeinschaft mehr („se détacha"). Dementsprechend handelt auch das lyrische Ich: wenn „*La Pénultième*" sich deshalb auf etwas bezieht, dann allenfalls auf sich selbst, sodass in ihm seine eigene „pénultième" in Betracht kommt. Dann gibt seine vorletzte Silbe die ihr selbst innewohnende Bedeutung preis: *nul*. Die traditionellen Zuschreibungen hatten verdeckt, dass der Ultima, der letzten Silbe des Alexandriners, in der Penultima immer schon ihre ‚Nichtigkeit' eingeschrieben war. Der Meister wird dieses „nul" dann im „RIEN" zum Nullpunkt einer Sprachkunst nach ihm aufwerten.

Dem Ich des Prosagedichts bleibt diese Wendung noch verschlossen. Allerdings wird ihm eine ‚Empfindung' wie die wohlklingend angeschlagene Saite eines Instruments suggeriert. Dies leitet eine bedeutsame Peripetie seiner ‚Ausschweifung' ein: es trägt an das „nul" eine Reihe von Deutungsangeboten heran, um sich den Wortlaut des Unbekannten („des paroles inconnues") anzueignen – anders gesagt: es beginnt zu analogisieren und endet mit dem erschreckenden („effroi") Effekt, dass es im Grunde nur sich selbst vernommen hat („la voix même, la première"). In seinen Analogien spiegelt sich mithin nichts als *seine* hingebungsvolle („caresse") Arbeit an der Sprache („labeur linguistique"). Es ist eben die Geste des ‚Meisters' als Dichter („caressée"; V a), mit der er sich in Konjunktion zum Dämon der *Ultima* („l'*ultérieur* démon"; V a) bringen wollte.

---

[22] Vgl. Ortlieb 2006, Kap. III: 76–119. – Roger 2006, 3–27.
[23] Fischer / Stabel 1992, 134–137.

Am Ende ein fatales Fazit. Die ‚neuartige Wortmusik', die vom ‚absurden Satz' der ‚Pénultième' ausging, kann nicht erklärt werden („inexplicable"). Die Worte künden vom ‚unwiderruflichen Einbruch' eines Übernatürlichen („l'irrécusable intervention du surnaturel"). Das Prosagedicht erklärt damit im Vorgriff, warum der *Esprit* des Meisters am Felsen der Analogie zerschellen musste. Baudelaire hatte am Beispiel des Malers Constantin Guys bereits klargestellt, dass Analogiebildung sich einem Akt der Selektion verdankt. Was aber wird dann aus dem Unähnlichen, das solchermaßen aussortiert wird? Analogien haben mithin keinen Zugriff auf etwas Allumfassendes, Endgültiges – eigenwertig Humanes. Das „nul" des Prosagedichts stimmt auffällig mit dem „résultat nul" überein, das den ‚Meister' veranlasst, sein ‚Ereignis' („évenement") als ‚vergeblich' (‚et / vainement') abzubrechen (X). Analogien verbleiben im Ungefähren.

Im ‚Ich' setzt daraufhin ein höchst wegweisender Diskursübergang ein. Es findet sich schließlich ‚instinktiv' in einer Straße der Antiquitätenhändler und vor dem Schaufenster eines Instrumentenmachers („luthier") wieder: sein Hören wird im Sehen gespiegelt. Bildlich teilt sich ihm mit, dass eine hochsinnige („noble") poetische Aneignung („faculté poétique") der unbekannt klingenden Worte ‚antiquiert' ist. Daraufhin wendet es den Blick von seinem Inneren ins Innere der metaphorischen Werkstatt – ein einziges Gleichnis seiner überholten Dichtkunst: an der Wand alte Musikinstrumente (Klangkunst); am Boden vergilbte Palmzweige (Dichterruhm); im Hintergrund Flügel toter Vögel (Inspiration). Sein poetisches Sinnbildungsverfahren gehört der Vergangenheit an („glorieux Souvenir"). Es flieht, blickt in der Art eines Nachrufs („deuil") zurück. Dabei hat es die Lösung vor Augen, gleicht darin aber Parzifal, sehr in Mode durch Richard Wagners Oper, der zu sehr auf seinen Gral fixiert war. Der Blick durch die Schaufensterscheibe übersetzt die Impressionen, die ihm angesichts der klangvollen Worte in den Sinn gekommen sind, in sinnreiche Bilder: Flügel („aile"), Palmzweig („palme") und kunstvolles Instrument („artifice du mystère"). Sie bilden das Äquivalent dessen, was analogisch sich nicht in Ordnung bringen ließ („inexplicable") – mit der Konsequenz, dass innere Stimmen über eine eigene, den Intellekt („de voeux intellectuels") umgehende Sprache verfügen: es ist die Metapher.

Der CDD also setzt dort an, wo das Prosagedicht endete. Auch der ‚Meister' ist Dichtender, geht, wie das lyrische Ich, aus der Sprache hervor, mit der er befasst ist. Doch nicht ein ‚absurder Satz' bringt ihn an die Schwelle einer Sprechweise diesseits der Analogie; er ist von Anfang an *im* exterritorialen Milieu der Metaphorik, die ihn unter zwei großen Fresken identifiziert hat: die Symbolgeschichte des Würfelwurfs und der Bilderzyklus des Schiffbruchs. Vom dichtenden Ich des Prosagedichts her gesehen lässt sich daher die modernistische Volte des CDD noch schärfer beleuchten. Der ‚Meister' ist bereits unter Anleitung des Bildersprechens aufgebrochen, um damit die große Analogie des *Esprit* zu retten, die dem lyrischen Ich noch verwehrt war. Doch die Saite seiner Leier riss, die Worte irrten auf der Suche nach ihrer Bedeutung herum; Mallarmé lässt auch den ‚Meister' demonstrativ scheitern. Sein Untergang steht allerdings gerade am Anfang seines Dramas. Mithin sollte an ihm exemplifiziert werden, warum es auch metaphorischem Sprechen bisher nicht gelingen konnte, Mensch und Welt unter ein Gewölbe der Idealität zu bringen. Diese Erkenntnis treibt der Gedankenfluss des ‚Meisters' hervor. Sie öffnete ihm umgekehrt jedoch einen Sinn dafür, dass Poesie über eine ganz eigene, nicht-analogische Sprache verfügt. Man könnte sie hypologisch nennen, weil sie unterm metaphorischen Himmel dann in ihrem Element ist, wenn sie die Worte unter den gemeinverständlichen Worten zu animieren vermag. Als solche vertritt sie eine alternative Logik: Mallarmés Gegendiskursivität verschreibt sich dem abgedrängten Unähnlichen. Dieses wird dadurch zum unerschöpflichen Reservoir aufgewertet, aus dem sich neue Ähnlichkeiten überhaupt erst herausheben lassen. Das Weiß der Seite dient ihm dabei als poetisches Aufzugsgebiet. Alles läuft also darauf hinaus, so anders zu reden, dass man nichts als anders denken kann.

Eucharistie des Wortes

Der Dämon der Analogie ist verstummt, weil kein Gott mehr eine Gewähr bietet. Jetzt, erst jetzt, am Ende seiner Illusionen, war der ‚Meister‘ bereit, die Konsequenzen zu ziehen und sich einer anderen Schriftkultur zuzuwenden, die ethisch wirkt, ohne Ethik zu verkünden. Was er zuletzt einsieht, hat sein Autor über lange Zeit vorbedacht; es schließt seinen ästhetischen Kommunikationsakt ab. Er setzt an dem höchst sensiblen Punkt an, wie Divination etwas Göttliches eingeben könnte, obwohl Gott nur ein Wort, eine Fiktion ist. Mallarmé ging dieser geistigen Deckungslücke in Gestalt von drei ‚poèmes critiques‘ aus den *Divagations* auf den Grund: „Plaisir sacré“; „Catholicisme“ und „De même“ (II 235 ff.)[24]. Darin hat er die Sinnfrage von einem substantiellen Ziel auf den modalen Weg dahin zurückverlegt. Wie kommt es, dass der Glaube glauben machen kann, sich auf etwas Endgültiges, Ewiges zu beziehen? Es muss mithin an der Kommunikation liegen, *wie* man sich mit deren Geheimnis in Verbindung bringt. Deckt sich dies aber nicht mit dem Schlussbild des CDD? Dort richtet sich der Blick nach ‚oben‘ auf einen leeren Nachthimmel, lenkt dadurch aber gerade die Aufmerksamkeit auf die ‚Konstellation‘, bei der es, wie Mallarmé an André Gide schrieb, allein auf die ‚Bewegungsart‘ ankommt (I 816), die auf diese Weise das „RIEN“ respektiert, dem kein Polarstern der Erkenntnis zusteht.

Insofern bedarf es einer paradoxen Vermittlung, die beredt darüber schweigt, auf was sie anspielt. Mallarmé geht auch hierin von seiner ‚Linguistik‘ aus, die zwei sprachliche Zuständigkeiten („double état de la parole“) unterschieden hatte; die eine ‚roh oder unvermittelt‘, die andere hingegen ‚wesentlich‘ („brut ou immédiat ici, là essentiel“; II 677). ‚Kommunikation‘ nimmt in der Regel die erste, uneigentliche wahr; behandelt Sprache als praktischen, zufallsbehafteten Gebrauchsgegenstand („emploi élémentaire du discours“; II 678); die andere, ‚Kommunion‘ (II 241), löst sich von alle dem, um sich rein der im Wort selbst („la notion pure“) angelegten ‚Virtualität‘ zu widmen (II 678). Diese Redeweise ist, wenig überraschend, der Poesie vorbehalten.

Diese Auffassung scheint auf den romantischen und postromantischen Gegensatz von Kunst und Wirklichkeit zurückzugehen. Namentlich Théophile Gautier hatte ihn am Kriterium festgemacht, dass, ‚sobald etwas nützlich („utile“) wird, es aufhört schön zu sein‘. ‚Malerei, Skulptur, Musik dienen zu absolut nichts‘[25]. Im Umkehrschluss nimmt vor allem Poesie ihr Grundrecht auf Freiheit dann wahr, wenn sie rein ‚zwecklos‘ ist

---

[24] Übers. Goebel 1998, 276–297; 371–376. – D'Origny Lübecker 2003 spricht im Hinblick darauf geradezu von einer „vocation chrétienne“ in Mallarmés Poetik (11); effektiv handelt es sich um eine Strukturassimilation.

[25] Vorwort zum Gedichtband v. 1832; in: 1970, 81–84.

(„inutile"). ‚Den ewigen Gesetzen des Schönen tut sie Genüge' (Gautier), wenn ‚ihre Bestimmung ganz in die Architektur verlegt wird' (Hugo).[26]

Für Mallarmé allerdings eine falsche Ausschließlichkeit. Diese strikte Nicht-Nachahmung: ist es im Grunde nicht lediglich eine negative Mimesis? Gewiss, dem Dichter steht kein anderes, unbeflecktes Verbum zur Verfügung als der Allgemeinheit auch. Er kann jedoch mit der Sprache aller einen anderen Gebrauch machen, der ganz in ihren Möglichkeiten liegt. Auf den Kunstakt Mallarmés insgesamt bezogen heißt dies: in der zweckgebundenen Kommunikation selbst ist die ihr innewohnende Fähigkeit zu zweckungebundener Kommunion stark zu machen. Dann würde ‚der Text von sich aus sprechen, sogar ohne die Stimme des Autors' (I 789). Dieser hat sich vom Herrn zum Diener der Sprache zu wandeln. In einem Brief umschrieb er diesen Funktionsübergang halb erklärend, halb bildlich: ‚Ich mache Musik' – die poetisch zum Klingen zu bringende Oberstimme der Sprache – ‚und nenne so das Jenseits (!), das auf magische Weise von gewissen Dispositionen des Wortes hervorgebracht wurde, wobei dieses selbst im Zustand einer durchschnittlichen materiellen Kommunikation' – der Unterstimme des ‚prosaischen Daseins' – ‚mit dem Leser verbleibt'. Die poetisch gesetzten Worte gleichen dann den ‚Tasten eines Klaviers' (I 807). Ihr Sinn erklingt wie wortlos in der inneren Aufführung durch den Leser.

Auf der Suche nach einem effizienten Wirkungskonzept wurde Mallarmé zu einem zwar unsystematischen, aber überaus aufmerksamen Medienanalysten seiner Zeit. Anhand von Publikumsveranstaltungen wie Konzerten, Theater, Oper, Nationalfeiern, Ballett, Zeitungen studierte er ihre kommunikative Strategie im Hinblick auf eine Poesie[27], die sich der Übermacht der Prosa nicht mehr entziehen konnte. Den intimsten Aufschluss aber versprach die Messfeier[28]. Nach dem Urteil Mallarmés konnte auch der zeitgenössische *Renouveau catholique* die Agonie des Christentums nicht mehr verhindern („l'orthodoxie souffre d'étiolement"). Wohl aber gilt es, sich seinen Schatz anzueignen (II 305), die Kulthandlung, weil sie ‚unvermittelt der Seele nahe kommt' (II 236)[29]. Sie vor allem verheißt den Gläubigen eine ‚Kommunion' mit dem Göttlichen. Für den Kritiker Mallarmé handelt es sich zwar nur um eine ‚Chimäre der Religion' (II 239); der Dichter identifiziert darin jedoch ihren ästhetischen Aufwand: ‚gehen wir', erklärt er deshalb, ‚mit den Augen der Kunst auf die Kirche ein' (II 243) – um daraus für die ‚Kunst' deren Religiosität zu ‚deduzieren'!

Kirche meint sowohl Gottesdienst wie Gotteshaus. In beidem sieht er einen ‚Prototyp' für das ‚Zeremoniell' einer authentischen Sprachkunst (II 241), mit dem er im CDD experimentiert.[30] Für viele scheint im Messopfer (II 235 ff.) zu gelingen, was der ‚Meister'

---

[26] Hugo 1964, 578; Vorwort zu *Les Orientales* (1829).

[27] Vgl. ausführlich Lewis 1976.

[28] Dazu bes. B. Marchals kulturgeschichtliche Situierung von Mallarmés Aufsätzen (1988, 289 ff.).

[29] Dies hat zur Frage eines christlichen Mallarmé geführt. Namentlich Badiou 1998 hat von philosophischer Seite das Verschwinden des ‚Meisters' als Opfer gedeutet, das ihn zu einer christlichen Figur („figure christique") macht. Mallarmé selbst hat ihn jedoch gerade unter den Leitbegriff der ‚Transposition' gestellt; in diesem Licht verschwindet der ‚Meister' nicht, sondern geht in das über, was er von Anfang war: Figuration eines Schreibprojekts.

[30] Die überzeugende politisch-soziale Deutung von B. Marchal 1988 lässt allerdings das primäre Interesse Mallarmés an einer Anwendbarkeit auf die Poesie in den Hintergrund treten.

vom *Esprit* erwartete: die Anrufung eines Absoluten. Insofern bietet die religiöse Divination das ansprechendste Modell für eine divinatorische Sprachkunst. Vom ‚Geheimnis‘ („mystère"; II 242) des Gottesdienstes, der Transsubstantiation von Brot und Wein in Fleisch und Blut, distanziert er sich unverhohlen. Er unterstellt diesem ‚brutalen Mahl‘ („mets barbare"; II 241) Theophagie. An Stelle dieser unrealistischen ‚Realpräsenz‘ („Présence réelle") des Sakraments setzt der Dichter auf das hinführende Zeichengeschehen. Im Gegensatz zum Göttlichen, das im Theater, dem Konzert oder der Oper gestaltet wird („figuration du divin"; II 237), wo die Anwesenden als ‚Zuschauer‘ nur eine rezeptive ‚Rolle‘ (II 243) spielen, vermittelt ihnen die kirchliche Liturgie eine unvergleichliche Teilhabe. Sie verzichtet gerade auf ‚Repräsentation‘ (II 243), erreicht damit jene suggestive ‚Absenz‘ („absence d'aucun"; II 240), in der sich das Göttliche bekundet. Der Offiziant steht mit dem Rücken zur Gemeinde (II 243), blickt also in dieselbe Richtung wie sie, ist damit keine – darstellende – Figur, sondern Durchgang für das, was allen gemeinsam vorausliegt. Hatte Mallarmé aber nicht so die Stellung des Autors vorgesehen, der sich in den Dienst seines Textes stellt und sich dem „RIEN" unterordnet? Wurde der ‚Meister‘ nicht deshalb zurückgezogen, damit der Leser in ihm nicht den Herrn des Textes sieht, sondern auf die Suggestionen seiner Sprache eingeht?

Das eigentliche Wunder der kirchlichen Handlung besteht jedoch darin, dass sie die Gläubigen in eine Gemeinde verwandelt. Sie sind nicht Zeugen, sondern Mitwirkende („protagoniste"; II 241). Der Gesang schließt selbst die ‚einfachsten Kehlen‘ (II 243) zu einem rhythmischen Kollektiv zusammen. Dazu die Gebete in der Fremdsprache Latein, die ganz der Andersartigkeit des Göttlichen entspricht. Knüpft hier nicht Mallarmés Poesie an, wenn sie unser aller Sprache verdunkelt und verfremdet, um sie dadurch für ‚Eigentliches‘ erhellend zu machen?

Überdies schaffen die zeremoniellen Zeichen und Akte über alle sozialen Unterschiede hinweg eine Allgemeinsprache der Gestik. Gibt es ein besseres und integrativeres Kunstwerk als der kirchliche Ritus (II 243), fragte Mallarmé. Dieser ist der Archetyp einer semiotischen Kommunion (II 241). Die Gesänge, Gebete, Blicke und Empfindungen, die wie Weihrauch (II 241) nach oben, zum Gewölbe der Kirche gesandt werden (II 243), finden dort zwar ‚Nichts‘ („RIEN"), das ihnen antwortet. Die Bezeigungen der Gläubigen kehrten dadurch aber in der abgewandelten, sublimierten Form von ‚Echos‘ auf sie zurück – mit der umstürzenden Konsequenz, dass sie sich nun ineins als die Gleichen und doch anders erfahren: jeder setzt sich in Beziehung („rapport") zu sich selbst und kommuniziert auf ästhetische Weise („cette communion … esthétique"; II 243) mit dem Anderen seines Selbst („écho de Soi"; ebda.). Gott ist mithin eine ‚Divination‘ der Gläubigen, den sie sich durch ihr liturgisches Zeichenhandeln vergegenwärtigen. Angeregt von dieser Arbeit an den religiösen Signifikanten wird die ‚Linguisterei‘ des Mallarmé-Lesers Jacques Lacan dann die ‚Funktion‘ von Poesie so ‚in Bezug auf den Signifikanten definieren‘.[31]

Mallarmé hat die ‚Kommunion mit dem Helden des Göttlichen Dramas‘ (II 243) zugleich nach seiner Sprachtheorie gedeutet. Eigentlich sind wir es, die ihn göttlich machen („[nous] sommes … le héros"; II 240). Hier deckt sich der Grund auf, warum der CDD den Endgültigkeitswahn des ‚Meisters‘ als kleingeistigen Heroismus („l'héroïque"; VII b) bloßgestellt hatte. Das ‚Echo‘, das wir von uns selbst empfangen, besagt vielmehr,

---

[31] Lacan 1957. – Dazu Aleksic 2009, 87–128.

dass ‚die Gottheit immer nur man selbst ist‘ („la Divinité qui jamais n'est que Soi"; II 238).
Sofern es einen Glauben gibt, dann den in jeden einzelnen („foi en chacun"; ebda.): ‚beziehen wir höhere Eingebungen deshalb tief aus uns selbst‘ („inspirations supérieures...
tirons-nous-les de notre fonds"; II 239).

Kreatürlich: kreativ

Nach Bild und Gleichnis dieser sakramentalen Liturgie richtet Mallarmé seine poetische Kommunion ein. Dichtung führt so gesehen eine skripturale Messfeier auf, und
die Leser sind als Gläubige geladen. Mallarmés linguistische Unterscheidung von ‚langage‘ und ‚parole‘ scheint dabei erkennbar auf das Zeremoniell der Gottesbeglaubigung
abgestimmt. Sie erfährt das divinatorische Geheimnis entsprechend der Zweisprachig-
keit der Schrift: diffundiert („diffus") wie in allen Glaubenden und „total" in jedem
Einzelnen, der es zugleich ganz hat („un"; II 241). Das Gedicht inspiriert ihn dadurch zu
ganz eigenen, ‚höheren Eingebungen‘ („inspirations supérieures"; II 234), die aus seinem
‚natürlichen Empfinden‘ („les sentiments naturels"), dem Einzugsbereich des Begehrungsvermögens kommen. ‚Das Laster der Religion‘ hatte gerade darin bestanden, ihn
vom rechten Weg abzubringen („dévier") und ‚zum Unbegreiflichen‘ hin abzulenken
(II 244). Der ästhetischen Kommunion der Poesie ist es deshalb vorbehalten, ihn authentisch zu sich kommen zu lassen, selbst im sozialen und politischen Raum, bei rüh-
menden National- und Friedensfeiern („gloire ... triomphale de Patrie, ou d'Honneur,
de Paix"; II 241).[32]

Im Kern besteht die Macht der poetischen Liturgie in einer eigenen Eucharistie („la
consécration de l'hostie"; II 241). Mallarmé deutet das Abendmahlgeschehen in einen
weihevollen Akt der Sprachumwandlung um.[33] Die Hostie des Kunstwerks ist das Wort,
das der Dichter konsekriert, bricht und den Lesern, seinen Jüngern reicht. Wenn sie es
dann verzehren, treten sie jedoch keineswegs aus ihrer sprachlichen Verfasstheit heraus,
sondern in sie ein und bringen sich in Besitz der ihr innewohnenden Vielfalt („multiple"): ihnen geht das Geheimnis ihrer Virtualität auf (II 244), das dem ‚Meister‘ als
„PEUT-ÊTRE" in den Sinn gekommen war. An diesem Punkt stößt die Mallarmé-Lek-
türe von Foucault an die Grenze ihres diskurskritischen Blicks. „Der Schreibakt", „der
die Sprache verstreut", „vermöchte nichts anderes als sich selbst zu bezeichnen" (368).
Ihm dient er gerade als Voraussetzung, „um das zerstückelte Sein der Sprache auf den
Zwang einer vielleicht unmöglichen Sprache zurückzubringen",[34] ein philosophisches,
kein poetisches Projekt im Sinne Mallarmés, der Sprache nicht in einem Sein, sondern
im Leser und damit in seiner Zeugungslust aufgehen lässt. Poesie, so verstanden, lässt
deshalb gerade das Tiefenbewusstsein walten („initiation en dessous") und beschert der
‚Seele‘ einen freien Sonntag („loisir dominical"; II 240).

Doch würde das den ‚Gast‘ des Textes auch ethisch machen? Ein letztes, das entscheidende Argument schließt Mallarmés ästhetische Kommunion ab. Spätestens seit
dem Renaissance-Humanismus galt es als ausgemacht, dass die Geschöpfe als Abbild des

---

[32] Die leitende Untersuchungsperspektive von Marchal 1988.
[33] Mit Steland 1965, 42.
[34] Foucault 1971, 391.

Schöpfers ihre ursprünglichste Identität im Schöpferischen haben. Mit geradezu existentiellem Ernst bestätigt Mallarmé diese *dignitas hominis*: ‚Poesie ist die einzig mögliche Schöpfung des Menschen' („La poésie ..., c'est la seule création humaine possible"; II 701) – durchaus mit dem Beiklang: allein sie macht human. Dass ein Dichter ihr diese Würde zuspricht, schien durch sein Genie, seinen Enthusiasmus, seine Inspiration, selbst noch durch den *Esprit* des ‚Meisters' gerechtfertigt. In einer berühmt gewordenen Briefstelle (18.3.1857) hatte Flaubert damit dem Künstler eine schlechthin auktoriale Stellung zugesprochen: er soll in seinem Werk sein wie Gott in der Schöpfung, unsichtbar und allmächtig.[35] Oder noch einmal Baudelaires Diktum im *Salon von 1859*: ‚da der Mensch nach dem Ebenbild Gottes geschaffen wurde, hat er einen fernen Bezug zu jenem erhabenen Vermögen, nach dem der Schöpfer sein Universum konzipiert, erschafft und erhält', zur Einbildungskraft.[36] Sein Vertreter auf Erden ist auch hier der Künstler.

Mallarmé aber klärt diese biblische Genesis der Kunst als einen Ursprungsmythos auf. Gott mag den Menschen ihm ähnlich erschaffen haben. Aus seiner Kritik der analogischen Denkweise folgt jedoch, dass es der Mensch selbst ist, der sich diesen Gott erschafft. Dem „cogito ergo sum" Descartes' stellt er daher sein ‚fingo ergo sum' entgegen: ‚Das Fiktionalisieren ist die eigentliche Denkweise des menschlichen Geistes' (I 872). Nach wie vor aber, dabei bleibt es, ist für solche imaginativen Schöpfungen aus dem ‚Nichts' („néant") niemand besser berufen als der Dichter. Allerdings hat er sein Amt zu revidieren. Als Schöpfer des Gedichts hat er ‚Nichts' zu sagen und es deshalb als poetische Liturgie schöpferisch zu machen, damit der Leser tätig wird und sein konformistisches Ich aufs Spiel setzt. Dann erweckt ihn die Sprache der ‚Evokation' und ‚Anspielung' zu Divinationen, die ihn ‚kreativ' werden lassen („Evoquer ...par des mots allusifs ...comporte tentative proche de créer"; II 252). Dem nichtigen Gott dort hat auf Seiten des Kunstwerks eine Poetik der ‚Elimination' zu antworten („je n'ai crée ... que par élimination"; I 717). Ihr dienen die „blancs", die reduzierte Syntax, die gebrochene Typographie des CDD und sein Vorwort. Sie schaffen nicht eigentlich Leerstellen, vielmehr Freiräume („LIEU"), die dem Wahrnehmenden einen kreativen Kontrollverlust zumuten. Sie bewegen ihn dazu, den Text in seinem Sinne werden zu lassen, allerdings so, dass er nicht in einer letzten Konsequenz („à quelque point dernier") aufgeht, die alles sanktioniert („sacre"; XI b). Ihm steht lediglich das „PEUT-ÊTRE" des CDD, die Vollzugsform des Möglichen zu. Nur so kann er dem tief sitzenden anthropologischen Bedürfnis („instinct"; „besoin") genügen, das sich im Werden, nicht im Sein erfüllt.

Wenn Mallarmés Gläubige den eucharistischen Sprachraum seiner Dichtung betreten, verdunkelt sich ihnen ihre lebensweltliche Identität und macht die „élans intérieurs" (I 809) vernehmbar, die keine höhere Ordnung anerkennen. Sie treten daher für das Recht der Kontingenz ein: es mag etwas sein wie es ist, es muss aber nicht notwendig so sein. Feststellungen sind Konstellationen, deren Potential beschnitten ist. Um seinem Anspielungsreichtum gerecht zu werden, hat das poetische Wort sich wie der Mime seine Mimik und die Ballerina ihre Pose ständig zu ändern („allusion perpétuelle"; II 179). Ob auch hier das religiöse Ritual nachwirkt, die ‚ewige Anbetung', eine performative Gotteserfahrung? Der ‚Meister' jedenfalls sieht am Ende ein, dass humane Identität nur zu

---

[35] Flaubert 1980, 204: „L'artiste doit être dans son œuvre comme Dieu dans la création, invisible et tout-puissant."

[36] Baudelaire 1976, 624: „Salon de 1859."

erlangen ist, wenn ein Ich sich ständig neu formieren kann. Nirgendwo aber würde dies, sagt der Dichter, besser gelingen als auf dem ‚Altar‘ (II 291) der Sprachkunst. Wer sich auf ihr Ritual des Wortes einlässt, gewinnt mehr Ich, denn Mallarmés dunkle Poesie lässt den Leser an einem selbstschöpferischen Begriff vom Menschen teilhaben. Gegenüber den avantgardistischen und surrealistischen Menschenbildverletzungen ist Mallarmé ungleich realistischer und objektiver. Er sucht keinen ästhetischen Weg heraus aus dem Seelenstreit der menschlichen Doppelnatur in Sphären des Übermenschlichen wie bei Nietzsche, in Alfred Jarry's groteskem Kurzroman *Le Surmâle* (1902; dt. *Der Supermann*, Berlin 1969), den Marinettis *Superuomo* dann als Idealbild des Maschinenzeitalters ernst nahm. Ihm gilt sie als unhintergehbar. Nietzsche hatte in der *Geburt der Tragödie* noch ganz ähnlich argumentiert. Das Ziel ihrer Kunst wäre dann erreicht, „wenn Dionysos die Sprache des Apoll, Apoll aber schließlich die Sprache des Dionysos redet".[37] Beide affizieren sich gegenseitig und entsprechen Mallarmés anthropologischem Grundsatz einer ‚reziproken Kontamination‘ von Verstandes- und Begehrungsvermögen. Der Dichter des CDD radikalisiert jedoch. Sein prismatisches Gedicht appelliert an die Eingebungen der Triebnatur, um mit ihrer Animation die Bedeutungsstarre der Worte zu brechen. Wenn der Leser sich dadurch mental instrumentalisieren lässt – *Le Livre, instrument spirituel* –, stellen sich Geist und Sinne gegenseitig in Frage und verhindern moralische, doktrinäre, orthodoxe, militante Schlagseiten der Identität. Wo Würfelwürfe wie die des ‚Meisters‘ herrschen, neigen sie zu Endlösungen. Effektiv wissen sie jedoch von ‚Nichts‘, provozieren damit Untergänge des Humanen.

Offizium der Schrift

Woher aber nimmt Mallarmé die Überzeugung, mit den schwachen Worten seiner Poesie („ton vers, il n'est doué que de faible pouvoir dehors"; II 216) die starken Worte schwächen zu können, die den Vordergrund des Sprachlebens in Beschlag nehmen? Seine Strategie der Sprachumwandlung gibt diskret zu verstehen, dass es letztlich die ‚Typographie‘ ist, die das Medium ‚heiligt‘ („sacrer une langue"), wenn sie nach Art eines ‚Ritus‘ komponiert wird (II 225).[38] Dieser prägt die Vision des utopischen *Livre* ebenso wie sein Schaustück, den CDD. Im *Gotteshaus* der ‚Mutter Kirche‘ (II 239) findet sie ihr großes, räumliches Gleichnis. Mallarmé: ‚ich halte mich an die spektakulären Lösungen der Liturgie‘ („je me tiens aux solutions que proclame l'état liturgique"; II 243).

Kirchen waren ein großes Thema im Fin-de-siècle. Durch die schwindende Glaubenspraxis verwandelten sich die gothischen Kathedralen in steinerne Zeugen eines nationalen Gründungsmythos. Sie stifteten eine Religiosität der Kulturgeschichte. *Notre-Dame de Paris* (1831) von Victor Hugo wirkte wie ein Erweckungserlebnis, quer durch alle Kunstgattungen.[39] In seiner (unveröffentlichten) Anthologie *Beautés de l'Anglais* (1878) war Mallarmé unmittelbar mit Ruskin befasst, dem Autor von *The Bible of Amiens* (1864) sowie insbesondere mit Huysmans Roman *La Cathédrale* (II 250);[40] die 33 Gemäl-

---

[37] Nietzsche 1980, 140
[38] Steland 1965, 47 ff.
[39] *Cathédrales* 2014.
[40] Millet-Gérard 2017.

de Monets zur Kathedrale von Rouen (1892–1894) dürften nicht unbemerkt geblieben sein, zumal ihn der Maler wohl zur Übersetzung von Whistlers Vortrag über die Kunst animiert hat (II 837 ff.); sein Freund und Illustrator des CDD, Odilon Redon, trug mit einer Serie von Kirchenfenstern zu diesem Kult bei. Ihr Farbenspiel sei ein ‚Symbol der aufgeklärten Seele‘.[41]

Von diesem Kultobjekt lässt sich Mallarmé zu dem kategorialen Schritt anregen, Dichtung von einem Zeitkunstwerk in ein Raumkunstwerk zu überführen. Wo Zeilenordnung und Seitenspiegel prismatisch gebrochen werden, ist die Denkgewohnheit gestört, dass ein Nacheinander auf einen Schlusspunkt zulaufe, d. h. Folgerichtigkeit, Kausalität, Endgültigkeit zum Ziel habe, den Erfüllungsgehilfen des *Esprit*. Nach Mallarmés Vision des *Livre* (II 224 ff.) aber sollte der Buchstabe gerade einen weiten Bewegungsraum („mobilité et spacieux") eröffnen. Dahinter steht modellgebend die ‚prunkvolle Ästhetik der Kirche‘, die das ‚Drama der Leidensgeschichte‘ in Szene setzt (II 241). Damit grenzt sie einen Ort („lieu") ein, an dem das ‚Geheimnis‘ des Glaubens (II 243) stattfinden kann. Sie veranlasst, dass die zeitlose Abwesenheit Gottes sich gleichwohl als raumgreifende Anwesenheit bekunden kann.[42] Für Mallarmé Inbegriff dessen, was das poetische „Néant" bewirkt. Solchermaßen veranschaulicht Kirche den „LIEU" des CDD. Ihr zufolge spatialisieren seine Worte das Medium Schrift und machen erfahrbar, was es immer schon, nur unausdrücklich war, ein Bedeutungsraum. Die Verwandlung der Typographie in eine skripturale Topographie erhält von hier aus ihren tieferen Grund.

Ein ergänzendes Wirkmoment geht von der verherrlichenden Macht des Schattens aus („Une magnificence … à l'Ombre de jadis"; II 242), in den sich der Gottesdienstraum voller Abwesenheit hüllt („espace vacant"; II 240). Das Schlussbild des CDD hat es auf die ‚herrenlose Schreibfläche da oben‘ übertragen (XI b). Hat nicht auch der dunkle Stil Mallarmés („obscurité") diese Bildvorgabe aufgenommen, der dem Gedicht geheimnisvolle Präsenz verleiht? Dunkelheit insgesamt ist die Quelle von Erkenntnis im CDD, die unausgesprochen auf die biblische ‚Finsternis‘ anspielt, die ‚über der Urflut lag‘ (Gen 1,2) und schon dem dortigen ‚Meister‘ der Genesis Voraussetzung war, um aus ihr Licht hervorgehen zu lassen. Am Ende kann der metaphorische Himmel nur aufgehen, wenn Poesie diesen Schöpfungsakt aufnimmt, ihn aber umkehrt und alles gedanklich Erhellte („dé-su-étude"; XI b) verdunkelt. Mit einer intensiven Metapher beleuchtet Mallarmé dieses poetische Offizium. Die verbalen Notenlinien seines Gedichts lassen eine semantische Polyphonie erklingen. Diese Musik, das ist Poesie (II 226). Denn ihr ‚Gesang‘ bringt synästhetisch gerade den ‚Schatten zum Leuchten‘ („illumination de l'ombre"; II 243), der sich unter der Oberfläche der Worte ausbreitet.

Im Mittelpunkt dieser sakralen Korrespondenzen aber steht das Kirchenschiff. Es ist unmittelbarer Bildgeber für die Poesie als Dichtungsschiff. Mallarmé hatte den Alexandriner als ‚das große Kirchenschiff der Basilika‘ namens ‚Französische Poesie‘ gewürdigt – und die des ‚freien Verses‘ als ‚attraktives, geheimnisvolles Seitenschiff von seltener Üppigkeit‘ (II 711). Hier knüpft der poetische Schiffskörper („la coque d'un bâtiment";

---

[41] *Cathédrales* 2014, 42 ff.

[42] Zentraler Gesichtspunkt in Huysmans Roman *La Cathédrale*, in dem der Kirchenraum als ein steinernes Buch das Modell für das Buch ist, das ihn erstehen lässt und in seinem geteilten Schiff die christliche Dialektik von Tugend und Laster, Himmel und Erde, Gott und Mensch zu symbolischer Erfahrung bringt (vgl. Huysmans 2017, 23 u. 152).

III b) direkt an, über den der ‚Meister' die Kontrolle verloren hat. Mallarmé deutet den Kirchenraum anthropologisch um. Der Mittelgang teilt ‚die Menge' der Gläubigen gleich einem ins Unendliche – zum Heiligtum des Altars – strebenden Flügelpaar und reißt zugleich zwischen ihnen einen jähen, gottgewollten Abgrund auf: der ‚Mensch', jene Doppelnatur, bildet dafür den ‚Typus' (II 240). Zwischen Intellekt und Instinkt, den beiden Seiten seiner ‚Seele' (II 221), lässt der Riss keine Vermittlung zu – die Erfahrung des ‚Meisters'. Deshalb konnte er den Würfel des *Esprit* nicht werfen. Not tut daher ‚mentale Recherche'. Sie verfügt über zwei korrespondierende ‚Wege', um sich der ‚erschreckend' („effarouchée") leeren Mitte zu stellen (II 240): ‚Ästhetik und politische Ökonomie' (II 250), Kunst und Staat. Poesie aber ist der Ort der Wahl, um beide anthropologischen Flügel der Seele in ein Verhältnis zu bringen. Daran ist der ‚Meister' gescheitert: sein Dichtungsschiff hatte nur („pur") auf den einen Flügel („aile") des *Esprit* gesetzt, während er tief in sein Inneres („très à l'intérieur"; „dans la profondeur") die Schatten abgedrängt hatte („l'ombre enfouie"), die das ‚alternative Segel („la voile alternative") des Instinktvermögens wirft (III b). Doch wie alles Unterdrückte, drängte es entstellt nach oben („les jaillissements") – die Sirene. Ihm hat der CDD im Sinne des Kirchenschiffs Raum gegeben: die Doppelseiten des Gedichts mit der abgründigen Falte in der Mitte trennen die beiden Flügel des Dichtungsraumes. Gerade erst dadurch aber ermöglichen sie es Mallarmé, das ‚Mysterium der Litterae' zu entfalten („le dégagement mystérieux de ses ailes"; II 250). Der Mensch, dem aufgetragen ist, ‚göttlich sehend' zu sein („L'homme chargé de voir divinement"; II 224), kann dies nur werden in den Blicken hin und her auf diese parallelen Blätter des Gedichts („parallélisme, devant son regard, de feuillets"; ebda.).[43] Dann bringen solche Verse („la récitation de quelque vers") die ‚Seele' in einen Wechselrhythmus von Sinnlichkeit und Verstand („ébat inné"). Dann ist der Mensch ganz bei sich. Diesem Wagnis einer unabsehbaren inneren Bewegung hat der CDD seinen Buchstaben ausgesetzt, um seine Sprache in die Geheimnisse schöpferischer Selbsterfahrung einzuweihen: „la poésie sacre" (II 217).

Die Typographie ist in besonderer Weise auf das Ritual der Messfeier abgestimmt. Die in schwarzer Schrift versammelten Worte nehmen die Gemeinde in der Dunkelheit ihres abwesenden Gottes auf. Und so wie ihr Gesang und sein Widerhall ihnen Erleuchtung („illumination") gewährt, so übersteigt die metaphorische Sprachwandlung des Gedichts den Gemeinsinn und findet in den ‚blancs' der Seite den Echoraum, wo sein verhülltes Geheimnis nachhallt. Eine herausgehobene Rolle spielt dabei die Orgel (II 244). Ihr wuchtiger Klang bildet das akkustische Eingangsportal zum Gottesdienst. Sie trägt ‚ein abartiges Stammeln von Finsternissen' vor, in dem sich das Außerhalb der Lebenswelt zum Ausdruck bringt („il exprime le dehors, un balbutiement de ténèbres énorme"). Nach innen hin aber, dem Zufluchtsort („refuge") der Gäste („hôtes"), wandelt sich ihre Signalsprache. Ihre Lautstärke nimmt ab, steigert dadurch die innere Ergriffenheit; ‚eine erfüllte, befriedete Welt der Tiefe ergießt sich' in die Gläubigen (II 244). Mallarmé hat daraus ein markantes Stilmerkmal abgeleitet: wie das Introitus der Orgel in die Messfeier, so soll das Gedicht ein triumphaler Einsatz („un éclat triomphal") eröffnen. Seine abnehmende Heftigkeit („brusque") geht in ein Ritardando („en retard") über und setzt das Echo (!) frei, in dem sich die Überraschung ‚sammelt' („se groupe …

---

[43] Dem dient die syntaktische und semantische Dynamik, die diese typographische Anordnung auslöst. Vgl. dazu den detaillierten Nachvollzug bei Murat 2005, "La double page", 127–141.

la surprise"; II 232) – Kennzeichen des Außergewöhnlichen, des Mysteriums (ebda.). Hat der CDD dies nicht spektakulär umgesetzt? Der Titelsatz mit den überdimensionierten Großbuchstaben einer Schlagzeile lässt das Prinzip des Außerhalb, Zufall, Kontingenz, unüberhörbar im Textraum ertönen. Doch sein Wortlaut kommt ins Stocken („déchirures"), überlässt nach und nach das Schriftfeld den leiseren Tönen der kleinen Lettern und dem Schweigen der Weiße, um in seiner letzten Wortmeldung, dem Schlußsatz, seine Zeichen räumlich sichtbar ganz ihnen unterzuordnen.

Sehform und Hörform der Sprache tragen mithin gleichermaßen zu dieser poetischen Liturgie bei. Das Schriftbild des CDD variiert die Buchstaben des Alphabets und ihre Typen neunfach. Sie bleiben damit einerseits identisch mit sich und sind doch zugleich anders. Recte und kursiv, groß und klein, zeigen eine reich modulierte innere Stimme an. Ihre Spannweite reicht von fortissimo („UN COUP DE DÉS") bis pianissimo („issu stellaire"; IX a) und instrumentiert ein Klangbild, das den eintönigen Sprachzeichen eben die Eurythmie einschreibt, die Mallarmé von der ‚Beweglichkeit' seines CDD erwartet (I 391). Auch dafür stellt der kirchliche Ritus das Vorbild. In den wechselnden Gesängen („antienne, proses et motets") gehen die einzelnen Stimmen der Gläubigen in einer einzigen auf („la voix") – so wie Poesie das einzelne Wort in der Gemeinschaft anderer Worte ‚sich weiten und aufschwingen lässt bis zum Unendlichen' („élargissement ... par vibrations jusqu'à l'infini"). Dann wird ihnen das ‚Geheimnis' zuteil, eins („une") mit seiner Vielheit („multiple") zu sein – genau dies ist es, was auch die Seinsweise der Seele ausmacht („la voix évoque à l'âme l'existence multiple et une, mystérieuse et rien que pure"; II 243). ‚Rein' so will sie deshalb angesprochen werden. Dafür hat das Offizium der Schrift zu sorgen. Diesem eucharistischen Raumkunstwerk hat der CDD Gestalt verliehen.

Ein höchst aufmerksamer Leser Mallarmés muss die Tragweite dieses Aufbruchs in eine neue literarische Ära besser begriffen haben als er offen zugibt. Eine Reihe maßgeblicher Aufsätze Mallarmés ist in der *Revue blanche* erschienen (II 1611 f.), die sich in ihrem Namen programmatisch zum Weiß bekennt. Proust hatte die Zeitschrift abonniert und dort seit 1893 selbst publiziert. Die Kirche wurde zur überragenden Bilderschließung seines Romans *Auf der Suche nach der verlorenen Zeit*. Ist es nur Zufall, dass auch er, wie Mallarmé, aus dem Englischen übersetzt und es gerade die Studie John Ruskins über die Kathedrale von Amiens ist (*La Bible d'Amiens*)? Ein Sakralbau („une église") ist die erste Evokation in der Einschlafszene,[44] in dem das Ich des Romans sich abbildet. Am Ende ist in diesem sorgfältig inszenierten Reflex, einer ‚japanischen Papierblume' gleich, alles aufgegangen, was er von Anfang an umschloss:[45] das Urbild für sein literarisches Werk, das ‚wie eine Kirche zu konstruieren' sei (610). Fast wortgleich mit Mallarmé dient deren gewaltiger Schriftraum dazu, seinen Geist zu weiten („élargissement de mon esprit": der Begriff Mallarmés) und ihm für Augenblicke ‚den Wert von Ewigkeit zu vermitteln' („me donnait ... une valeur d'éternité"; 613). ‚Ich' kann seinerseits nirgendwo ankommen; hat sich vielmehr in einem ‚unablässigen Werden' („perpétuel devenir"; 619) einzurichten, so wie die *Suche nach der verlorenen Zeit* ihrerseits erst die Möglichkeit des Romans ans Licht gebracht hat, den man gerade gelesen hat.

[44] Proust I, 1987, 3.
[45] Proust IV, 1994.

Wurde nicht beispielgebend der CDD und mit ihm der Leser in diesen ‚offenen' Horizont der Selbstbegegnung entlassen („énumérer"; „heurt successif"; „en formation"; „s'arrêter avant")? Es betrifft Grundsätzliches. Mit seltener Deutlichkeit hat Mallarmé es auf eine Formel gebracht, die ins Zentrum seiner ästhetischen Anthropologie geht: verlangt ist, abermals, ‚reziproke Kontamination' (II 216).[46] Hätte der Autor des CDD ein großes Wort sagen wollen, würde er darauf hingewiesen haben können, dass sie das Weltbild seiner Poesie im Innersten zusammenhält. Sie schlägt den menschlichen Grundvermögen von Denken und Begehren ein Verhältnis vor, das jedem sein Recht, aber keinem ein Vorrecht einräumt. Sie sollen wohl aufeinander eingehen, sich aber reziprok an der Neigung hindern, sich selbst zu erhöhen und das andere zu erniedrigen. Effektiv werden dadurch jedoch die unterschwelligen Beweggründe des Menschen aufgewertet. Diese Einsicht ist im Gedankendrama des ‚Meisters' Ereignis geworden. Es hatte nicht nur die Zusammengehörigkeit des Gegensätzlichen, von Intellekt und Instinkt anerkannt. Entscheidender noch wurde, *wie* sie miteinander zu verkehren hätten, um zu einem menschwürdigen Verhalten anzuregen. In dieser Absicht sollen sie auf Kontamination verpflichtet werden. Umgekehrt aber heißt dies, dass ihre traditionellen Versöhnungsideale obsolet geworden sind. Ein Lichtpunkt, in dem ihre Gegensätze *vollkommen* aufgehen würden, ist damit erloschen. Stattdessen gilt, sie sich gerade *vollständig* auszuleben zu lassen und dadurch eine ganzheitliche Selbsterfahrung zu ermöglichen. Es würde deshalb vergeblich sein, weiterhin Sinnliches und Geistiges, den ‚Meister' und die Sirene gegeneinander auszuspielen. Der menschlichen Doppelnatur entspricht es ungleich mehr, wenn sie sich aufeinander einspielen und eines sich am anderen identifiziert, so wie der Himmel als solcher unkenntlich wäre ohne das Gegenbild des Meeres; das Licht ununterscheidbar ohne Dunkelheit; die schwarze Schrift nichts ohne die weiße Seite; der Logos leblos ohne den Eros – Kompetenz nichts ohne sich an Kontingenz ausarbeiten zu können. Dies ist, auf erkenntnistheoretischer Ebene, das ‚Spiel' (II 67) das Mallarmé meint. Dem aber steht kein endgültiger Sinn mehr zu; dafür gewährt es jedoch Unbegrenztheit und insofern ein Infinitum eigener Art: die Möglichkeit und Anstrengung zugleich, stetig neu zu ermitteln, wer ich bin.

Sich frei zu sich selbst zu verhalten ist insofern eine Kunst für sich. Der Alltag verlangt fortgesetzt Position zu beziehen, Haltungen einzunehmen, sich nach Gegebenheiten zu richten, Situationen zu meistern. Mallarmé aber hat seine Poesie dafür vorgesehen, die Knoten eben dieser Bindungen zu lösen. Die Zuversicht in diese Befreiungsbewegung bezieht er aus seiner Sprachauffassung. Mit ihr konnte er behaupten, dass nicht nur die Kunstwelt, sondern auch die Lebenswelt nichts wirklich Objektives hat. Anspruch auf Verbindlichkeit dessen, was sie jeweils vorstellen, hat eigentlich nur ihr gemeinsames Medium, die Sprache. Als Fiktionen aus Menschenhand aber liegt es an uns, wieweit wir uns davon bestimmen lassen. Um diese Selbstbestimmung zurückzugewinnen, dafür bietet Mallarmé seine Dichtkunst auf. Wer ihren Leseanweisungen folgt, dem kann sie die Erfahrung vermitteln, dass die Sprache, mit der wir uns besprechen, nur ein Werkzeug ist, ohne das es nicht geht; sie vermag aber nichts Unwiderrufliches zu bewirken. Dass die Dinge sind wie sie sind – dagegen wehrt sich Mallarmé. Allem was seiner Poesie

---

[46] Stefan George, der zweifellos die Macht der Metapher erkannt hat, die Mallarmé ihr einräumt, hat sie aus ihrer reziproken Verklammerung mit der Gebrauchssprache gelöst und ihren Anspruch auf Wahrheit des Göttlichen verabsolutiert. Vgl. Neumann 2020.

daher von außen, referentiell vorgegeben ist, verweigert sie sich. Stattdessen setzt sie auf das, was virtuell in der Macht der Worte steht.

Wie sie traditionell auf Lebenswirklichkeit einzugehen pflegte – „Fiançailles" sagte der ,Meister'-, sieht sich dadurch doppelt abgewiesen: einerseits nach Maßgabe von Mimesis, Nachahmung der Natur im weitesten Sinn; andererseits durch Imitatio, Nachahmung der Vorbilder, Literatur als Fortschreibung oder Abstoßung ihrer Herkunft. Dem setzt er das neue Grundsatzprogramm der reziproken Kontamination entgegen. Sie verlangt einen Leseakt, in dem die gegensätzlichen Sprachzustände des Benennens („nommer") und Andeutens („suggérer"), von gelebter und erlebter Sprache sich beständig, nie endgültig bespiegeln. Dann kann das erotische Naturell der Worte ins Spiel kommen. Dort, wo der Verstand Bedeutungen festigt, um sie auseinander zu halten, lässt Dichtung sie gerade sich paaren, um die Wahrnehmung dazu zu bringen, Sinn nicht nur rezeptiv zu entnehmen, sondern ihn – und den Leser selbst als Sinnstifter – erst hervorzubringen: „Lire – Cette pratique" (II 234). Gewiss, Mallarmé ist Realist; seine verschlungenen Texturen veranstalten nicht mehr als ein Bewusstseinstheater. Dennoch, und deswegen fasziniert seine Redeweise bis heute: wer ihr folgt, praktiziert im Grunde eine alternative Denkweise. Sie setzt sowohl eine dialektische außer Kraft, in der der Verstand sich über Widerspruchsfreiheit für objektiv hält; als auch eine analogische, die etwas Neues an Vergleichbarem misst und in den bestehenden Wissensbestand eingemeindet. Poetische Kommunion aber, wie Mallarmé sie versteht, will, dass Aussagen hermeneutisch offen gehalten werden: sie bestehen in einem unabschließbaren Auslegungsgeschehen. Bedeutung in seinem Verständnis ist ein Lebensvorgang. Noch einmal: ,Wir leiten sie aus uns her … in Feiern, ganz für sich und nach Belieben' (II 67). Nur so können wir lustvoll ganz bei uns sein, ohne Verpflichtung, immer schon etwas sein zu müssen.

VI

ETHIK: ES IST EINE LUST

Muße

‚Poesie ist die einzig mögliche humane Schöpfung' (II 701). Auf den Doppelsinn dieses Credos kommt es an. Es bekennt sich einerseits zum Kunstwerk als einer eigenwertigen Schöpfung, deren kostbare ‚Symbolsprache' auch den Kunstfreund schöpferisch machen kann (ebda.). Doch wie gewinnt man Gläubige für diesen poetischen Wortgottesdienst, der sie so fremdartig und anstrengend anspricht? Mit welcher Verlockungsprämie wären sie ethisch zu motivieren,[1] ohne ihnen mit Unterweisung zu kommen? Denn sonst würde sie ‚Zwang ausüben auf den, der sie gibt, und den, der sie akzeptiert'. Nur ein ‚intimer Akt, latent', könnte für diese Moral eintreten, die nicht moralisiert (II 257). Wie meist, bringt eine Spurensuche ein wohlbedachtes, wenn auch nicht ausformuliertes Konzept Mallarmés zutage.

Die Materialität des Gedichts bleibt toter Buchstabe, solange er nicht durch eine Lektüre zum Leben erweckt wird. Lyrik mehr als andere Gattungen gibt sich dabei allerdings nur einer Einstellung hin, die nichts weniger als eine eigene ästhetische Lebensform voraussetzt: die Muße. Man darf sie geradezu eine anthropologische Konstante nennen. Gegenüber einer theoretischen, die sich von den Eindrücken ein objektives Bild macht und einer pragmatischen, die sie sich normativ zurechtlegt, erlaubt ihnen Muße zu äußern, was sie von sich aus, subjektiv bewegt. Aristoteles hatte so bereits in der *Nikomachischen Ethik* unterschieden; mittelalterliche und humanistische Anthropologie und Rhetorik haben ihn adaptiert. Als *otium* ‚negiert' Muße das *negotium*;[2] beide verbindet der Gegensatz von Arbeit als Nutzform und Freiheit von Arbeit als Lustform des Lebens. Hinter der einen steht die Vernunft, hinter der anderen die Libido. Dem in den klassischen Fächern unterrichteten Mallarmé wird es kaum verborgen geblieben sein. Allzu offensichtlich stimmen diese Lebensformen im Übrigen mit der *Psychomachia* von Intellekt und Instinkt überein, Movens seiner ästhetischen Anthropologie. Mehr als jede andere Wahrnehmung sind Suggestion und Divination, poetische Kommunion also, auf die entlastende Wirkung der Muße angewiesen. Je weiter die Geschäftigkeit des Alltags zurücktritt, desto stärker kann Imagination ihre Tätigkeit entfalten. Dennoch wurden zu keiner Zeit die libidinösen Gefahren unterschätzt, die von einem Müßiggang um seiner selbst willen ausgehen. Er vereinseitigt das Verhältnis von Pflicht und Neigung und liefert sich den ungestillten Lüsten des Begehrens aus. War ‚désir' nicht anagrammatisch als ‚Königin' der hemmungslosen Sirene ans Licht gekommen? Früh wurde deshalb zwischen guter und schlechter Muße unterschieden. Abendländisch einflussreich erwies

---

[1] Zum weiteren Zusammenhang vgl. die Sonder-Nr. der *Revue d'Histoire Littéraire de la France* 2019 unter dem Themenbegriff der ‚poéthique'.

[2] Vgl. André 1966.

sich dabei ihre Behandlung im Rahmen von *paideia* und in Abgrenzung davon *paidia* bei Aristoteles.[3] Er hatte im Verhältnis zur Arbeit für klare Verhältnisse plädiert: diese sei um der Muße willen, ihrem Endziel da (66 f.). Dass in modernen Gesellschaften Arbeit und Freizeit, Realitäts- und Lustprinzip in eine work-life-balance gebracht sein wollen, wurde erst in der Moderne akut.[4] Das oberste Gut des Menschen, das Tätigsein der Seele, erst lasse den Logos zur Entfaltung kommen; er nur biete wahren Lebensgenuss, Glück (67). Dieses Ziel würde verfehlt – *paidia* –, wenn Muße nur bequem, im bloßen Spiel verbraucht wird, damit leibnäher und logosferner zu bloßer Unterhaltung, Ablenkung, Zerstreuung – zu Gedankenfaulheit verflacht. So lässt sich das Begehren nach Wissen und Weisheit nicht stillen, das den Eros ethisch macht.

Tätige Muße, *otium studiosus*, ist deshalb die beste Vollzugsform, um zu sich selbst zu kommen (129). Ihr gilt es, entsprechende Anteile in der Lebenspraxis zu sichern. Die abendländische Geisteskultur hatte dies auf verschiedenste Weise aufgenommen. Aristoteles sah den besten Weg dahin in der Philosophie (67); diesen Anspruch wird sie bis heute verteidigen. Die Religion beging ihn kontemplativ, meditativ, besinnlich; und eben Kunst mit ihren sinnlich inspirierten Bespiegelungen. Hier hat Mallarmés Dichtung Position bezogen. Auf Muße selbst ist er kaum eingegangen, wohl aber auf die Anlässe, bei denen das öffentliche Leben Arbeit suspendiert: im Theater, der Oper, dem Konzert, beim Fest, im Gottesdienst. Sein Interesse galt dem Lustprinzip und seinen ethischen Verbindungen ganz im Sinne der aristotelischen Muße und ihrer Unterscheidung von *paideia* und *paidia*. Ihr entsprechend trennt er strikt zwischen „jouissance", Genuss, und „plaisir", Vergnügen.

Wie sich seit der Antike doch die Wertigkeiten geändert haben. Der Schwund geistiger Hierarchien in der nach-revolutionären Gesellschaft hat den *Esprit* als einen der kulturellen Höchstwerte an den Rand gedrängt. Man braucht nur Balzac zu lesen: wo Geld, Wissenschaft, Fortschritt und soziale Geltung das Lebensgefühl dominieren, entscheidet Arbeit und Interesse über den Rang von Muße, nicht umgekehrt.[5] Statt einem erfüllten Seelenleben hat sie dem Vergnügen, ‚plaisir' zu dienen, um von der Realität zu entlasten. Spätestens seit der ökonomischen Neubewertung der Arbeit durch den Begründer der Physiokratie, François Quesnay (*Tableau écononmique*, 1758), ging das ‚Recht auf (Lebens-)Genuß' in die revolutionär definierten Menschenrechte ein, namentlich vertreten durch ‚seinen Freund' Emanuel-Joseph Sieyès, mit der Formel: „jouir plus, travailler moins".[6] Eine schnell wachsende Popularkultur, nicht zuletzt wahrgenommen von der Belletristik, antwortet auf dieses populäre Unterhaltungsbedürfnis. Sich geistig selbst zu verwirklichen als der ‚höchsten Weise des Verweilens im Sein' (Aristoteles)[7] ist wahrhaft weltfern geworden: es ist „anywhere out of the world" (Baudelaire), ins Unendliche verlegt, an Bedingungen des Ewigen geknüpft („circonstances éternelles", CDD II b). „Jouissance", dieses geistige Lustgefühl, ist unter Rechtfertigungszwang gekommen. Es muss sich gegen den schnellen Reiz der leichten Muse und die Lohnzusagen der Vergangenheit für göttlichen und idealistischen Gehorsam neu begründen lassen.

---

[3] Vgl. *Aristoteles* 1974 – Varga, 2014.
[4] Vgl. Aßländer / Wagner 2017.
[5] Vgl. Klinkert 2016, mit entsprechender Literatur und Diskussion. Leitende These: Muße ermöglicht etwas, „das man im anthropologischen Sinne als Stressabbau begreifen kann" (10; 198).
[6] Sieyès 1985, 32.
[7] Aristoteles 1974, 67.

Dies ist, unter ethischen Gesichtspunkten, die Situation Mallarmés. Und ganz so klärt er sie: mit feiner, ironischer Schärfe analysiert er im Artikel *Le Plaisir sacré* (II 235 ff.), dass offenbar ‚die Menge‘ zwar für die ‚dumpfe Macht‘ der Muße empfänglich ist, wie sie etwa die Concerts Lamoureux ausübten, sie aber allenfalls eine ‚kleingeistige, eingespielte Existenz‘ zu befriedigen vermag (II 236). Und dann die Frage, die jeden – ethischen – Anspruch vernichtet: nimmt sie nicht an einer Lustbarkeit teil („plaisir"), die etwas Nutzloses in etwas nicht Vorhandenes investiert („un de*vers*ement … d'inanité dans l'absence"; II 337, mit einer Anspielung auf *Vers*kunst)? Gefällige Sonntagsmusik bedient exemplarisch ein libidinöses Bedürfnis nach Lustbarkeit. Immerhin, als solches ist es allen eigen, hat mithin eine anthropologische Basis. Es gewährt zwar Vergnügen; ist aber gedankenlos („inanité"). Das heftige Erregungspotential von „plaisir" verbrauche sich unvermittelt in einer exaltierten Reaktion. Diesem Kurzschluss fehlt das ethische Moment der Muße, die Besinnung und damit die Beglückung, die im Zu-sich-selbst-kommen liegt. Dieses massentaugliche Vergnügen ‚heiligt‘ nichts; es erschöpft sich in affektiver Triebabfuhr. Und Mallarmé zögert nicht, den Grund zu benennen: geistvoll kann es erst werden, wenn es durch den Logos, die Sprache hindurch geleitet wird. Aristoteles hatte es ausdrücklich ans ‚eröffnende Wort‘ gebunden (65). Ein öffentliches Konzert aber sei ‚Poesie ohne Worte‘; die Lust, die es vermittelt, ist an den Augenblick gebunden; es wird konsumiert, nicht vergegenständlicht; bildet damit keinen Anlass für mentale Tätigkeit, die die gute Muße auszeichnet.[8] Die Dichtung ist es, sagt der Dichter, durch die der Rohstoff *plaisir* zu *jouissance* geheiligt wird. Sie besteht deshalb ‚auf seinem Vorrang im Namen des bescheidensten, aber wesentlichen Mediums, des Wortes‘ (II 236). Nicht Musik, ‚der Vers hat den unmittelbarsten Zugang zur Seele‘ (ebda.) – vorausgesetzt er zieht die Aufmerksamkeit auf sich, verschafft der Wahrnehmung damit Aufschub und animiert sie zu divinatorischer Tätigkeit.

Hierin erfüllt sich Mallarmés Wahrnehmungs- und Wirkungsentwurf. Ihm dient in letzter Konsequenz auch die disjunktive Poetik, die der CDD ausführt. Seine gewollte Dunkelheit, die aparte Wortwahl, die offene Syntax, die erschwerte Lektüre insgesamt sind Ausschlusskriterien für ‚Gäste‘ des Textes, die sich keine Zeit nehmen – für die elitäre Muße, wie sie die ‚Erwählten‘ (II 258) pflegen. Wer sich wahrhaft erfahren will, hat zweckfreie geistige Arbeit zu leisten. Mallarmé hat es in einem ästhetischen Glaubensbekenntnis zum Ausdruck gebracht: ‚Dichtung führt die menschliche Sprache auf ihren essentiellen Rhythmus zurück. Dadurch bringt sie den geheimnisvollen Sinn der (vielfältigen) Aspekte der Existenz zum Ausdruck. Auf diese Weise verleiht sie unserem Dasein Authentizität und stellt die einzige geistige Arbeit dar, die zählt‘.[9] Damit steht bloßem Zeitvertreib und seinen flüchtigen Lustgewinnen kein ethischer Anspruch zu. Eine geradezu antike Reminiszenz kehrt dabei in moderner Umdeutung wieder. Mit wie viel

---

[8] Bohac 2012 hat umfangreich und detailliert eine Ästhetik des Alltäglichen bei Mallarmé rekonstruiert und vor allem die frühen und kleineren Schriften und Gelegenheitsgedichte auf einen Schönheitsbegriff gebracht, der durchaus populäres Vergnügen erzeugt, aber damit gleichwohl Wahrheit beanspruchen dürfe. Diese Deutung wird jedoch maßgeblich von der Prämisse geleitet, hohe und niedere Poesie auf ein gemeinsames, harmonisches „absolu esthétique" (92 u. ö.) zurückzuführen. Sie unterschlägt damit sowohl die Entwicklung Mallarmés, als auch die unumgängliche Schriftform, an die Mallarmé die kreative Funktion seiner Kunst bindet.

[9] Mallarmé 1995, 572.

Nachdruck hatte Mallarmé nicht darauf bestanden, dass seine Sprachkunst auf ‚Nichts‘ („Néant" / „RIEN") festgelegt sein will. Nur so kann sie zu geistiger Mobilmachung anregen; das ist es, was sie – nahezu aristotelisch – ethisch macht. Der eröffnende Logos des Verses, diese Bildungsbürgschaft Edens ist es, die, ‚wenn sie die virtuelle Kraft der göttlichen Typen [die wunderbare Unendlichkeit der 24 Buchstaben] ins Werk setzt, den eigentlichen Grund für Glückseligkeit enthält‘ („l'élément de félicités"; II 66) – der Lohn tätiger Muße. Dann kann jemand aus der intellektuellen Verstocktheit eines Zeitgenossen heraustreten und sich selbst neu erschaffen („recréé par lui-même"; II 66). Poesie, die ein „isolement de la parole" praktiziert, gestattet den Besuchern ihres Kunstraumes ein kreatives „isolement" von ihren Voreingenommenheiten: sie werden wesentlich. Es scheint, als habe Mallarmé abermals einen Grundsatz antiken philosophischen Denkens adoptiert. Aristoteles hatte das ethisch wirkende Zu-sich-selbst-kommen (129) auf den Grundsatz zurückgeführt, dass das ‚Hervorbringen die Ursache des Hervorgebrachten‘ sei (18), nicht eine ewige – platonische – Idee, ebenso wenig wie eine „formule absolue" (II 67), nach der auch der ‚Meister‘ seine Würfel geworfen haben wollte.[10] Die Lebensform einer erfüllten Muße sollte sich, Aristoteles zufolge, jedoch auf Philosophie stützen, um ihr Ziel zu erreichen, (67).

Was aber, wenn deren Gewissheiten nur Fiktion sind? Mallarmé musste deshalb von einer grundlegenden ‚Krise des Idealen‘ (II 65 f.) ausgehen, die keine prinzipielle Garantie mehr anerkennt. Den einzigen Halt gewährte ihm die Sprache – aller. Sie war sein ‚Hervorgebrachtes‘, dem die vielfältig gestreuten menschlichen Bedürfnisse anhaften. Diese hatte seine Poesie so zu wenden, dass an ihnen die Ursache, ein ethisch ansprechendes Hervorbringen erfahrbar wird: ‚durch eine Sprache, die sich selbst reflektiert‘ (I 504). Dies gilt naturgemäß für Literatur. Wie aber würde sich diesem Hervorbringen in Bezug auf die Sprache – und den Leser – ein ‚humanes Resultat‘ (X b) abgewinnen lassen? ‚Die Wörter selbst sind die Substanz des Kunstwerks‘ antwortet Mallarmé. Erst wenn die ‚Dialektik des Verses‘ (II 200) sie unter den Bedingungen von Muße aufs Spiel setzt, werden sie anders, divinatorisch lesbar und fördern die Lust, anders, intuitiv zu denken („recommencement ... de la pensée"), jenseits einer ‚himmlischen Vision der Menschheit‘ (II 200). Denn ‚wahrhaft Mensch sein‘ heißt, mit ‚ganzem Körper zu denken‘.

Genuss

Libido, das kreatürliche Denkvermögen also ist der hervorbringende Anfang der Erkenntnis („l'homme, la nature se pensant‘; I 720), nicht nur, wie der Mallarmé-Leser Pierre Bourdieu argumentiert, wenn die am Nichts sich spiegelnde Fiktion „sich von selbst als Illusion enthüllen muss". Es wäre im Grunde ein philosophischer oder sozialkriti-

---

[10] Die Frage nach einem Idealismus Mallarmés, besonders im Hinblick auf den CCD, zieht sich durch seine ganze Rezeptionsgeschichte. Für Hauser 1953, 960 war Mallarmé ein Platoniker; für Cohn 1951, 20 vertrat er einen Realismus, der die Moral stärkte; bis hin etwa zu Deleuze 1962, 38, der das Gedicht in das althergebrachte metaphysische Denken eingelassen sieht. Oder Badiou 1998, der Mallarmé eine ‚platonisierende Transzendenz der Wahrheit‘ und damit eine ‚ontologische Schwäche‘ zuschreibt: „Le maître reste en somme chrétien" (82). – Auf die eine oder andere Weise behandeln sie ihn als philosophischen, nicht als poetischen Autor.

scher Genuss,[11] der seine Rückbindung an kreatürlich-kreative Beweggründe ignoriert. Wer sich ihnen jedoch überlässt und sie an den poetischen Logos bindet, der gewinnt ihrer schnellen Lust den Genuss dieser Lust ab;[12] er verwandelt ‚plaisir' in ‚jouissance', physiologische in mentale Ansprache, Libido in Eros.[13] Als allegorischer Sohn der Aphrodite identifiziert er Poesie als Aphrodisiakum des Geistes. Dieses wirksam werden zu lassen, das ist der ethische Sinn der Muße, der sich Mallarmés Dichtung verschrieben hat. Der CDD hat sich auf seine Weise zu diesem Gesinnungswandel bekannt. Die Rechnung des ‚Meisters' ist nicht aufgegangen, weil die ‚Zahl, die keine andere sein kann', mit dem unhaltbaren Anspruch versehen war, etwas immer schon ‚ewig' Gegebenes zu erfassen, während die Revision des CDD es als etwas spekulativ Hervorgebrachtes entzauberte. „Sidéralement" betont durch seine Sonderstellung im Text, dass es das profunde menschliche Begehren („desiderare") nach einem Leitstern (‚sidus') ist, das sie erst hervorbringt – das „énumérer". Ihm hat das konstellare Gedicht Raum zu geben und die Tugenden einzuüben, die Lust auf diese eigenschöpferische Tätigkeit machen. Auch darauf nehmen die Partizipien des Präsens Bezug. ‚veillant': achte darauf, was du sagst. Worte, unbedacht gebraucht, öffnen sich der Fremdbestimmung, werden Opfer einer Machtfrage. Wer die Begriffe besetzt, besetzt die Köpfe, lautete eine politische Maxime. Deshalb gilt es, ihre scheinbare Gewissheit einem cartesianischen Zweifel zu unterstellen („doutant"), aber nur insofern, als man sie dreht und wendet („roulant") und es dabei beläßt. Ist erst einmal etwas sprachlich festgehalten, so ist eine solche Fiktion nur schwer wieder aus der Welt zu schaffen. Darauf zielt das „RIEN" des CDD. Nur wer seinen Worten mit Muße begegnet, den kann das Gedicht dazu bringen, ‚sie abzuwägen' („méditant"), doch ohne sie auf ein gedankenfestes Fundament zu stellen, vielmehr um ihre erotologischen Neigungen zu genießen. Diese ästhetische Kommunion ist neben der ‚politischen Ökonomie' die einzige, die unserer ‚Geistestätigkeit auf den Grund zu gehen' („recherche mentale"; II 250) und sternengleich Eingebungen aufblitzen zu lassen vermag („brillant"). Sie machen ‚Dreiviertel des Genusses („jouissance") an einem Gedicht' aus (II 700).

Das mentale Lustmoment der „jouissance" geht insofern vom Wahrnehmenden selbst aus und kehrt zu ihm zurück. Er kommt in dem Maße zu sich selbst, wie er unter Anleitung der Poesie von sich absieht.[14] Sie verstrickt ihn in ein ‚Schauspiel' in der Hoffnung, dass er sich darin selbst als Protagonist empfindet (II 68). Dadurch lässt sie ihn sich selbst begegnen und zugleich als ein anderer inne werden. Diese Doppelerfahrung ist es, der Mallarmé den höchsten Genuss zuschreibt. Er denkt bei „jouissance" abermals vom Wort her. Dazu hat er die großen Wörterbücher der Zeit, den *Littré* und den *Larousse* studiert. Sie haben dem Begriff große Aufmerksamkeit gewidmet. Letzterer umreißt seine psychologische Bedeutung so: das Wort bezeichnet den höchsten Rang menschlichen

---

[11] Bourdieu 1999, 438 ff.
[12] Vgl. dazu die weitgespannte Untersuchung zur Leselust von Anz 1998.
[13] Vgl. Mallarmés Kompendium *Die antiken Götter*; II 1488 ff.
[14] Bourdieu 1999, 555 ff. sieht das von Mallarmé favorisierte ästhetische Vergnügen an Poesie auf die „Hingegebenheit ans literarische Spiel" beschränkt, d. h. mit der ‚illusio' übereinzustimmen, die schon aus der bloßen „Teilnahme am Spiel als solchem" entspringt. Mallarmé pflegt, in Bourdieus Perspektive, jedoch gerade die kreative Überschreitung der Regeln hin zu freiem semantischen Spiel.

Glückes („bonheur absolu"). Erreicht wird es, wenn wir ‚alle Güter genießen, nach denen unsere Natur verlangt'. Dann sind wir im Besitz unserer selbst („possession de soi").[15] Wird damit aber nicht einer materiellen Befriedigung unserer Bedürfnisse das Wort geredet? Mallarmé distanziert sich: ‚Wie weit ist die Zivilisation doch davon entfernt, den Genuss („jouissance") zu bewirken, die diesem Zustand (i. e. der Zivilisation) zuerkannt wird' (I 420). Unausgesprochen: er gewährt bestenfalls „plaisir". Daher Mallarmés gewissermaßen aristotelische Gegenwendung: abzusehen von allem Sinnenglück, das nur den Nöten des Negotiums entkommt; hinzuführen auf beglückende Geistestätigkeit. Hat sich ihr aber nicht auch der ‚Meister' hingegeben? Und doch musste er sich ‚von seiner Logik des Ewigen' (II 158) lossagen („aussi loin"; „hors l'intérêt"; „froide d'oubli"; XI). Nicht ideell, anthropologisch ist eine beglückende Erfüllung des Geistes mit den Mitteln der Poesie zu retten. So lässt sich ein sprachlicher Bewegungsraum öffnen, in dem die eingelebte Sprache prismatisch gebrochen wird und eine Mobilität aufnehmen kann, welche ‚Inversionen von Ober- und Unterstimmen vorsieht' (II 233), bei denen sich entsprechend Sinnlichkeit und Vernünftigkeit zu ‚reziproker' Paarung treffen. Mallarmé hat es in ein faszinierendes Bild gefasst: ‚der Mensch, ein sich selbst denkendes Naturwesen, ist den Saiten der Violine zu vergleichen, die unmittelbar mit dem Hohlkörper aus Holz vibriert'.[16] Da er ihm keinen letzten Sinn mehr zugesteht, ist es eine Lust, wenn er im Vollzug des erdichteten Wortes sich in einem mentalen Biorhythmus auszuleben vermag („heurt successif"). Nicht eine Einheit im Bild des Menschen macht dann seine Identität aus; das ‚animal rationale' hat vielmehr dem ‚homo hermeneuticus' Platz zu machen.[17] Es lässt seine Gedankentätigkeit als ein ständiges Auslegungsgeschehen zu, das ihn die Fülle seiner Möglichkeiten ahnen lässt. Wenn er seine Sprache bewusst poetisch aufs Spiel setzt, suspendiert er, was er zu sein glaubt oder soll, um zu erfassen, was er alles sein könnte. ‚Ich' ist, wo es sprachlich so losgelassen wird, ein Pluraletantum. Als solches will Mallarmé es in ‚Besitz' genommen und genossen wissen. Für Kant konnte das moralische Gesetz sich auf das Gewissen berufen; für Mallarmé hat es den Charakter einer Methode. In sie führt der Dichter ein, wenn er die Worte verinselt („isolateur") und damit das nicht zu begründende Entzücken („le délice sans cause") erneuert, über das unser ‚Unbewusstes' („l'inconscience") verfügt (II 20). Sich darauf einzulassen heißt deshalb, sich selbst wie einen sich fortschreibenden Text wahrzunehmen, der nicht zu Ende kommt, nur anhaltend interpretiert sein will: Identität als angewandte Poesie (II 701), die ‚selbst nicht enden kann, noch beginnen, bestenfalls so tun als ob'. Dafür tritt die zirkuläre Struktur des CDD ein und setzt eine frühe Formel Mallarmés um: ‚keine Einleitung, kein Schluß' (25.4.1864; I 657).

Man mag darin durchaus eine Wirkungsutopie sehen. Erstaunlicherweise hat er damit jedoch abermals einen Nerv der Zeit getroffen, die an den Segnungen harter, wissenschaftlicher Begriffe zweifelte. Wo der Verstand nicht mehr das Maß aller Entscheidungen und Wahrheit nicht seine Erfüllung ist, rücken die weichen Gemütsurteile in den Vordergrund und mit ihnen das Lustprinzip. Von bloßem Vergnügen („plaisir") zu wirklichem Genuss („jouissance") komme ich mehr zu mir und damit zu einer ethischen

---

[15] *Larousse XIXᵉ*, IX, 1872, 964.

[16] „l'homme, la nature se pensant (...) comme ces cordes du violon vibrant immédiatement avec sa boîte de bois creux", II 720).

[17] Vgl. Roger 2017. – Steiner 1988, mit Bezug auf Mallarmé 45 ff.

Einstellung. Dies wird ein humanes Deutungsschema das ganze 20. Jahrhundert hindurch bleiben. Bereits Henri Bergson (*Essai*) nahm „jouissance" gegen den überhandnehmenden Rationalismus in Anspruch. Es gelte ‚wieder mehr Besitz von uns selbst zu ergreifen' („possession de soi"!; 151), den uns das ‚Tiefenbewußtsein' gewährt (174). Zwar beruft er sich dabei auf Emanation und Emergenz (125). Letztlich ist es aber doch der Verstand, der sich selbst Verstand beibringt. Auch daran zeigt sich die Radikalität Mallarmés. Er verhindert gerade, dass er sich hinter ‚absoluten Formeln' (II 67) verbirgt und ihre Sprachbindung unterschlägt. Deshalb kann ich erst durch die Sprache der Poesie werden sollen, was ich nicht bin: ein kognitiver Konvertit, der sich wohltuend als Hervorbringender seiner selbst erfährt. Die Mallarmé-Leserin Julia Kristeva (*Die Revolution der poetischen Sprache*),[18] hat, von Hegel, dem Marxismus und dem Sexualitätsprinzip herkommend, Mallarmés ethisches Anliegen auf ihre Weise umgedeutet. Ein narzisstisch fixiertes Subjekt könne nur insofern eine ethische Funktion erfüllen, als es im Lachen verneint wird (226 f.). Eine kreative Selbstaufhebung im Akt der Lektüre wird dabei von ihrem dialektischen Ansatz verdeckt.

Eine lebhafte Intertextualität verbindet andererseits den Mallarmé-Leser Roland Barthes und seinen Essay *Die Lust am Text*[19] mit diesem Wirkungskonzept. Er breitet das weite Emotionsfeld von ‚Vergnügen' bis ‚Wollust' aus („plaisir" / „jouissance"). Aber es ist als wolle Barthes den latenten ethischen Idealismus Mallarmés postmodern austreiben. Ethik, und sei sie literarisch suggeriert, sei nur eine raffinierte Form der Perversion (39). Das Lustmoment lebe gerade von seinem animalischen Behauptungswillen. Es würde seinem Wesen gemäß gewalttätig, asozial, enthemmend, alles andere als sittlich vereinnahmend auftreten. In Gestalt von Texten lasse sich insofern ein Anschlag gegen die Welt der Signifikate verüben. Denn „die Regel" – auch sprachlich – „ist der Missbrauch, die Ausnahme ist die Wollust" (62). Mallarmés tätige Muße wird in eine hedonistische Widerstandsbewegung umgewidmet. Soviel „Demontage" (14) kommt nicht von ungefähr. Barthes steht darin im Gedankenaustausch etwa mit Roger Caillois' *Der Mensch und das Heilige* (dt. 1988; *L'Homme et le sacre*, Paris 1939), seinerseits im Gespräch mit dem intensiven Mallarmé-Leser Georges Bataille und seiner Studie *Der heilige Eros* (dt. 1963; *L'Erotisme*, Paris 1957), die *Manet* aus der Perspektive des Dichters interpretiert. Der Mallarmé-Leser Lacan hat ebenfalls seine Psychoanalyse unter die wechselnde Beleuchtung von „jouissance" und „plaisir" gestellt.[20] Alle haben das Lustprinzip auf Sexualität bezogen und zu ergründen versucht, was es bewirkt, wenn es unbeherrscht zugelassen wird. Dann erscheint es als deren Absolutum. Es setzt sich über alle Verbote, Ordnungen, Normen hinweg. Die Lust zur Ausschweifung bringe ein Zuwachs an Lebenskraft (Caillois, 150), öffne sich andererseits dem Heiligen (125). Die orgiastische Übertretung nimmt „einen *göttlichen* Sinn" an (Bataille 113). Ein „otium cum dignitate" (Cicero), das geistige Lustprinzip, will Lacan so gut wie möglich vermieden wissen. Der Marquis de Sade und der surrealistische „amour fou" geben dabei historisches Geleit. Im Umkehrschluss: wie stark muss der Druck zur Rationalisierung des Denkens und Empfindens geworden sein, dass die kreatürliche Energie des Begehrens (‚désir / reine'; VIII a) nur noch destruktiv, nicht mehr kreativ aufgenommen werden kann. Alle haben

[18] Kristeva 1974, 220 ff., Kap. IV.
[19] Barthes 1974.
[20] Vgl. die Artikel in Evans 2002 sowie Aleksic 2009.

sich auf Mallarmé bezogen; sie wussten seinen rationalismuskritischen Ansatz zu schätzen, konnten aber seiner kommunikativen Ethik nicht mehr folgen. Sie ließ immerhin noch einen metaphorischen Himmel gelten. Ihnen lag offenbar die Nachwirkung der strukturalen Sprachtheorie näher, die zwischen Bezeichnendem und Bezeichnetem von einem strengen „arbitraire du signe", einer willkürlichen Zuordnung ausging. Mallarmé hatte dieser Kontingenz seinerseits mit dem Begriff der Fiktion Rechnung getragen, aber gerade daraus sein poetisches Kapital geschlagen: indem er die den Worten anhaftende Zufälligkeit gezielt als Chance zur Vielfältigkeit inszenierte und damit zu kreativer Selbsterfahrung disponierte, dem geneigten Leser eine humane Lust.

Rückschluss

Es ist, als ob der Autor des CDD den Vorbehalten Valérys und späterer Kritiker von vornherein habe vorbeugen wollen. Wie zum Beweis hat er die kreative Wahrnehmung, die der CDD vermittelt, auf das Gedicht selbst angewandt. Gewiss, sie macht aus uns keine besseren Menschen, aber bessere Leser. Um es mit einem kühnen Wort in der Absicht Mallarmés zu sagen: wer so liest, lebt mehr.

Der letzte Satz des Gedichts kehrt zum Hauptsatz des Anfangs zurück. Da dieser Zirkelschluss bewusst komponiert ist: könnte er sich mit dem tautologischen, entdramatisierten Fazit zufrieden geben, Zufall bleibt Zufall?[21] Wie stets bei Mallarmé hat diese Figur mehr im Sinn. Es ist ein Signal; fordert dazu auf, den Ausgangspunkt von den Einsichten des Endes her zu beleuchten. Bemerkenswertes kommt dadurch zum Vorschein. Eine Gleichstellung hebt den Unterschied bereits äußerlich hervor:

Tout Pensée émet un Coup de Dés
    UN COUP DE DÉS JAMAIS N'ABOLIRA LE HASARD

Typographie und Syntax zeigen den Erkenntnisfortschritt an, den der Meister zu durchleben hatte. Wie gesagt, es ist definitiv: der *Esprit* rein für sich vermag eine aleatorische Unergründlichkeit nicht zu durchbrechen. Der Schluss des CDD hat daran nichts geändert. Mallarmé ist damit dem Positivismus seiner Zeit weit voraus. Vom Wörterbuch *Larousse du XIXe siècle* an heißt es noch bis 1962: ‚der Zufall existiert nicht in der Realität'; er sei ein rein subjektives Phänomen.[22] Erst der Molekularbiologe Jacques Monod hat Mallarmé gewissermaßen bestätigt, ohne auf ihn einzugehen: „Der Zufall, nichts als der Zufall, die absolute, blinde Freiheit (...) ist die einzig vorstellbare Hypothese."[23] Mal-

---

[21] Wie Marchal 1985, 281; 289 nahelegt.

[22] Im *Larousse IX,* 1872, 97 hieß es, positivistisch begründet: „En résumé, le hasard, purement subjectif dans son appréciation, n'existe pas dans la réalité"; stw. „hasard"; und noch immer im *Grand Larousse encyclopédique,* Bd. 5, Paris 1962, 796: „une pure création de l'esprit". – Sartre 1986, 139 hatte um 1948 in Bezug auf Mallarmé jedoch so Stellung genommen: „Le Hasard n'est point dans l'Être: il surgit avec l'Homme." Insofern kann er sich dagegen wehren und sich engagieren.

[23] Monod 1971, 136 ff. Seine Auffassung ist nicht unwidersprochen geblieben. Vgl. hierzu auch Erbrech 1988, 16 f.

larmé aber legt die Axt an die Wurzel des metaphysischen Sprachgebrauchs. Wortwerte sind aus der Not der Kommunikation geboren, insofern menschliche Hervorbringungen. Doch der CDD demonstriert, wie sich daraus eine humane Tugend machen lässt. Der entheiligte Schlusssatz rückt deshalb den gebieterischen Eingangssatz in ein anderes Licht. Der Zufall mag unhintergehbar sein; aber Poesie weiß damit anders umzugehen als das Denken. Die kleinen Lettern des letzten Satzes haben den mächtigen Majuskeln des Anfangs das imperative Mandat eines Subjekts entzogen und ihnen nur das Akkusativobjekt und die großen Anfangsbuchstaben belassen: die Worte machen dadurch ansichtig, welchen allgemeinen Anspruch sie in der Hand des Dichters bestenfalls anzunehmen vermögen: den von Allegorien. In dieser Lektion liegt jedoch die genuine Erkenntnisfähigkeit der Poesie. Sie vermag den gebrauchten Worten wieder ihr generatives Moment, ihre Ausstrahlung rückzuerstatten. Indem sie sie prismatisch, disseminal, polyvalent aufbricht, werden sie in die Freiheit metaphorischen Sprechens entlassen. Diese setzt sich zwar dem Zufall der Lektüre aus, entschädigt aber mit der Lust und Laune der Kreativität. Das meint Mallarmé, als er seiner Poesie das Vermögen zusprach, ‚den Zufall Wort für Wort besiegen‘ zu können (II 234). Sie nimmt bewusst Kontingenz als menschliche Grundbefindlichkeit auf und macht sie gedankenreich.

Um jede idealistische Versuchung seiner Sprachmagie abzuwehren, hat Mallarmé zuletzt, wie zum Beweis, dieses Prinzip der Aufhebung am CDD selbst exemplifiziert, das der ‚Meister‘ sich in einem lebenslangen Klärungsprozess abgerungen hat. Wer ihm folgt, ist gehalten, den Titelsatz im Sinne Mallarmés neu zu lesen. Wie dabei zu verfahren wäre, hatte seine Musterinterpretation der P*enult*ima vorgeführt, als sie die Aussage anagrammatisch unterlief. Dementsprechend wäre der Anfang des CDD so im Sinne der poetischen ‚Reversibilität‘ lesen:

UN COUP DE DÉS
(Dichten und Denken im Sinne des *Esprit*)
JAMAIS

N'ABO	LIRA
„n'a beau“	„le hasard“
(‚hat niemals mit Schönem zu tun‘)	(‚wird niemals den Zufall lesen / verstehen‘)

Der ‚Leitfaden‘ des Textes (I 391), sein philosophisches Diktum, stand im Grunde schon von Anfang an unverrückbar fest: gegen ihn kann man nicht dichten; nicht wie Hugo, nicht wie Vigny – und auch nicht wie Valéry. Aber es hatte der ganzen Leidensgeschichte des ‚Meisters‘ bedurft, um den inneren Widerspruch des Dichtens als dem besseren Denken aufzudecken. Poesie ist nicht die authentischere Philosophie. Den Grund dafür hatte der Autor Mallarmé im „Néant“, der ‚Meister‘ im „RIEN“ aller Gedankengebäude gefunden. Die dem menschlichen Erkenntnisvermögen einzig zustehende Gewissheit ist die Kontingenz seiner Lebensverhältnisse. Dies kann auch die Poesie nicht aus der Welt schaffen.

Und doch soll sie es sein, die hinausführt aus der Umklammerung des Unvermeidlichen, die das erste und letzte Wort in der Sache anzeigt. Der entscheidende Schritt bestand in der Einsicht des ‚Meisters‘, das Leben von dem ‚illusionären Schleier‘ (V a) zu befreien, der Dämon des Verstandesvermögens wäre in der Lage, alles in einem universellen Sinn aufzuheben. Die Großbuchstaben des letzten Satzes sprechen dann schließlich Klartext: alles Denken („Toute Pensée") bringt bestenfalls weltbewegende Allegorien hervor. Die Erwartungen des ‚Meisters‘ an seinen poetischen Würfelwurf verdankten sich lediglich seinem undurchschauten Fiktionsverständnis. Deshalb hatte der *Esprit* weder Zugang zum Schönen (‚n'a beau‘), noch zum Zufall, der sich keiner Leselinie beugt (‚lira LE HASARD‘). Mit dem Gesetz der Widerspruchsfreiheit („l'unique nombre qui ne peut pas être un autre"; IV) sollte gerade auch das feinsinnige ‚Kalkül‘ der Poesie den unbestimmten Lebensverhältnissen Zielgewissheit und Endgültigkeit abringen können. Dem aber liegt ein Denken vom Ende her zugrunde, das selbst von nichts Bestimmtem weiß. Deshalb musste der ‚Meister‘ und sein Schreibprojekt begraben werden („ensevelir"; „gouffre"; IX b).

So oder so lässt sich der Zufall ‚niemals‘ aus der Welt schaffen. Wohl aber, und dazu fordert die modernistische Wendung von Mallarmés Poesie auf, leitet sie dazu an, anders damit umzugehen: der CDD ist ein *Discours de la méthode*. Worte sind arbiträre Hervorbringungen. Sie haben von sich aus keine Verwandtschaft („Fiançailles"; V a) mit absoluten Ideen, sondern stellen sich lediglich in den Dienst von ideellen Bedürfnissen ihrer Benutzer. Mallarmé korrigierte deshalb den ‚Meister‘, der sie in eine feste Bindung drängen wollte statt sie in eine offene Beziehung zu entlassen („rapport"). Alles, was in begrifflichen Rahmen festgelegt wird, ist überdies mit Ausschließung dessen erkauft, was sich nicht fügt. Dieses Ungesagte hinter dem Gesagten zu entsperren, dies macht Poesie ethisch, weil sie zu geistiger Bewegungsfreiheit animiert und sich damit einem *memento vitae* verschreibt. Im Dienst daran lässt sie das Mögliche als das eigentliche Universum des menschlichen Selbstverständnisses ahnen, das sie dem Zugemuteten, der Kontingenz, als dessen lebenswerte Kehrseite zu offenbaren vermag.

Diese Rückbindung hat der CDD in textuelle Tat umgesetzt. Nicht die schwarzen Lettern, das Offensichtliche, steuert in Wahrheit die Bedeutung; sie geht vielmehr vom Verschwiegenen aus, das sich zwar im Weiß der Seite verbirgt, die Wortverbindungen aber prismatisch brillieren lassen kann („brillant"; XI b), wenn es sie auseinanderfügt. Werden dann starke Worte wie der Titelsatz des CDD divinatorisch gelesen, würden zumal weltanschauliche und moralische Gewissheiten ihre latente Kontingenz bekennen müssen. Poesie, so sieht es Mallarmé, wäre damit in der Lage, mentale Homöopathie („similia similibus"; I 748) auszuüben. Sie entspannt geistige Verhärtungen, würden sie noch so sehr, wie Kants moralischer Imperativ, den Verstand überzeugen. Der ‚Meister‘, in dem Mallarmé sich als symbolistischen Dichter überwindet, wollte das Urteil des Titels nicht akzeptieren. Um dies einzusehen, bedurfte es eines langen Abschieds von der abendländischen Tradition der Geisteskultur. In einer Art dialektischen Antinomie wuchs dabei das Bewusstsein für einen notwendigen Aufbruch in einen neuen Pakt mit der Sprache. Der CDD hatte auch dies zeichenhaft am Hauptsatz demonstriert: sein Orgelklang verliert sich immer weiter im Text, wird übertönt vom typographischen Stimmengewirr, in dem sich das Bewusstseinsdrama des ‚Meister‘ spiegelt, um schließlich ganz unterzugehen (XI): er hat nichts, das bis zu einem letzten Grund trägt. Es hat sich herausgestellt, dass auch hinter dem Axiom des Zufalls keine noch so anonyme Gegengottheit waltet, auch wenn es so scheint, als sei es wie von höherer Warte in den Text hineingesprochen. Deshalb war es auch dem ‚Meister‘ nicht gelungen, sich im Widerstand gegen dessen Erniedrigungen auf dem ‚Felsen‘ des *Esprit* (VIII b) einen gläsernen Palast zu errichten – ein Kant mit anderen Mitteln zu werden. Ohne ein verbindliches Signifikat aber bleibt am Ende nichts als die Arbeit an seinen Signifikanten. Sie jedenfalls haben Dasein, wenn auch nur als kultureller Rohstoff, aus dem allerdings die Gedankengebäude des Denkens sind; über sie können wir deshalb frei verfügen. Dieser Virtualität hat sich Mallarmés Sprachkunst verschrieben. Sie führt vor, dass es, was immer auch behauptet, gewusst, geglaubt wird, doch stets nur, um in der Bildlichkeit Mallarmés zu bleiben, Inseln im Meer des Sagbaren sind und nirgendwo ein Polarstern der Begriffe in Sicht. All die Narrative, die uns umschließen – in der Welt der Poesie werden sie auf ihre Tugend der Narration zurückgeführt – sie greifen wieder um sich.

Hier verläuft wesentlich die Demarkationslinie, die die poetische Denkweise Mallarmés von seinen philosophischen Rezipienten trennt. Von ihm her gesehen bleiben sie Grenzgänger. Bei aller, selbst destruktiver Kritik, behalten sie das Festland der Begriffe im Auge; arbeiten sich zwar an deren Geltungsansprüchen ab, um gleichwohl dialektisch an ihnen festzuhalten. Insofern sympathisieren sie vor allem mit Mallarmés Beatrice. Er selbst aber hält sich dabei nicht auf. Seine Kunst erzeugt Risse im Wortvorhang, die zu Ausschweifungen in das semantische Hinterland der Sprache verlocken. Wer ihnen folgt, tritt gleichsam ins Freie. Sie machen ihm das Angebot, angesichts der Bedingtheiten des Lebens dem tief sitzenden Reflex entkommen zu können, gedanklich und affektiv nur immer Zuflucht bei etwas Unbedingtem zu suchen. Ihm soll aufgehen, dass er sich sprachlich selbst in der Hand hat – „possession de soi". Wenn der ‚Meister‘ zum Schluss seine Gedankenflucht mit einem Blick zum nächtlichen Himmel beschließt, dann wegweisend nicht, um dort noch einmal einen Polarstern der absoluten Bestimmung zu orten oder auch nur zu verwerfen; er *genießt* vielmehr das Gefühl, nicht kritisch, sondern kreativ handelnd auf die ungeahnten Möglichkeiten („PEUT-ÊTRE") eingehen zu können, (s)ich zu identifizieren.

Darf man sich den ‚Meister‘ über diese Aussicht am Ende seines mentalen Dramas nicht glücklich bewegt vorstellen – wie die beiden Nachtwanderer von 14. Juli 1898?[24]

---

[24] Zu trennen allerdings von einem „bonheur de Mallarmé", das Richard 1961 glaubte dem Autor zuschreiben zu können, während die beiden glücklich über die *Wirkung* der Poesie waren, die sie auf den Leser würde ausüben können. Genette 1966 hat ihn textologisch korrigiert.

VII

MYTHOS MALLARMÉ

Prestige und Brot

„Wovon leben Dichter eigentlich", fragte Hans Magnus Enzensberger 1985 in dürftiger lyrischer Zeit. Mallarmé hatte darauf geantwortet: ‚Für einen Dichter gab es nichts, um von seiner Kunst zu leben' (I 787). Aber ist es nicht so, seit es keine Hofpoeten, Mäzene und Auftragskunst mehr gibt? Im Chor der literarischen Stimmen war Lyrik von jeher die intimste unter den ‚Naturformen der Poesie' (Goethe). Keine weicht so weit von der Gemeinsprache ab wie sie. Sie drückt sich erkennbar apart aus: spricht anders; klingt anders und sieht anders aus als epische und dramatische Wortfügungen. Und weil sie besonders den übertragenen Sinn liebt, weicht sie offensiv von eingetragenen Bedeutungen ab. Ihr Zugang ist dadurch erschwert; ihr Publikum limitiert; ihr Prestige elitär; erst recht, seit sie sich als Symbolismus der Sprachmagie verschrieb.[1] Mallarmés ‚kabbalistisches' *„Sonnet en –x"* (I 37) ist, wie der Buchstabe andeutet, ein selbstreflexives Gedicht, dessen x das Spiel mit der Unbekannten und dem (semantischen) Multiplikationsfaktor anzeigt. Es wird noch übertroffen vom CDD, der avantgardistisch gewagt aus der lyrischen Art schlägt und sie gezielt dem Infinitum eines prosaischen ‚Nichts' öffnet. Den kühnsten Horizont von Mallarmés poetischem ‚Umsturz' („ren*vers*ement") ließen die Fragmente seines *Livre* erkennen. In ihnen spiegelt sich das Paradox seines Dichterlebens, das eine ästhetische Utopie[2] verfolgte, deren Misslingen im CDD gleichwohl gelingende Poesie werden konnte.

Sein Autor war sich über die kommunikativen Irritationen von Anfang an, d.h. bereits im Artikel *Künstlerische Ketzereien* von 1862 im Klaren. Es wäre ein grobes ‚Missverständnis, wenn der Erstbeste ebenerdig in ein Meisterwerk einträte'. ‚Seine unbefleckte Sprache ist ersonnen worden, um solche lästigen Gäste fernzuhalten' (II 360/1). ‚Die Menge möge etwas Moralisches lesen, aber bitte gebt ihr nicht unsere Poesie, um sie zu verschandeln' (II 364). Sie ist den ‚happy few' (Baudelaire) vorbehalten. Ihre geheimnisvolle Dunkelheit entäußert sich nur ‚in Festen einer intimen Lektüre, dem Belieben anheimgestellt und einsam' (II 67/694). Sie taugt nicht für die Allgemeinheit. Damit ist aber auch kein Geld zu verdienen. Streng genommen ist der erste Adressat dieser Kunst die Laienbruderschaft der anderen (symbolistischen) Dichter. Dort hat Mallarmés Lyrik ihre erste Konsekration erhalten, als er die öffentlichkeitswirksamen literarischen Bankette präsidierte, zum Dichterfürsten („prince des poètes") gekürt wurde und seinen Ruhm in den berühmten ‚Mardi' verstetigte.

---

[1] Zu den Folgen vgl. Wehle 2010, 9–42.
[2] Cf. Marchal 1988, 312.

Gleichwohl blieb ihm der Preis dafür bis zuletzt bewusst: von einer zumal avantgardistisch verfremdeten Sprachkunst konnte keine Breitenwirkung ausgehen. Sie ist nicht intersubjektiv; etwas sittlich Verbindliches darf von ihr nicht erwartet werden. Mallarmé litt bis zum Ende an diesem Dilemma seiner Kunst. Dichtung war sein Leben, mit einer Unbedingtheit bis hin zum Suizid. In ihr fand er die einzige, wirklich belastbare – und belastende – Konstante seines Lebens. Zwei Fragen haben ihn deshalb unentwegt beschäftigt: wie finanziere ich meinen Lebensunterhalt, meine Familie, Segelboot, den Elfenbeinturm des Landhauses in Valvin, die Dienstage im Salon der Rue de Rome und wie allgemein den Liebesdienst an der poetischen Herrin und Patronin? Damit zusammenhängend: wie kann ich meiner wirklichkeitsscheuen Kunst die nötige Aufmerksamkeit verschaffen, um (sittliche) Wirkung – und Honorare zu erlangen?

Wie so viele Literaten seit dem 19. Jh. führte er eine Doppelexistenz. Der Brotberuf („besogne alimentaire"; II 1812) des Englischlehrers lieferte den Unterhalt für seine Berufung zum Dichter. Dazu verfasste er didaktische Bücher: eine englische Wortkunde; eine anthologische Literaturgeschichte des Englischen; ein mythologiekritisches Handbuch antiker Gottheiten; dazu literarische Übersetzungen, herausragend neben anderen Edgar Allen Poes Lyrik, insgesamt rund 200 Seiten. Doch auch darin blieb er seiner Welt der Sprache treu.[3] Bereits auf der Schwelle zur Literatur befinden sich die Artikel zum mondänen Journal *La Dernière Mode*, alle von Mallarmé 1874 selbst verfasst (II 487–655). Zwar sind auch sie der Bedürftigkeit mitgeschuldet (I 789). Dahinter zeichnet sich jedoch bereits das strategische Interesse am Journalismus ab, der mit seinen ‚Feiern des Gegenwärtigen', seinem Neuigkeitskult, seinen Superlativen und dem Eventcharakter seiner Sprache die Masse bindet. Wer seine Poesie verbreiten will: hätte sie sich nicht die schnelle plakative Poetik de Presse anzueignen? Antwortet der CDD nicht auch auf das Eingeständnis des Autors, dass ‚nichts wirklich dem Journalismus entgehen kann' (II 82)? Seine Schlagzeile ebenso wie die Simultanität der Sprachelemente: ahmen sie nicht das Zeitungsblatt nach? Apollinaire, einer der vielen, die Mallarmé studiert, aber eifersüchtig verleugnet haben, rief seine medientechnischen Ansätze in seinem Schlüsselgedicht *Zone* als avantgardistisches Programm aus.[4] Im Übrigen hat Mallarmé die Presse mit 64 Interviews für seine – neuen – Ansichten genutzt und sie 1892 in einem Band herausgegeben. Seine öffentliche Präsenz aber sollten vor allem seine 55 längeren Artikel, Essays, Vorträge und Porträts in Zeitschriften und Revuen stärken. Darin hat er sich als überaus scharfsinniger, überlegener, ironisch-provokativer Kritiker der Theaterpraxis, des Literaturbetriebs, der Konzertleidenschaft, der Politik von Ausstellungs-Salons, Ballett-Aufführungen, Pantomimen u. a. in Szene gesetzt. Stets ging es dabei auch um die Suche nach modernistischen Ansätzen in den vielstimmigen zeitgenössischen Künsten (II 1610). Mallarmé war, das belegt die Rezeption,[5] für seine Zeitgenossen ein Skandalautor. Sie wiesen ihm die Rolle eines *Agent provocateur* zu. Vieles spricht dafür, dass er diese öffentlichkeitswirksame Rolle bewusst eingenom-

---

[3] Vgl. den Kommentar von B. Marchal, II 1790 ff.; 1812 ff.

[4] „Tu lis les prospectus, les catalogues, les affiches, qui chantent tout haut" / „Voilà la poésie ce matin et pour la prose il y a les journaux"; Apollinaire 1965, 39.

[5] Vgl. die vorzügliche Dokumentation *Mallarmé: Rezeption (1880–1919)* in: uni-due.de; „Die Gegenwart" v. 5.11.1881.

men hat.[6] Sie erlaubte ihm, wenn nicht schon durch seine Poesie, zumindest mit seiner Person ein Name zu werden und sich die Aufmerksamkeit der Kritik zu sichern. Im selbstironischen Vorwort zu seinen *Divagations* (‚Ausschweifungen‘) bekennt er sich als ‚irrwitziger Literat‘ („fou littéraire") ausdrücklich zu den ‚Aufschrein‘ seiner Kritiker über ‚Unzusammenhang‘, ‚Unverständlichkeit‘ und ‚die ganze Tollheit der Form‘ (Zola 1881). Die Artikel in Buchform tun ein Übriges: ihr Autor steigert mit ihnen noch ‚den Bedarf an Ausnahmen‘ (II 73), indem er sie zu „poèmes critiques" ausarbeitet. Wer auffallen will, muss anspruchsvoll dagegen sein: ‚öffentlich die ruchlose Demontage‘ aller gängigen Fiktionen zu praktizieren (I 67).

Nichts spricht dagegen anzunehmen, dass Mallarmé mit dem marktstrategischen Format eines ‚poète maudit‘, eines ‚verfemten Dichters‘ sympathisierte, mit dem Verlaine 1883/4 ‚die Neuartigkeit seiner skandalös empfundenen Verse‘ geadelt hat.[7] Mit formvollendeter Bescheidenheit nahm er seinen Platz als ‚Prince des poètes‘ in den feuilletonistisch viel beachteten Banketten ein. Schon 1873 plante er eine ‚Internationale Dichtergesellschaft‘.

Kommt dahinter ein anderes Gesicht Mallarmés zum Vorschein? Der sich seiner Bedeutung wohl bewusst ist und sie in Geltung und Geld aufgewogen sehen möchte? Der Anschein trügt. Er bleibt auch darin seinem Pakt mit der Dichtung treu, obwohl sein CDD selbst in kulturell gut informierten Kreisen als Sprachverwirrung unterm Turm von Babel verspottet wurde.[8] Eine ethische Wirkung würde davon nicht ausgehen; wenn, dann musste sie auf andere Weise gesichert werden. In den langen Nächten seiner Schlaflosigkeit scheinen sich ihm dafür ein Vorbild und eine Theorie angeboten zu haben. Das eine ist dokumentiert in dem ungewöhnlichen biographischen Auftragsporträt über Arthur Rimbaud von 1896 (II 120–128), dem schnell verglühten ‚Meteor‘ am Literaturhimmel (II 121). Wirklich interessiert ist Mallarmé allerdings an dessen Rezeption und der Frage, wie der Frühvollendete schon zu Lebzeiten ‚legendär‘ werden konnte. Im Grunde klärt er an ihm, kaum verhüllt, was ihn selbst beschäftigt. Rimbauds Ruf verdanke sich der ‚üppigen Unordnung‘, die seine leidenschaftliche Opposition gegenüber allem Traditionellen angerichtet hat. Zwar haben seine Werke keine Spuren hinterlassen – sie sind nicht weniger dunkel, nur anders als die Verse Mallarmés. Wirklich der Fall aber ist jedoch seine Persönlichkeit geblieben, die ihre Magie („effet magique") aus seiner skandalösen Unangepasstheit zieht. Für Mallarmé hat sich seine Person in eine beziehungsreiche ‚Figur‘ verwandelt (II 127). Deren dezidiert ausgetragene Andersartigkeit, zumal nach seinem Tod, hat ihn zur Ausnahmeerscheinung entpersönlicht („impersonnel"). Auf diese Weise vermochte sie das Vorstellungsvermögen („imagination") anzusprechen und dazu einzuladen, ‚alles Mögliche‘ und ‚Unwahrscheinliche‘ auf sie zu projizieren. Auf ‚legendäre‘ Gestalten kommt man zurück; sie regen nicht eigentlich zu abschließendem Wissen vielmehr zu fortgesetzter Interpretation an.

Was unbewusst Rimbaud zum verfemten Dichter und damit zu einer Ikone der Alterität hatte werden lassen – ob der Autor Mallarmé sich nicht bewusst selbst in diesem

---

[6] Der Soziologie der Gruppen, Schulen und Generationsbildungen auf dem ‚literarischen Feld‘ hat Bourdieu 1999, z.B. 200 ff., seine umfangreiche Studie – mit Rücksicht auf Mallarmé – gewidmet.

[7] Verlaine 1884.

[8] Retté 1898, 132. Das seltene Exemplar ist zugänglich in der Biblioteca Reiner Speck, Köln.

Sinne stilisiert gesehen haben wollte? Sein Bekenntnis zur Destruktion schlug sich in einem Antitraditionalismus nieder, an dem er gegen alle Widerstände und Anfeindungen unbeirrt festhielt. Er hat sich mit gleichgesinnten künstlerischen Außenseitern wie Edouard Manet verbündet und die sozialen Mechanismen der Meinungsbildung genutzt, um im ‚Streik gegenüber der Gesellschaft‘ (II 700) sich der Unabhängigkeit seiner Kunst zu vergewissern. Keine geringere Lossagung von zeitgenössischen literarischen Erwartungen war seine vergleichsweise hermetische Sprachführung. Sie schloss jede – florierende – biographische Entzifferung des Werkes aus, die an den Universitäten als ‚l'homme et l'œuvre‘-Methode hochgehalten wurde.[9] Dem beugte textintern Mallarmés Strategie vor, den ‚Autor‘ soweit wie möglich aus der Textur zurück zu nehmen, so als ob sich die Worte selbst nach ihren eigenen semantischen Triebkräften paarten. Mallarmés letzter testamentarischer Zettel (I 821) verlangte, dass der ‚Berg an Notizen von einem halben Jahrhundert‘ verbrannt wird. Nur das für sich selbst sprechende poetische Wort sollte überleben. Je dezidierter die Selbstreferenz des Gedichts, desto weniger lässt es sich mit dem Urheber verrechnen – so auch hatte der ‚Meister‘ seine „anciens calculs" aufzulösen, hinter den Text zurückzutreten und damit Mallarmés Forderung nach Virtualität zu erfüllen.

All dies scheint auf bewusste Inszenierung hinzuweisen: mit Eigenwilligkeit sich einen Namen zu machen, um ein Begriff für Modernität zu werden. Dafür spricht umso mehr, als sie sich unmittelbar aus seiner Sprachtheorie ergibt. Dort hieß es, alles was regelhaft, rituell, definiert, habituell zu Rede und Schrift wird, nimmt den Anschein von etwas Realem an (I 872 ff.). Der ‚Meister‘ musste es zwar als ‚wahnwitzige Illusion‘ zurücknehmen; weil der Autor es als ‚fixe Idee‘ durchschaut hatte. Aber verstanden als eine Figur des Widerstands: wendet er damit nicht die Denkweise der Fiktion auf die eigene Biographie an? Um sich die Langlebigkeit des Vorurteils zu sichern, jemand zu sein, der die sprachlich gebundene Kultur verwildert – um auf den zweiten Blick ihren zukünftigen Möglichkeiten zu dienen? Auch dies ein Akt der Umkehrung („renversement"), der Mallarmés Denken prägt und nun dem Namen zugute kommen soll, damit der Poet dem Kunstverstand dienen kann, den er vertritt?

Und mit welchem Erfolg! Sein Tod am 9. September 1898 wurde zu einem publizistischen Ereignis ersten Ranges. In den nur dreieinhalb Monaten danach wurde er mit mehr als 320 Nachrufen im In- und Ausland gewürdigt.[10] Er übertraf damit sogar das Echo auf die Ermordung der österreichischen Kaiserin Elisabeth („Sissi") in Genf, einen Tag nach seinem Tod. Die wenigsten werden ernsthaft auf seine Lyrik und Schriften eingegangen sein. Überlebt hat vor allem der Ruf, der sich mit seinem Namen verband. Der Tenor verfestigt die bereits zu Lebzeiten im Umlauf befindlichen Etikette von einem umstrittenen Dichterfürsten. Sie hielten in ihm den Symbolismus in Person fest; einer Allegorie vergleichbar stand er für die Bewegung selbst. Insofern wird er auch mit ihr zu Grabe getragen: ihre sprachliche Dunkelheit, die dekadente Preziosität, welche den (klassischen) französischen Geist der ‚clarté‘ verletzt; ihre Lebensferne und idealistische Abgehobenheit. Mit ihm wurde ein kulturelles Selbstbildnis der Gegenwart in die Vergangenheit verabschiedet. Er galt als bedeutsam, ohne dass seine eigentliche Bedeutung

---

[9] Und selbst zur anspruchsvollen „critique de la conscience" und weniger der Untersuchung der literarischen Formen einlud wie Richard 1961.

[10] Vgl. die eindrucksvolle Dokumentation bei Delpirou 2016.

wirklich erkannt worden wäre. Vom ‚Mystère Mallarmé‘ war die Rede. Es wurde 1913 durch André Gides öffentlicher Kommentierung des CDD gleichsam offizielles Emblem im engen Kreis der Modernisten zu Jahrhundertbeginn.[11] Immerhin war dieser Titel ein Versprechen für die Zukunft. Das Mysterium in der Literatur, der seinen, war, wie es seine Streitschrift formuliert hatte, noch zu entdecken.

‚Moralprofessor‘

Ereignet hat es sich seit Ende der 30er Jahre des 20. Jahrhundert. Diese zweite Dichterkrönung fand, wie Maurice Blanchot früh feststellte, unter den veränderten Vorzeichen eines ‚Mythos Mallarmé‘ statt.[12] Das geheimnisvoll Unaufgelöste, die Verpflichtung auf ein (produktives) Nichts, der Diskurs des Verschweigens, der Pluralisierung des Wortes, der Entzug einer Aussage, namentlich im Experiment des CDD, haben im Werk und im Autor ganz offenbar ein erwünschtes Dispositiv geschaffen, das sich gegen vorrätige Sinnangebote, welcher Art auch immer, einsetzen lässt. Wer deshalb auf den CDD eingeht, musste seine Perspektive ändern: indem er sich einer schlüssigen Deutung entzogen sieht, erzwingt er Aufmerksamkeit für die Deutbarkeit als solche. Dann kommt der Text als das zur Geltung, was er im Sinne Mallarmés sein wollte: ein ‚Discours de la Méthode‘. Wie Mythen lassen sich Autor und Werk damit immer erneut, als ‚en formation‘ aufrufen, um an ihnen Fragen zu überprüfen, die das historische Bewusstsein aufwirft.

So hat Mallarmé in der 2. Hälfte des 20. Jahrhunderts eine phänomenale Wirkungsgeschichte entfaltet. Wegbereitend war, dass er von den Intellektuellen der Résistance als ‚Moralprofessor‘ adoptiert wurde.[13] Damit würdigte Michel Leiris 1943 die Kompromisslosigkeit, mit der ‚Sankt Mallarmé‘, ‚der Esoterische‘ (A. Gide), seinen Widerstand („refus") gegen alle Vereinnahmungen bis hin zur Sprache des beredten Schweigens heroisch durchgehalten hatte. Auf diese Weise wurde ein Problem akut, auf das Mallarmé immer wieder angespielt hatte: dass selbst eine abstrakt sich entziehende Literatur politisch ist und eine moralische Verantwortung hat. ‚Was bedeutet es, sich sprachlich zu äußern‘, fragte Leiris. Damit war eines der maßgeblichen Motive für die Mallarmé-Rezeption seit dem Krieg gesetzt: seine radikale Sprachkritik als Erkenntniskritik. Wer hat sich nicht alles in diesem Sinne auf ihn bezogen. Sie diskutierten mit ihm, als wäre er ihr Zeitgenosse.

Auf der einen Seite kam die Modernität seines Werkes jetzt ernsthaft zur Geltung. Der Krieg mit seinen ideologischen und moralischen Verwerfungen der Kollaboration hat einen ‚Nullpunkt der Schriftkultur‘ erzwungen.[14] Dazu gehörte eine namhafte wissenschaftliche Auseinandersetzung mit Mallarmé[15] – mit der umstürzenden Konsequenz, dass sie maßgeblich eine Auseinandersetzung mit der Wissenschaftlichkeit selbst und ihren Grundsätzen nach sich zog. Sie hat unter dem Begriff von ‚Nouvelle critique‘

[11] Detailliert rekonstruiert bei Roger 2010, 83 ff.

[12] Blanchot 1999, 35–48: „Le mythe de Mallarmé".

[13] Vgl. die Studie von Hamel 2014, der seine politische Rezeption kritisch nachvollzogen hat.

[14] Vgl. Barthes 1953. Deutsch: *Am Nullpunkt der Literatur*, Hamburg 1959. In poetologischer Hinsicht aufgenommen von Blanchot 1959, 296 ff., mit bedeutender Rücksicht auf Mallarmé im Kap. „La recherche du point zéro".

[15] Anspruchsvoll gewürdigt von Roger 2010, 339 ff.

die Nachkriegszeit geprägt. Sie wiederum zog die Literatur in ihren Bann. ,Nouveau Roman' und ,Nouveau Theatre' trieben der Sprache ihre affirmative Lust zu Fabulieren aus. Ihr Hang zur Selbstreflexivität erscheint in vielen angewandter Mallarmé. Wollte seine poetische Sprachtheorie nicht, dass – statt des Autorwillens – eine unverfälschte Bedeutung aus der ihnen eigenen Paarungsbereitschaft der Worte entspringt?

Auf der anderen Seite hatte der Krieg den abendländischen Humanismus als hohlen Begriff, Fiktion im Mallarmé'schen Sinne bloßgestellt. Sofern dies als moralischer Zusammenbruch empfunden wurde, legte er eine gravierende Kontingenz der Verstandeskultur bloß. Es machte die Frage unumgänglich, wie das Denken als menschliche Tugend glaubwürdig noch zu rehabilitieren wäre. Herausgefordert sehen mussten sich vor allem Philosophie, Wissenschaft und Gesellschaftslehre. Ihr Systemversagen verlangte eine andere Begründung für den Geltungsanspruch ihrer Aussagen. Seit den 30-iger Jahren begann Frankreich Heidegger zu entdecken[16] und mit ihm, was es heißt, sich philosophisch auf ,Holzwege' zu begeben, d. h. bestimmte Vor-Urteile dessen zu verlassen, was *ist*, um stattdessen „jäh im Unbegangenen aufzuhören" (Heidegger). Geleit in diesem ungesicherten Erkenntnisraum aber vermag auch nach Heidegger nur die Kunst zu gewähren. Nicht zufällig steht der Aufsatz *Vom Ursprung des Kunstwerks* im Mittelpunkt seiner Schrift, dem ausgreifende Literatur- und Bildlektüren zugrunde liegen. Damit ist einer Rede über die Wahrheit der – metaphysische – Boden entzogen. Sie macht vielmehr den Blick dafür frei, dass sie eigentlich erst aus der Rede selbst hervorgeht – ein ideales Einlasstor für die Poetologie Mallarmés. Die gemeinsame Basis war zwar die Kritik am Führungsanspruch rationalen Denkens in allen Lebensbereichen und die darin angelegte Verführung zu kaltem Handeln. Der Krieg konnte von daher als übergroße Allegorie der Kontingenz erscheinen, die bisher als dunkle Gegenspielerin von allen Begriffen des Vernünftigen, Berechnenden, Zielgerichteten, Zweckmäßigen, Ordentlichen niedergehalten werden sollte. Ihnen hatte Mallarmé bereits ihre Fiktionalität und damit ihre ,Nichtigkeit' nachgewiesen. Statt also weiterhin zu fragen, *was* sich dieser obskuren Unvernunft wirkungsvoller entgegensetzen ließe, bestand die Frage nun in ihrer Umkehrung: *wie* wäre sie einem Begriff vom Menschen sinnbildend zugute zu halten. Die Errungenschaft Mallarmés lässt sich dabei auf eine knappe Formel bringen: anders zu sprechen würde das Leben anders machen. Seine ,poèmes critiques' ebenso wie der CDD haben damit experimentiert und eine Poetik entwickelt, die die Begriffsmacht der Worte ihrem innewohnenden Bildwert aussetzt: deren ,Fiktion taucht (dann) kurz auf und zerstreut sich schnell' (Vorwort CDD; I 391).

Ändere deine Sprache

Viele haben den Mythos Mallarmé aufgenommen und umerzählt, die dem 20. Jahrhundert etwas bedeuten: Blanchot, Sartre, Bataille, Sollers, Mauron, Derrida, Althusser, Lacan, Lyotard, Deleuze, Kristeva u. v. a.[17] Wird seine Lektüre dabei aber nicht auf eine großartige Weise in Beschlag genommen, deren Interesse nicht eigentlich der Auslegung

[16] Zum Einfluss Heideggers auf die Mallarmé-Rezeption vgl. Hamel 2014, 27 ff.
[17] Zur politisch-philosophischen Interpretation Hamel 2014. Von Seiten der Literaturkritik Roger 2010.

von Mallarmés Sprachkunst um ihrer selbst willen gilt? Sie entnehmen ihr vielmehr Anleitungen, wie sie ihres eigenen, bedrohten Erkenntnisanspruchs Herr werden könnten: philosophisches, epistemologisches, regulatives, ideologisches Denken gegen seine offenbar gewordenen Abstürze ins Unmenschliche abzusichern. Im Grunde geht es um eine Diskursordnung, die keine Diskurszwänge ausübt. Mallarmés Kunst soll helfen, dem kranken Verstand Leben beizubringen. Die unablässig vorangetriebene Differenzierung der Lebensverhältnisse steigert fortwährend die Differenzen in der Welt in einem Maße, dass sie hinter ihrer selbst verschuldeten Unübersichtlichkeit zu verschwinden droht. Diese Überkomplexität fördert andererseits die Herrschaft des Expertenwissens. Gegen sie hat der ‚Experte des Alltags‘, der irgendwie zurechtkommt, kaum eine Chance.[18]

Diese diskursphilosophische Wirksamkeit Mallarmés bringt schließlich eine letzte, grundlegende Avantgarde seiner Kunst ans Licht. Er wurde Berufungsinstanz, weil er in geradezu existentieller Weise gegen die sprachliche Verdinglichung des Menschen durch Wissenschaft, Technik und Medien Widerstand geleistet hat. Wie nur wenigen ist er den elementaren Machtstrategien dieses Zeitgeistes auf den Grund gegangen: seine großen zivilisatorischen Anstrengungen und sein Fortschrittsdogma sind, nach Mallarmé'scher Denkweise, nur die Kehrseite der eigentlichen Ursache, der Abwehr von Kontingenz. Er anerkennt sie dadurch als den wahren Beweggrund von Denken und Handeln. Sie ist der heimliche Dämon, der die Strukturen der Lebenswelt beständig dazu herausfordert, ihn in großen Geschichten („grands récits"; Lyotard) aufzufangen, um ihn an menschenmögliche Ordnungen zu binden. Sie aber sind, wie exemplarisch die des ‚Meisters‘, ihrerseits nur hochgeistige Gegenfiktionen, die insofern ebenfalls ‚nichts‘ Absolutes zu beanspruchen haben. Die geläuterte Einsicht kann deshalb nur lauten: es wäre ‚Wahn‘, Kontingenz aus der Welt zu schaffen – im Namen welch unhintergehbaren Grundsatzes auch. Insofern ergibt es aus der Sicht des CDD keinen Sinn, sie philosophisch, epistemologisch, kritisch lediglich besser fassen oder auch nur vereiteln zu wollen; das gilt gleichermaßen auch für eine hochgreifende poetische Umschrift. Mallarmé zog daraus die radikale Konsequenz, sie als das zu akzeptieren, was sie ist: eine Gegebenheit (ohne Absicht auf den Menschen), das absolut Objektive, das aber dialektisch mit ‚Nichts‘ im Bunde steht. Dadurch erst konnte im Blick auf den ‚Meister‘ aufgehen, welche Möglichkeiten in ihrer Unverfügbarkeit liegen: mit Berufung auf Kontingenz lässt sich Gott und die Welt als Verfügungsmasse für eine Kunst behandeln, die im kreativen Vermögen die erste unter den menschlichen Begabungen anerkennt. Wäre es deshalb sinnvoll, die Krise ausräumen zu wollen, die die Wahrheitsfähigkeit des Verstandes befallen hat, indem man seine Werkzeuge Widerspruchsfreiheit, Unterscheidungsvermögen, Klarheit weiter schärft oder gar die metaphysischen Richtwerte Ursprung, Zentrum, Ziel fortschreibt?

Mallarmé schlägt genau den umgekehrten Weg ein, nicht nur gegenüber Valérys Leonardo-Essay; erst recht vorausgreifend im Verhältnis zu den Gesprächspartnern seiner Sprachkritik im 20. Jh. In seinen Augen würden sie sich verhalten wie sein ‚Meister‘ und versuchen, den Würfel des *Esprit* dennoch zu werfen, und sei es mit diskursiven Anleihen aus der Poesie. Wo jedoch das ‚Nichts‘ durch nichts Endgültiges zu ersetzen ist, wird Blickumkehr unvermeidlich. Statt alles auf ‚Etwas‘ verpflichten zu wollen, käme es da nicht vielmehr darauf an zu fragen, *wie* über alle Zeiten hinweg das menschliche Ingenium jeweils dem Bedürfnis nachgekommen ist, dieses Vakuum am Ende aller Fragen

---

[18] Vgl. Hörning 2001.

zu kompensieren? Nicht das Verstandesvermögen – die Einbildungskraft stand stets am Anfang aller Erkenntnis. Sie denkt in Gestalt von Bildern, nicht Begriffen. Dafür aber ist niemand kompetenter als Sprachkunst, die alte, spielerische Lügnerin. Nach Auffassung Mallarmés hat sie gerade nicht mit Philosophie und Wissenschaft zu konkurrieren und besser als sie hinter den ‚falschen Begriffsgebäuden' („faux manoir"; VIII b) die wahren aufzudecken. Sie geht paradoxerweise ungleich realistischer vor; nimmt den ‚Schleier' des Wirklichen, der die Worte umhüllt, in Kauf; aber nicht, um ihn nur desto besser abnehmen zu können, sondern um sich seiner Kunst des Scheinens zu bedienen. Die Methode: das unbemerkt Falsche daran bloßzustellen, indem es vorsätzlich verfälscht wird. Dann kann hinter dieser Bereinigung die kreative Fülle des Nichts aufgehen.[19] Das kulturelle Bedürfnis danach hatte in dem Maße zugenommen, wie der Zivilisationsprozess unablässig neue begriffliche Klammern um alles legte, das sich seinem Vormarsch unter der Vorsilbe Un- in den Weg stellt: Unvorhersehbares, Unwillkürliches, Unverfügbares, Unbewusstes, Unbekanntes, ja Ungedachtes. Für Mallarmé verwahren diese Absenzen jedoch gerade ‚die mysteriösen Seiten der Existenz' (II 657). Ihrem Lebenselixier hat sich Literatur zu verschreiben, indem sie ihm Ahnung und Gegenwart verschafft.

Deswegen muss sie zwar auf die Sprache aller eingehen, sie aber provozierend anders sprechen.[20] Dann löst sie, was der Verstand bindet. Auch Mallarmés Beatrice hat Erlösung im Sinn: ihre Destruktion bereitet Konstruktion vor. Mallarmé lässt damit vor der Zeit bereits die Diskussionswirbel um Poststrukturalismus, Dekonstruktivismus und Postmoderne hinter sich. Sie dringen auf den Logozentrismus ein, um ihm nachzuweisen, dass er innere Widersprüchlichkeiten, Ambivalenzen und Uneindeutigkeiten überspielt, die im Grunde jedem diskursiv gebundenen Text innewohnen, sodass er mit Bestimmtheit, autoritär, etwas behauptet und dabei seinen Anteil an Unbestimmtem unterschlägt. Doch alles subversiv zu unterlaufen, was mit der Pose der Gewissheit daherkommt, setzt sie im Grunde voraus. Rettet diese Kritik dann letztlich nicht doch wieder systemisches Denken? Dagegen steht Mallarmés grundlegender Aufbruch in der Sache: er plädiert und handelt nicht im Namen von Kohärenz oder ‚Differänz', sondern von ‚reziproker Kontamination'. Die offizielle Haltung, die Sprache einnimmt, wenn es namentlich um die Frage nach dem Menschen geht, würde das gelebte Leben verfehlen, sofern sie nicht beständig aus den verschwiegenen ‚Rhythmen' („heurt successif")[21] des libidinös denkenden Ur-Instinkts renaturiert würde; er will generieren, nicht definieren.[22] Dank dieses mentalen Grenzverkehrs schafft Poesie einen beglückenden Mehrwert gegenüber dem Unterscheidungswillen des Intellekts.

---

[19] Mit Rücksicht nicht zuletzt auf Mallarmé hat das dadaistische Kunst(experiment) das ‚Nichts' als Ursprung aller Möglichkeiten radikalisiert. Vgl. Forster 2005.

[20] Foucault 1971, 366 macht ‚durchaus mit Bezug auf Mallarmé' diese Differenz diskurskritisch stark, beschränkt aber die Sprache der Literatur darauf, „ihre eigene Form auszusagen", „das Wesen jeder Literatur zu erfassen", die „nichts anderes mehr zu sagen hat als sich selbst, nichts anderes zu tun hat, als im Glanz ihres Seins [!] zu glitzern". Mallarmé aber zerbricht gerade diesen Spiegel des Narziss und verwandelt das poetische Wort in ein Suchbild.

[21] II 657: „La Poésie est l'expression, par le langage humain ramené à son rythme essentiel, du sens mystérieux des aspects de l'existence."

[22] In Bezug darauf hatte Jouve (1987, 82 f.) Mallarmé als ‚den größten Dichter' bezeichnet, ‚der zu einer erhabenen Erotik fähig ist'.

162

Macht Mallarmé sich dadurch aber nicht doch auf seine Weise zu einem Erfüllungs-gehilfen der herrschenden Verstandeskultur? Der die unhaltbaren Versprechungen von einer ‚absoluten Formel‘ (II 67) der Existenz zwar verwirft – immerhin war er von der Kritik am Universalitätsanspruch des *Esprit* ausgegangen, aber seine Poesie dagegen als mentale Homöopathie aufbietet? Er arbeite, schrieb er immerhin noch 1885, an dem ein-zigen Drama, das sich lohnt, dem ‚vom Menschen und der Idee‘ („celui de l'Homme et de l'Idée“; I 786). In der Gestalt des ‚Meisters‘ aber hat er ausgeführt, wie es zu verstehen ist. Er lässt den Steuermann des idealistischen Dichtungsschiffs zwar mit einer prophe-tischen Mission die Himmel bestürmen, versagt ihr aber grundsätzlich jede Botschaft. Selbst seine Kunst der reinsten Gedanken wusste keinen besseren Weg zur Erkenntnis als der berechnende Verstand. Verworfen war damit zugleich Valérys *Esprit pur* ebenso wie ‚der Kanonendonner der Aktualität‘ (II 256), welcher der nachahmenden Literatur den Effekt von Wirklichkeit verleiht. Doch erst das ‚Néant‘, das alle Fundamentalismen untergehen ließ, legte schließlich den Grund für einen poetischen Umsturz frei. Wenn der Sprachkunst noch ein letzter Gesichtspunkt („point dernier“) zusteht, dann, indem sie ihm ein geheimnisvolles Schweigen verschafft. Was die Ratio für notwendig hält, kann Poesie dadurch als eine aus der Not geborene Abwehr von Unabsehbarkeiten bloßstel-len. Darüber hinaus aber bricht sie den Cordon sanitaire des Denkens prismatisch auf und öffnet außerhalb unerschöpfliche Räume der Selbsterfahrung – das „PEUT-ÊTRE“ des CDD. Das Infinitum, das große Phantasma der Geistbegabten des 19. Jahrhunderts, kann wohl spirituell nicht eingeholt, seine Unmöglichkeit aber immerhin begehrenswert gemacht werden. Davon sollte die Passionsgeschichte des ‚Meisters‘ Zeugnis ablegen. Sie widmet dem Geheimnis seiner Abwesenheit eine Gedenkstätte („LIEU“). Denn recht, d. h. im Sinne Mallarmés verstanden, geht alles, was Sprache wird, von einem verschwie-genen Verlangen nach einer symbolischen Sieben aus, die eine Lebensvorstellung im In-nersten zusammenhält. Der CDD hat sie jedoch als uneinholbar erwiesen. Geblieben ist ihr jedoch eine niemals endende Bewegung zu ihr hin. Sie ist es, die für geistiges Leben zeugt. Dafür bürgt zuletzt das vielfach changierende Schlusswort (XI b): jeder Denk-akt habe unwissentlich einen Würfelwurf im Sinn. Erst aber, wenn Poesie seine Worte gleichsam rückwärts, invertiert liest („*ré*versibilité“), löst er sich von seinem Zwang, alles auf einen Begriff bringen zu müssen. Dann kann aufgehen, worin das wahre Denkziel besteht: die Worte so zu wenden, dass sie auf anderes deuten als was sie bedeuten. Kein geschlossener Gedanke, eine lustvoll ‚anstößige‘ („heurt“) Gedankenbewegung bildet die wahre Lebensart von Erkenntnis. Nicht Idealität, Virtualität ist menschlich. Wollte man den großen nächtlichen Blick zum Firmament des 14. Juli 1898 in Worte fassen, könnte er deshalb lauten: ‚changer la langue‘[23] – ‚gehe anders auf Deine Sprache ein‘, dann lebst du mehr. Besuche dazu die Schule der Poesie; sie aktiviert das dem Menschen einzig we-sensgemäße Schöpfungsvermögen („c'est … la seule création humaine possible“; II 701). Dann handelst du ethisch, wie Mallarmés ästhetische Anthropologie es vorsieht: denn der indirekte Mensch der Zivilisation wird Mensch durch Kunst.

---

[23] Dazu Barthes 1995, 429–446; im Grunde, im 1. Teil, eine einzigartige Hommage an Mallarmés ‚oppressiven‘ Literaturbegriff. Im zweiten Teil macht er jedoch davon einen Gebrauch im Sinne eines Konzepts, dem der *Libertin* Pate gestanden zu haben scheint.

Édition Bonniot 1914

UN COUP DE DÉS

UN COUP DE DÉS

JAMAIS

QUAND BIEN MÊME LANCÉ DANS DES CIRCONSTANCES

ÉTERNELLES

DU FOND D'UN NAUFRAGE

SOIT
    que

            l'Abîme

    blanchi
        étale
         furieux
            sous une inclinaison
               plane désespérément

                     d'aile

                  la sienne
                     par

avance retombée d'un mal à dresser le vol
et couvrant les jaillissements
coupant au ras les bonds

très à l'intérieur résume

l'ombre enfouie dans la profondeur par cette voile alternative

jusqu'adapter
à l'envergure

sa béante profondeur en tant que la coque

d'un bâtiment

penché de l'un ou l'autre bord

LE MAÎTRE

surgi
　　　inférant

　　　　　　　de cette conflagration

　　　　　　　　　　　　que se

　　　　　　　comme on menace

l'unique Nombre qui ne peut pas

　　　　　　　　　　　　hésite
　　　　　　　cadavre par le bras
plutôt
　　　que de jouer
　　　　　en maniaque chenu
　　　　　　　la partie
　　　　　au nom des flots
　　　　　　　　　　　un

　　　　　　naufrage cela

                    hors d'anciens calculs
                où la manœuvre avec l'âge oubliée

                        jadis il empoignait la barre

à ses pieds
                de l'horizon unanime

prépare
    s'agite et mêle
        au poing qui l'étreindrait
un destin et les vents

être un autre

                    Esprit
                            pour le jeter
                                    dans la tempête
                            en reployer la division et passer fier

écarté du secret qu'il détient

envahit le chef
coule en barbe soumise

direct de l'homme

            sans nef
                n'importe
                            où vaine

ancestralement à n'ouvrir pas la main
                              crispée
                    par delà l'inutile tête

        legs en la disparition

                         à quelqu'un
                                   ambigu

              l'ultérieur démon immémorial

avant
        de contrées nulles
                        induit
        le vieillard vers cette conjonction suprême avec la probabilité

                              celui
                                   son ombre puérile
        caressée et polie et rendue et lavée
                        assouplie par la vague et soustraite
                    aux durs os perdus entre les ais

                              né
                                   d'un ébat
        la mer par l'aïeul tentant ou l'aïeul contre la mer
                        une chance oiseuse

                                                        Fiançailles
dont
        le voile d'illusion rejailli leur hantise
        ainsi que le fantôme d'un geste

                         chancellera
                         s'affalera

                         folie

N'ABOLIRA

COMME SI

Une insinuation

au silence

dans quelque proche

voltige

simple

enroulée avec ironie
                    ou
              le mystère
                        précipité
                                hurlé

tourbillon d'hilarité et d'horreur

autour du gouffre
                  sans le joncher
                              ni fuir

        et en berce le vierge indice

                                    COMME SI

plume solitaire éperdue

sauf

que la rencontre ou l'effleure une toque de minuit
et immobilise
au velours chiffonné par un esclaffement sombre

cette blancheur rigide

dérisoire

en opposition au ciel
trop
pour ne pas marquer
exigüment
quiconque

prince amer de l'écueil

s'en coiffe comme de l'héroïque
irrésistible mais contenu
par sa petite raison virile

en foudre

soucieux

      expiatoire et pubère

                            muet

La lucide et seigneuriale aigrette
      au front invisible
scintille
      puis ombrage
une stature mignonne ténébreuse
en sa torsion de sirène

par d'impatientes squames ultimes

rire

que

SI

de vertige

debout

le temps
de souffleter
bifurquées

un roc

faux manoir
tout de suite
évaporé en brumes

qui imposa
une borne à l'infini

C'ÉTAIT
issu stellaire

CE SERAIT
  pire
            non
                  davantage ni moins
                                    indifféremment mais autant

LE NOMBRE

EXISTÂT-IL
autrement qu'hallucination éparse d'agonie

COMMENÇÂT-IL ET CESSÂT-IL
sourdant que nié et clos quand apparu
enfin
par quelque profusion répandue en rareté
SE CHIFFRÂT-IL

évidence de la somme pour peu qu'une
ILLUMINÂT-IL

LE HASARD

Choit
  la plume
    rythmique suspens du sinistre
          s'ensevelir
      aux écumes originelles
   naguères d'où sursauta son délire jusqu'à une cime
       flétrie
    par la neutralité identique du gouffre

RIEN

de la mémorable crise
ou se fût
l'évènement

accompli en vue de tout résultat nul

humain

N'AURA EU LIEU
une élévation ordinaire verse l'absence

QUE LE LIEU

inférieur clapotis quelconque comme pour disperser l'acte vide

abruptement qui sinon
par son mensonge
eût fondé
la perdition

dans ces parages

du vague

en quoi toute réalité se dissout

EXCEPTÉ
à l'altitude
PEUT-ÊTRE
aussi loin qu'un endroit

fusionne avec au delà

                hors l'intérêt
           quant à lui signalé
                      en général
selon telle obliquité par telle déclivité
                      de feux

       vers
          ce doit être
             le Septentrion aussi Nord

                UNE CONSTELLATION

            froide d'oubli et de désuétude
                    pas tant
               qu'elle n'énumère
        sur quelque surface vacante et supérieure
            le heurt successif
                      sidéralement
       d'un compte total en formation

veillant
       doutant
           roulant
             brillant et méditant

                  avant de s'arrêter
           à quelque point dernier qui le sacre

           Toute Pensée émet un Coup des Dés

BIBLIOGRAPHIE

Text

Es bestehen im Wesentliche vier Referenztexte von *Un Coup de dés jamais n'abolira le hasard* (CDD): die als Prä-Original bezeichnete Ausgabe in der Zeitschrift Cosmopolis von 1897 (Abdruck in der Ed. von Marchal I 391–401); die von Mallarmé vorbereitete, aber unvollendete Endfassung, die 1914 vom Schwiegersohn Bonniot hergestellt und herausgebracht wurde; die Dokumentation der Korrekturbögen von Fr. Morel (*Un coup de Dés jamais n'abolira le Hasard*, Paris, La Table Ronde, 2007) sowie die erste Pléiade-Ausgabe der *Œuvres complètes*, éd. H. Mondor / G. Jean-Aubry, Paris 1945. – Alle diese und andere Zeugnisse der Editionsgeschichte sind in der maßgeblichen Ausgabe von Bertrand Marchal (*Œuvres complètes*, 2 vol., Paris 1998 / 2003; Bibliothèque de la Pléiade) mit einem umfangreichen Apparat dokumentiert, zu einer vorzüglichen Edition verarbeitet worden und mit einem kompakten Sach- und Sinnkommentar versehen. Friedhelm Kemp (FAZ 1.12.98): „Ein Ereignis". – Nach dieser Ausgabe wird zitiert (mit Band- und Seitenzahl) – Thierry Roger (*L'Archive du Coup de dés*, Paris 2010) hat die wichtigsten Ausgaben kritisch kommentiert (1035 ff.).

Übersetzungen

Mallarmé hat sein Gedicht im Rahmen der Kulturgeschichte der französischen Sprache auf Mehrdeutigkeit hin angelegt. Im Grunde ist es für keine Fremdsprache adäquat übersetzbar. Die hier angeführten und konsultierten Übersetzungen ins Deutsche haben jedoch gerade in der Zusammenschau ihrer Abweichungen das Verdienst, die ,prismatische' Bedeutungsentfaltung des Textes auf ihre Weise erfahrbar zu machen:

Stéphane Mallarmé: *Ein Würfelwurf*; übers. u. erläutert v. Marie-Louise Erlenmeyer, Olten / Freiburg i. Br. 1966 (Walter-Druck 10); Neuausg. Alma Vallazza, Wien / Lana 2000.

Stéphane Mallarmé: *Gedichte. Französisch und deutsch*; übers. u. komm. v. Gerhard Goebel, Gerlingen (Lambert Schneider) 1993 (Übers. des CDD 1985).

– *Kritische Schriften*, hg. übers. u. komm. von Gerhard Goebel / Bettina Rommel, Gerlingen (Lambert Schneider) 1998.

Stéphane Mallarmé, *Sämtliche Dichtungen*. Zweispr. Ausg.; Übersetzungen v. Carl Fischer (Gedichte) und Rolf Stabel (Schriften); Nachwort Johannes Hauck, München 1995 (dtv 1270).

Stéphane Mallarmé, *Un Coup de dés jamais n'abolira le hasard / Ein Würfelwurf niemals tilgt den Zufall*; dt. Übers. Wilhelm Richard Berger, Gestaltung Klaus Detjen, Göttingen (Steidl) 1995.

Mallarmé: *Poésies / Gedichte*; übers. v. Rüdiger Görner, Frankfurt a. M. 2007 (Insel-Tb. 3286).

Stéphane Mallarmé, *Poésies / Gedichte*. Frz. / Dt. Neuübersetzung A. Roehling / H. Staub; Ditzingen 2010 (Reclams Univ. Bibl. 18759).

Stéphane Mallarmé, *Ein Würfelwurf und niemals nie aufzuheben der Zufall*; übers. v. Roger Monnerat, Norderstedt (Twentysix) 2019.

Literatur zu Mallarmé

Sie ist, im Bilde des CDD zu sprechen, uferlos und verlangt eine Entscheidung: entweder sich primär auf den Text, die Äußerungen Mallarmés und die Literatur zu beschränken, die unmittelbar die Argumentation betrifft, oder den Text sekundär, im Spiegel seiner Besprechungen zur Geltung zu bringen. Der CDD hat ein enormes Echo ausgelöst, wurde aber nur selten monographisch behandelt. Es empfahl sich daher vor allem eine integrale Lektüre im Kontext der Quellen, beschränkt auf ausgewählte Literatur.

Ausführlichere bibliographische Angaben machen die Ausgaben von B. Marchal, Th. Roger, M. Murat, bes. zum CDD; die umfangreichste unter dem Link: http://kansai mallarme.web.fc2.com/kansai_mallarme/maldb.htm. – Für die frühe Rezeption vgl. lyriktheorie.uni-wuppertal.de: „Mallarmé: Rezeption 1880–1919".

Agamben, Giorgio (2018), *Was ist Philosophie*, Frankfurt a. M.: Fischer.
Agostini, Giulia (2016), „... quelque chose d'autre que les calices sus'. Le savoir poétique du *non-savoir* chez Mallarmé", in: Sebastian Hüsch / Sikander Singh (Hg.), *Literatur als philosophisches Erkenntnismodell*, Tübingen: Francke.
Agostini, Giulia (Hg.) (2019), *Mallarmé. Begegnungen zwischen Literatur, Philosophie, Musik und den Künsten*, Wien: Passagen.
Aleksic, Branko (2009), „L'acte poétique absolu de Mallarmé et de Lacan", in: *Topique* 109/2009, 87–128.
André, Jean Marie (1966), *L'otium dans la vie morale et intellectuelle romaine / Des origines à l'époque augustinienne*, Paris: Presses Universitaires De France.
Anz, Thomas (1998), *Literatur und Lust. Glück und Unglück beim Lesen*, München: Beck.
Aristoteles (1976), *Poetik*, eingel., übers. und erläutert von M. Fuhrmann, München: Heimeran Verlag.
Aristoteles (1974), *Aristoteles und die Paideia*, bes., übers. und kommentiert von E. Braun, Paderborn: Ferdinand Schöningh.
Aßländer, Michael / Wagner, Bernd (Hg.) (2017), *Philosophie der Arbeit. Texte von der Antike bis zur Gegenwart*, Berlin: Suhrkamp.
Aulard, Alphonse (1892), *Le culte de la raison et le culte de l'être suprême (1793–1794)*, Paris: Alcan.

Badiou, Alain (1998), *Petit Manuel d'inauthentique,* Paris: Editions du Seuil (dt.: *Kleines Handbuch der Inästhetik*, Wien 1998).
Barrès, Maurice (1965), *L'Œuvre de Maurice Barrès*, Paris: Club de l'Honnête Homme.
Barthes, Roland (1974), *Die Lust am Text*, Frankfurt a. M.: Suhrkamp (frz.: *Le plaisir du texte*, Paris 1973).
Barthes, Roland (1995), „Leçons"; in: ders., *Œuvres complètes*, Bd. V, Paris: Seuil.
Barthes, Roland (1953), „Le degré zéro de l'écriture", Paris: Seuil (dt.: *Am Nullpunkt der Literatur*, Hamburg 1959).
Bastian, Charlton (²1888), *Le cerveau – organe de la pensée chez l'homme et chez les animaux*, Paris: Alcan.
Baudelaire, Charles (1975/1976), *Œuvres complètes*, 2 Bd; hg. v. Claude Pichois, Paris: Pléiade.
Baudrillard, Jean (1987), *Das Andere Selbst*, Wien: Böhlau (frz.: *L'autre par lui-même*, Paris 1987).
Baudrillard, Jean (1981), *Simulacres et simulation*, Paris: Galilée.
Becdelièvre, Laure (2008), *Nietzsche et Mallarmé. Rémunérer le ‚mal d'être deux'*, Paris: Ed. de la Transparence.
Benjamin, Walter (1980), *Das Kunstwerk im Zeitalter seiner technischen Reproduzierbarkeit*, Frankfurt a. M.: Suhrkamp.

Bénichou, Paul (1977), *Le Temps des Prophètes*, Paris: Gallimard.

Benoît, Eric (2007), *Néant sonore. Mallarmé ou la traversée des paradoxes*, Genève: Droz.

Bergson, Henri (1889), *Essai sur les données immédiates de la conscience*, Paris: Alcan. – Ausg.: Bergson, Henri (1970), *Œuvres*, hg. u. komm. A. Robinet / H. Gouhier, Paris: Presses Universitaires de France.

Berthelot, Marcelin (1896), *Science et morale*, Paris: Calman-Lévy.

Berthoz, Alain (1997), *Le sens du mouvement*, Paris: Odile Jacob.

Bertrand, Aloysius (2000), *Œuvres Complètes*, hg. v. H. H. Poggenburg, Paris: Champion.

Bertsch, Markus (2018), „Zwischen Erhabenheitsästhetik und dokumentarischem Anspruch", in: Markus Bertsch / Jörg Trempler (Hg.), *Entfesselte Natur. Das Bild der Katastrophe seit 1600*, Petersberg: Imhof-Verlag, 59–69.

Betz, Otto (1989), *Das Geheimnis der Zahlen*, Stuttgart: Kreuz-Verlag.

Blanchot, Maurice (1982), *Gesang der Sirenen*, Frankfurt a. M.: Ullstein (frz.: *Le livre à venir*, Paris 1959).

Blanchot, Maurice (1949), *La part du feu*, Paris: Gallimard.

Blumenberg, Hans (1957), „Licht als Metapher der Wahrheit", in: *Studium Generale* 10/1957, 432–447.

Blumenberg, Hans (1979), *Schiffbruch mit Zuschauer: Paradigmen einer Daseinsmetapher*, Frankfurt a. M.: Suhrkamp.

Blumenberg, Hans (1986), Die Lesbarkeit der Welt, Frankfurt a. M.: Suhrkamp (stw 592).

Böhme, Hartmut (2016), „Contingentia. Transformationen des Zufalls", in: ders. et al. (Hg.), *Transformationen des Zufalls,* Berlin: De Gruyter, 1–36.

Bohac, Barbara (2012), *Jouir partout ainsi qu'il sied. Mallarmé et l'esthétique du quotidien*, Paris: Classique Garnier.

Bouix, Christopher (2014), „Stéphane Mallarmé: une poétique du labyrinthe", in: *5metrosdepoemas.com* (30.10.2014).

Boutroux, Emile (1894), *De la contingence des lois de la nature*, Paris: Alcan (dt.: *Die Kontingenz der Naturgesetze*, Jena: Diederichs, 1911).

Bourdieu, Pierre (1999), *Die Regeln der Kunst. Genese und Struktur des literarischen Feldes*, Frankfurt a. M.: Suhrkamp (frz.: *Les règles de l'art*, Paris 1992).

Broodthaers, Mallarmé et les autres (2022), Katalog der Ausstellung, Galerie Michael Werner, Köln.

Bubner, Rüdiger (Hg.) (1969), *Studien zur Frühgeschichte des deutschen Idealismus*, Hamburg: Meiner.

Campion, Pierre (2017), *Poesie et philosophie*, Paris: Presses Universitaires De France.

Cassagne, Albert (1959), *La théorie de l'art pour l'art en France*, Paris: Dorbon.

Cathédrales 1789–1914: un mythe moderne; Hors-Série der Zeitschr. Estampille/L'Objet d'art, Nr. 77; Dijon 2014.

Charlton, Donald G. (1963), *Secular Religions in France 1815–1870*, London: Oxford University Press.

Cohn, Robert Greer (1951), *L'Œuvre de Mallarmé: ‚Un coup de dés'*, Paris: Librairie les Lettres.

Cournot, Antoine-Augustin (1973), *Œuvres Complètes*, Bd. IV, hg. v. A. Robinet, Paris: Vrin.

Condorcet, Nicolas de (1805): *Éléments du calcul des probabilités et son application aux jeux de hasard, à la lottérie et aux jugements des hommes*, Paris: Royez.

Curtius, Ernst Robert ([10]1984), *Europäische Literatur und lateinisches Mittelalter*, Bern / München: Francke.

Cuvier, Georges (1810), *Rapport historique sur les progrès des sciences naturelles depuis 1789 et sur leur état actuel,* Paris (Impr. nat.).

Damerau, Burghard (2010), „Wahrheit/Wahrscheinlichkeit" in: *Ästhetische Grundbegriffe*, hg. v. K. Barck et al.; Bd. 6, Stuttgart / Weimar: Metzler, 398–436.

Davies, Gardner (1992), *Vers une explication rationelle du ‚coup de dés'*, Paris: J. Corti.

De la bibliothèque de Mallarmé. Katalog der Versteigerung des Nachlasses von Geneviève Mallarmé und Edmont Bonniot bei Sotheby's, Paris 15.10.2015.

Delègue, Yves (2004), „Mallarmé, les philosophes et les gestes de la Philosophie", in: *Romantisme* 124/2004, 127–139.

Deleuze, Gilles (1995), *Die Falte*, Frankfurt a. M.: Suhrkamp.

Deleuze, Gilles (1968) *Différence et répétition*, Paris: Presses Universitaires De France.

Deleuze, Gilles (1962), *Nietzsche et la philosophie*, Paris: Presses Universitaires De France.

Delpirou, Dominique (2016), *La mort de Mallarmé*, Paris: Presses Universitaires De France.

Derrida, Jacques (1972), *La Dissémination*, Paris: Seuil (dt.: *Dissemination,* übers. v. H.-D. Gondek, Wien 1995).

Descartes, René (1996), *Von der Methode des richtigen Vernunftgebrauchs.* [*Discours de la méthode*], in: ders.; *Philosophische Schriften*, Einf. v. R. Specht, Hamburg: Meiner.

Diderot, Denis (1979), „Système figuré des connaissances humaines", in: ders., *Œuvres complètes*, hg. v. J. Lough / J. Proust, Paris: Hermann (dt. in: *Ästhetische Schriften*, 2 Bd., hg. v. Friedrich Bassenge), Berlin / Weimar (1984): De Gruyter.

Dilthey, Wilhelm (1979), *Der Aufbau der geschichtlichen Welt in den Geisteswissenschaften*, hg. u. eingel. v. Manfred Riedel, Frankfurt a. M.: Suhrkamp.

Duchamps, Marcel (1980), *Boîte verte* (1934), Paris: Centre Pompidou.

Durand, Pascal (1998), *Crises; Mallarmé via Manet*, Leuven: Peeters.

Eckel, Winfried (2015), *Ut musica poesis. Die Literatur der Moderne aus dem Geist der Musik*, Paderborn: Fink.

Eder, Markus (2001), *Der spektakuläre Sprachursprung*, München: Fink.

Ernst, Ulrich (1992), „Permutation als Prinzip in der Lyrik", in: *Poetica* 24/1992, 225–269.

Ernst, Ulrich (2011), „Das Künstlerbuch vor dem Künstlerbuch. Zur Geschichte eines visuellen Mediums von der Antike zur Moderne", in: *I hate Paul Klee. Papierarbeiten und Künstlerbücher aus der Sammlung Speck*; hg. v. Renate Goldmann, Köln (Snoeck) 2011 (mit zahlreichen Abb.); 181–201; zu Mallarmé 195 ff.

Ernst, Wolfgang (2000): „Absenz" in: *Ästhetische Grundbegriffe*, Bd. I, hg. v. K. Barck et al., Stuttgart / Weimar: Metzler, 1–15.

Evans, Dylan (2002), *Wörterbuch der Lacan'schen Psychoanalyse*, Wien: Turia+Kant.

Fellmann, Ferdinand (1993), *Lebensphilosophie. Elemente einer Theorie der Selbsterfahrung,* Reinbek b. Hamburg: Rowohlt.

Finter, Helga (1990), *Der subjektive Raum. Die Theaterutopien Stéphane Mallarmés, Alfred Jarrys und Raymond Roussels: Sprachräume des Imaginären*. Bd. 1, Tübingen: Narr.

Flaubert, Gustave (1980), *Correspondance*, Bd. II, hg. v. J. Bruneau, Paris: Pléiade.

Folie, Sabine (Hg.) (2008), *Un Coup de Dés. Bild gewordene Schrift. Ein ABC der nachdenklichen Sprache*, Katalog der Ausstellung Wien, Köln: Walter König.

Forster, Iris (2005), *Die Fülle des Nichts. Wie Dada die Kontingenz zur Weltanschauung macht*, München: m press.

Foucault, Michel (1978), *Dispositve der Macht: über Sexualität, Wissen und Wahrheit*, Berlin: Merve.

Foucault, Michel (1971), *Die Ordnung der Dinge. Eine Archäologie der Humanwissenschaften*, Frankfurt a. M.: Suhrkamp.

Foucault, Michel (1994), *Dits et Ecrits* I, Paris: Gallimard.

Fouillée, Alfred (1896), *Le Mouvement idéaliste et la réaction contre la science positive*, Paris: Alcan.

Frank, Manfred (1979), *Die unendliche Fahrt. Ein Motiv und sein Text*, Frankfurt a. M.: Suhrkamp.

Frey, Hans-Jost (1986), *Studien über das Reden der Dichter. Mallarmé – Baudelaire – Rimbaud – Hölderlin*, München: Fink.

Gachet, Paul Ferdinand (1858), *Etude sur la mélancholie*, Montpellier, o. A. Gautier, Théophile (1970), *Poésies complètes*, Bd. 1; hg. v. R. Jasinski, Paris: Nizet.

Gautier, Théophile (1856), *L'Art Moderne*, Paris: Michel Lévy.

Geisenhanslüke, Achim (1997), *Foucault und die Literatur. Eine diskurskritische Untersuchung*, Opladen: Westdeutscher Verlag.

Genette, Gérard (1966), *Figures I*, Paris: Editions du Seuil.

Goddard, Linda (2012), „Mallarmé, Picasso and the Aesthetic of the Newspaper", in: dies. (Hg.), *Aesthetic Rivalries. Word and Image in France, 1880–1926*, Oxford u. a.: Peter Lang, 293–303.

Gomringer, Eugen (1972), *Konkrete Poesie*, Stuttgart: Reclam.

Grand Larousse encyclopédique (1962), Paris: Librairie Larousse.

Gressinger, Joachim / v. Rahden, Wolfert (Hg.) (1989), *Theorien vom Ursprung der Sprache*, 2 Bd., Berlin: de Gruyter.

Guyau, Jean-Marie (1885), *Esquisse d'une morale sans obligation*, Paris, o. A.; Neuausg. 1985, Paris: Fayard.

Hamann, Johann Georg (1980), „Aesthetica in nuce. Eine Rhapsodie in kabbalistischer Prosa", in: ders., *Schriften*, ausgew. u. hg. v. Karl Widmaier, Frankfurt a. M.: Insel.

Hamel, Jean-François (2014), *Camarade Mallarmé*, Paris: Les Éditions de Minuit.

Hauser, Arnold (1953), *Sozialgeschichte der Kunst und Literatur*, München: Beck.

Heidegger, Martin (⁷1952), *Holzwege*, Frankfurt a. M.: Klostermann.

Hocke, Gustav René (1987), *Die Welt als Labyrinth. Manierismus in der europäischen Kunst und Literatur*, Reinbek b. Hamburg: Rowohlt.

Hoenen, M. J. F. M. (1992), Art. „Analogie", in: *Historisches Wörterbuch der Rhetorik*, Bd. I, hg. v. G. Ueding, Tübingen: Niemeyer, Sp. 498–514.

Höffe, Otfried / Rapp, Christof (1998), „Tugend"; in: *Historisches Wörterbuch der Philosophie*, hg. v. J. Ritter / K. Gründer, Bd. 10, Basel: Schwabe, Sp. 1532–1570.

Hörning, Karl (2001), *Experten des Alltags. Die Wiederentdeckung des praktischen Wissens*, Weilerswist: Velbrück.

Hugo, Victor (1950), *La Légende des Siècles*, hg. v. J. Truchet, Paris: Pléiade.

Hugo, Victor (1963), *Théâtre Complet*, Bd. I, hg. v. J.-J. Thierry / J. Mélèze, Paris: Pléiade.

Husserl, Edmund (1973), *Ding und Raum. Vorlesungen* (1907), hg. v. U. Claesges, Berlin: Springer.

Huysmans, Joris-Karl (2017), *La Cathédrale*, éd. et préf. Dominique Millet-Gérard, Paris: Gallimard.

Ingold, Felix Philipp (2016), *Fortschrift. Ein Gedicht in fünfzehn Würfen*, Klagenfurt: Ritter Verlag.

Jauß, Hans-Robert (²1970), „Das Ende der Kunstperiode – Aspekte der literarischen Revolution bei Heine, Hugo und Stendhal", in: ders. (Hg.), *Literaturgeschichte als Provokation*, Frankfurt a. M.: Suhrkamp, 107–143.

Jarry, Alfred (1980), *Gestes et opinions du docteur Faustroll*, hg. v. A. Noël, Paris: Gallimard.

Jouve, Pierre Jean (1987), *Apologie du poète suivi de six lectures*, Cognac: Le Temps Qu'il fait.

Kant, Immanuel (2003), *Kritik der praktischen Vernunft*, hg. v. Horst D. Brandt / Heiner Klemme, Hamburg: Philos. Bibl. (frz. Übers.: Picavert, François (1888), *Critique de la raison pratique*, Paris: Alcan).

Kant, Immanuel (1974), *Kritik der Urteilskraft*, Frankfurt a. M.: Suhrkamp.

von Kleist, Heinrich (1978), *Werke und Briefe in vier Bänden*, Berlin / Weimar: Aufbau Verlag.

Klettke, Cornelia (2001), *Simulakrum Schrift*, München: Fink.

Klinkert, Thomas (2016), *Muße und Erzählen. Ein poetologischer Zusammenhang*, Tübingen: Mohr Siebeck.

Kraß, Andreas (2010), *Meerjungfrauen*, Frankfurt a. M.: Fischer.

Krauss, Rosalind (1999), *The Picasso Papers,* Cambridge/Mass.: MIT Press.

Kreuzer, Johann (³2011), „Licht", in: *Wörterbuch der philosophischen Metaphern*, hg. v. Ralf Konersmann, Darmstadt: WBG, 211–227.

Kristeva, Julia (1978), *Die Revolution der poetischen Sprache*, Frankfurt a. M.: Suhrkamp (frz.: *La révolution du langage poétique*, Paris 1974: Tel Quel).

Künzel, Werner/Bexte, Peter (1993), *Allwissen und Absturz*, Frankfurt a. M.: Insel.

Kushner, Eva (1961), *Le mythe d'Orphée dans la littérature française contemporaine,* Paris: Nizet.

Lamartine, Alphonse de (1834), *Les Destinées de la Poésie*, Paris: Gosselin.

Lanagan, Janine (1986), *Hegel et Mallarmé*, Lanham, o. O.

Landi, Michaela (Hg.) (2017), *La double séance*, Firenze: Firenze University Press.

Lahore, Jean (1896), *La Gloire du Néant*, Paris: Lemerre.

Lahore, Jean (1872), *Le livre du Néant*, Paris: Lemerre.

Laplace, Pierre-Simon (1886), *Théorie analytique des probabilités*; in: *Œuvres complètes de Laplace*, Bd. VII, Paris: Gauthier-Villars (dt.: *Philosophischer Versuch über die Wahrscheinlichkeit*, Frankfurt a. M. 1996: Thun).

Larousse XIXᵉ (Grand dictionnaire universel du XIXᵉ siècle), 1872, Paris.

Lévi, Éliphas (1997), *Geschichte der Magie*, München: Scherz.

Lewis, Paula Gilbert (1976), *The Aesthetics of Stéphane Mallarmé in Relation to his Public*, Cranbury: Associated University Presses.

Lund, Hans-Peter (1976) „Mallarmé chez Kristeva"; in: *Orbis Litterarum* 31/1976, o. A., 229–236.

Lund, Hans-Peter (1969), *L'itinéraire de Mallarmé*, Kopenhagen: Akademisk Forlag.

Mach, Ernst (1985), „Eine biologisch-teleologische Betrachtung über den Raum", in: ders., *Die Analyse der Empfindungen und das Verhältnis des Physischen zum Psychischen*, Darmstadt: WBG, 148–160.

Maeterlinck, Maurice (1983), *Prosa und kritische Schriften 1886–1896*, hg. v. St. Gross, Bad Wörishofen: Sachon.

Makropoulos, Michael (1997), *Modernität und Kontingenz*, München: Fink.

Makropoulos, Michael (2008), „Meer", in: Ralf Konersmann (Hg.), *Wörterbuch der philosophischen Metaphern*, Darmstadt: WBG, 236–248.

Mallarmé, Stéphane (2007), *Un Coup de Dés. Manuscrit et épreuves,* éd. et observation de Fr. Morel, Paris: La Table Ronde.

Mallarmé, Stéphane (1998/2003): *Œuvres complètes*, 2 Bd. hg. v. Bertrand Marchal, Paris: Pléiade.

Mallarmé, Stéphane (1983), *Œuvres complètes: Poésies*, hg. v. Carl Paul Barbier / Charles Gordon Millan, Paris: Flammarion.

Mallarmé, Stéphane (1995), *Correspondance complète 1862–1871*, éd. B. Marchal, Paris: Gallimard

Mallarmé, Stéphane (1993), *Werke 1. Gedichte*, hg. v. Gerhard Goebel / Frauke Bünde, Gerlingen: Lambert Schneider.

Mallarmé, Stéphane (1998), *Werke 2. Kritische Schriften*, hg. v. Gerhard Goebel / Bettina Rommel, Gerlingen: Lambert Schneider.

Mallarmé, Stéphane (1992), *Sämtliche Dichtungen*: Zweisprachige Ausgabe, übers. v. Carl Fischer / Rolf Stabel, München: dtv.

Mallarmé, Stéphane (2007), *Poésies. Poèmes en prose, Gedichte. Gedichte in Prosa*, hg. v. Rüdiger Görner, Frankfurt a. M.: Insel.

Marchal, Bertrand (1985*), Lecture de Mallarmé: Poésies, Igitur, Le coup de dés*, Paris: José Corti.

Marchal, Bertrand (1988), *La religion de Mallarmé. Poésie, mythologie et religion*, Paris: José Corti.

Maurras, Charles (1898), „La poésie de Mallarmé", in: *Revue encyclopédique*, Nr. 270, o. A., 964–966.

Meillassoux, Quentin (2014), *Nach der Endlichkeit: Versuch über die Notwendigkeit der Kontingenz*, Zürich: Diaphanes.

Meillassoux, Quentin (2013) *Die Zahl und die Sirene,* übers. v. G. Agostini, Zürich / Berlin (frz.: *Le nombre et la sirène. Un déchiffrage du* Coup de dés *de Mallarmé*, Paris 2011).

Méléard, Sylvie (2010), *Aléatoire – Introduction à la théorie et au calcul des probabilités*, Paris: Éditions de l'École Polytechnique.

Mercier, Alain (1969), *Les sources ésotériques et occultes* (1870–1914), 2 Bd., Paris: Nizet.

Monod, Jacques (1971), *Zufall und Notwendigkeit. Philosophische Fragen der modernen Biologie*, München: Piper.

Moog-Grünewald, Maria (2002), „Poetik der Dédadence – eine Poetik der Moderne", in: Rainer Warning / Winfried Wehle (Hg.), *Fin-de-siècle*, München: Fink, 165–195.

Murat, Michel (2005), *Le ‚Coup de dés' de Mallarmé: un recommencement de la poésie*, Paris: Belin.

Müller, Max (1864), *La science du langage* (frz. Übers. aus dem Englischen), Paris: A. Durand et Perdone Lauriel (dt.: *Das Denken im Lichte der Sprache,* Leipzig 1888, Nachdruck Frankfurt a. M. 1983).

Neumann, Michael (2020), „Geschichtsbild(n)er. Stefan George als Prophet", in: *Aegyptica* 5/2020, 189–230.

Nietzsche, Friederich (1980), *Sämtliche Werke. Kritische Studienausgabe*, hg. v. G. Colli / M. Montinari, Bd. I, München: dtv.

Nickel, Beatrice (2015), *Texte inmitten der Künste. Intermedialität in romanischen, englischen und deutschen Gedichten nach 1945*, Köln: Böhlau.

Novalis (1960), *Schriften* Bd. I, hg. v. Paul Kluckhohn / Richard Samuel, Stuttgart: Kohlhammer.

Nordau, Max (1892/93), *Entartung,* 2 Bd., Berlin: Carl Duncker (frz. Übers. 1894).

Onfray, Michel (2000), *Théorie du corps amoureux*, Paris: Grasset.

d'Origny Lübecker, Nikolaj (2003), *Le sacrifice de la sirène. ‚Un coup de dés' et la poétique de Stéphane Mallarmé,* Copenhagen: Museum Tusculanum Press.

Ortlieb, Cornelia (2006), *Poetische Prosa*, Stuttgart / Weimar: Metzler.

Ortlieb, Cornelia (2020), *Weiße Pfauen, Flügelschrift*, Dresden: Sandstein.

Pabst, Walter (1983) *Französische Lyrik des 20. Jh.*, Berlin: Erich Schmidt Verlag.

Pascal, Blaise (1960), *Pensées,* Paris: Robert Laffont.

Proust, Marcel (2017), *Das Flimmern des Herzens,* übers., mit Anhang und Vorwort von Stefan Zweifel, Berlin: Die Andere Bibliothek.

Proust, Marcel (1954), *Contre Sainte-Beuve*, Paris: Gallimard.

Proust, Marcel (1987), *A la recherche du temps perdu*, Bd. 1, éd. J.-Y. Tadié, Paris: Pléiade.

Proust, Marcel (1994), *A la recherche du temps perdu*, Bd. 4, éd. J.-Y. Tadié, Paris: Pléiade.

Rancière, Jacques (1996), *La politique de la sirène*, Paris: Hachette.

Regn, Gerhard (1978), *Konflikt der Interpretationen. Sinnrätsel und Suggestion in der Lyrik Mallarmés*, München: Fink.

Renan, Ernest (1858), *De l'origine du langage*, in: *Œuvres complètes*, Bd. VIII, Paris: imprim. impér.

Retté, Adolphe (1898), *XIII Idylles Diaboliques*, Paris: Bibliothèque artistique et littéraire.

Richard, Jean-Pierre (1961), *L'Univers imaginaire de Mallarmé*, Paris: Seuil.

Rimbaud, Arthur (1999), *Œuvres Complètes*, éd. comm. p. Pierre Brunel, Paris: Classiques Modernes.

Roger, Thierry (2010), *L'Archive du ‚Coup de dés': étude critique de la réception d'*Un coup de dès jamais n'abolira le hasard *de Stéphane Mallarmé* (1897–2007), Paris: Classiques Garnier.

Roger, Thierry (2006), „Mallarmé et la transcendance du langage: lecture du *Démon de l'analogie*", in: *Littérature* 143/2006, 3–27.

Roger, Thierry (Hg.) (2017), *Mallarmé herméneute*, Actes du colloque organisé à l'Université de Rouen en novembre 2013, Rouen: CÉRÉdI (https://ceredi.labos.univ-rouen.fr/public/?mallarmé-herméneute; letzter Aufruf 03.03.2021).

Rorty, Richard (1989), *Kontingenz, Ironie und Solidarität*, Frankfurt a. M.: Suhrkamp.

Rubin, William (1990), *Picasso und Braque. Die Geburt des Kubismus*, München: Prestel.

Sagnes, Guy (1969), *L'ennui dans la littérature française de Flaubert à Laforgue (1848–1884)*, Paris: Colin.

Sartre, Jean-Paul (1986), *Mallarmé*, Paris: Gallimard.

Scherer, Jacques (1977), *Grammaire de Mallarmé*, Paris: Nizet.

Scherer, Jacques (1978), *Le ,Livre' de Mallarmé*, Paris: Gallimard.

Schiller, Friedrich (1992), *Über die ästhetische Erziehung des Menschen*, 23. Brief, in: ders. *Theoretische Schriften*, hg. v. Rolf-Peter Janz, Frankfurt a. M.: Deutscher Klassiker Verlag.

Schlegel, Friedrich (1972), „Athenäums-Fragmente", in: ders. *Schriften zur Literatur*, hg. v. Wolfdietrich Rasch, München: dtv.

Schleypen, Uwe (2004), *Schreiben aus dem Nichts*, München: Meidenbauer.

Schlüter, Reinhard (2011), *Sieben. Eine magische Zahl*, München: dtv.

Schmitz-Emans, Monika (1995), *Schrift und Abwesenheit. Historische Paradigmen zu einer Poetik der Entzifferung und des Schreibens*, München: Fink.

Schneider, Lars (2016), *Die ,page blanche' in der Literatur und bildenden Kunst der Moderne*, Paderborn: Fink.

Sieyès, Emmanuel-Joseph (1985), *Écrits politiques*, éd. R. Zapperi, Paris: Éditions des Archives Contemporaines.

Simmel, Georg (1995, Orig. 1903), „Soziologie des Raumes", in: *Georg Simmel Gesamtausgabe, Band 7: Aufsätze und Abhandlungen 1901–1908*, hg. v. Rüdiger Kramme et al., Frankfurt a. M.: Suhrkamp, 132–183.

Souriau, Paul (1889), *L'Esthétique du mouvement*, Paris: Alcan.

Souriau, Paul (1893), *La Suggestion dans l'art*, Paris: Alcan.

Starobinski, Jean (1987), *Kleine Geschichte des Körpergefühls*, Konstanz: Universitätsverlag Konstanz.

Steiner, George (1988), *Le sens du sens. Présences réelles*, Paris: Vrin.

Steinmetz, Luc (1998), *Mallarmé: l'Absolu au jour le jour*, Paris: Fayard.

Steland, Dieter (1965), *Dialektische Gedanken in Stéphane Mallarmés ,Divagations'*, München: Fink.

Stempel Wolf-Dieter (1966), „Syntax in dunkler Lyrik (Mallarmés ,A la nue accablante')", in: *Immanente Ästhetik/Ästhetische Reflexion. Lyrik als Paradigma der Moderne*, hg. v. Wolfgang Iser, München: Fink, 33–46.

Peter Szondi (1975), *Das lyrische Drama des Fin de Siècle*, Frankfurt a. M.: Suhrkamp (stw. 90).

Taine, Hippolyte (1878), *De l'Intelligence*, Paris: Hachette (dt.: *Der Verstand*, 2 Bd., Bonn: E. Strauss 1880).

Taine, Hippolyte (1987), *Philosophie der Kunst*, hg. v. Alphons Silbermann, Berlin: Spiess.

Tesauro, Emanuele (1968, Orig. 1654), *Cannocchiale aristotelico*, hg. v. August Buck, Bad Homburg u. a.: Gehlen.

Thibaudet, Albert (1912): *La Poésie de Stéphane Mallarmé*, Paris: NRF.

Tzara, Tristan (1975), *Œuvres complètes*, Bd. I, éd. Henri Béhar, Paris: Flammarion.

Valéry, Paul (1967), *Variété I*, Paris: Pléiade.

Valéry, Paul (1895), *Introduction à la méthode de Léonard de Vinci*, Paris: *La Nouvelle Revue* 17/1895 (dt.: *Leonardo da Vinci. Essays*; übers. v. Karl August Horst / Jürgen Schmidt-Radefeldt, Frankfurt a. M.: Insel 1995, 7–61; ergänzt mit „Anmerkungen und Abschweifungen" von 1919).

Valéry, Paul (1957), *Œuvres I*, éd. J. Hytier, Paris u. ö.: Pléiade.

Varga, Simon (2014), *Vom erstrebenswerten Leben. Aristoteles' Philosophie der Muße*, Boston/Berlin: De Gruyter.

Verlaine, Paul (1884), *Les Poètes maudits*, Paris: Vanier.

Vigny, Alfred de (1986), *Œuvres complètes*, Bd. I, éd. François Germain / Alfred Jarry, Paris: Pléiade.

Wagner, Birgit (1996), *Technik und Literatur im Zeitalter der Avantgarden*, München: Fink.

Wagnon, Adrien / Lauterbach, Paul (1893), *A travers l'œuvre de Frédéric Nietzsche: extraits de tous ses ouvrages*, Paris: A. Schulz et Florence.

Wais, Kurt (²1952): *Mallarmé: Dichtung, Weisheit, Haltung* [1938], München: Beck.

Wehle, Winfried (2002), „Schweigen gebietend. Von ästhetischer Widerrede gegen rationale Behauptungen. Chateaubriand und Baudelaire", in: Albrecht Betz (Hg.), *Französisches Pathos. Selbstdarstellung und Selbstinszenierung*, Würzburg: Königshausen und Neumann Verlag, 163–188 (edoc.ku-eichstaett.de/4249/1).

Wehle, Winfried (Hg.) (2010), *20. Jahrhundert – Lyrik*, Tübingen: Stauffenburg (edoc.ku-eichstaett.de/5600/1).

Wehle, Winfried (2013), „Literatur als Bewegungsraum. Prousts kinästhetischer Ausgang aus der Krise des modernen Subjekts, in: Matei Chihaia / Katharina Münchberg (Hg.), *Marcel Proust: Bewegendes und Bewegtes*, München: Fink (edoc.ku-eichstaett.de/13552/1).

Wernicke, Carl (²1906), *Grundriss der Psychiatrie*, Leipzig: Georg Thieme.

Hermann H. Wetzel, *Rimbauds Dichtung. Ein Versuch, die ,kranke Wirklichkeit zu umarmen'*, Stuttgart (Metzler) 1988.

Wittgenstein, Ludwig (1990), *Werkausgabe*, Bd. 8, Frankfurt a. M.: Suhrkamp.

Wunderlich, Werner (Hg.) (2007), *Mythos Sirenen. Texte von Homer bis Dieter Wellershoff*, Stuttgart: Reclam.

Zimmermann, Michael (1981), „*Träumerei eines französischen Dichters*": Stéphane Mallarmé und *Richard Wagner*, München/Salzburg: Kratzbichler.